CB026030

SABORES DO GIN

SABORES DO GIN

UMA ABORDAGEM AO MUNDO
DO GIN FOCADA NO SABOR

ANTHONY GLADMAN

GLOBOLIVROS

SUMÁRIO

116 COQUETÉIS CLÁSSICOS COM GIN

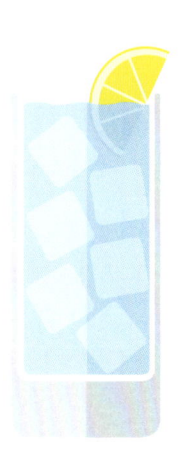

154 EXPLORANDO OS GINS POR SABOR

UMA ABORDAGEM VOLTADA PARA O SABOR

Este livro aborda o sabor do gin.

O sabor é o que realmente importa, afinal, quando se escolhe um gin para combinar com uma tônica ou para decidir qual coquetel fazer. Como vai ficar o gosto? Meu objetivo é fornecer a você as ferramentas para responder a essa pergunta, com um pouco de confiança pelo menos, antes de você levar o copo aos lábios.

Lembro-me de ver o especialista em vinhos Oz Clarke na televisão quando eu mal tinha atingido a idade permitida para beber. Fiquei impressionado com a linguagem variada e precisa que ele usava para descrever vinhos. Parecia que era capaz de sentir os sabores de modo mais intenso do que eu sequer poderia sonhar.

Eu estava enganado. O sentido do paladar não vem pronto no nascimento. Não é algo que permanece igual durante toda a vida. Sentir sabores é uma habilidade como qualquer outra, e, com a prática, pode ser aprimorada. Juntos vamos explorar o que é e como o sabor funciona, e descobrir que expressá-lo em palavras pode transformar você em um melhor degustador.

Para dar um passo em direção ao conhecimento, você precisa ir além de reconhecer os sabores; precisa também entendê-los. Este livro guia seus primeiros passos nesse caminho com um olhar para a história do gin, seus ingredientes e sua produção.

Mais importante ainda, explorar essa bebida deliciosa tem a ver com diversão… e talvez um toque de escapismo. Gin é alquimia. Os melhores destiladores capturam o espírito de um lugar e o suspendem no tempo, como um gênio na lâmpada, esperando que tiremos a rolha e o libertemos de novo. Os sabores podem nos transportar pelo tempo e espaço, e até para lugares onde nunca estivemos.

Antes que você se acomode para ler o resto, veja minha abordagem para fazer o gin-tônica perfeito e as estratégias para harmonizar comida e gin. Prepare um drink, acomode-se e divirta-se.

OS SABORES DO GIN PODEM NOS TRANSPORTAR PELO TEMPO E ESPAÇO, E ATÉ PARA LUGARES ONDE NUNCA ESTIVEMOS.

SOBRE OS GINS NESTE LIVRO

Eu avaliei mais de cem gins neste livro e os agrupei por sabor. Pode ser interessante saber onde cada um foi feito ou descobrir as técnicas exóticas utilizadas pelos destiladores, mas, sejamos sinceros, nada disso importa se você não gostar de beber o resultado final.

Dito isso, eu tentei oferecer uma boa seleção de gins de todo o mundo. O gin é uma bebida global, e apesar de o Reino Unido ainda dominar, alguns dos gins mais inovadores do momento vêm de outras regiões, como Austrália, França, Índia e África do Sul.

O gin é uma bebida complexa. Alguns dos gins listados poderiam muito bem se encaixar em dois grupos de sabores ou até três. Eu sempre me esforcei para refletir sobre qual é a característica mais forte de cada gin, mas cada pessoa tem sensibilidade diferente aos sabores. Se eu disser que um gin é herbal, mas para você o sabor for mais floral, tudo bem. Você não errou. Confie no seu paladar acima de tudo. Ele não vai decepcionar.

O QUE É GIN?

O QUE FAZ UMA BEBIDA SER GIN? Há tantos gins que pode ser difícil imaginar que eles sejam iguais. Esta seção vai fornecer ferramentas para responder a essa pergunta e a outras que você possa ter sobre esse destilado delicioso e complexo. Nós conheceremos o zimbro, a estrela do gin, com mais profundidade. Também examinaremos os outros ingredientes botânicos que contribuem para os aromas e sabores maravilhosos do gin. Veremos de onde o gin veio e acompanharemos sua história até o florescer da arte da destilaria moderna. Aprenderemos como o gin é feito e como cada escolha do destilador pode ser sentida na taça. Depois, veremos como nossos sentidos se combinam para criar impressões únicas de sabor e planejar como desenvolver essa sensação. Por fim, há dicas práticas para aperfeiçoar seu gin-tônica.

DEFINIÇÕES LEGAIS DE GIN

Entender as definições legais sobre o que é gin, quais ingredientes podem ser adicionados a ele e como ele é feito leva a uma compreensão maior do gin como um todo. E, como benefício colateral agradável, também ajuda a decodificar os rótulos no momento da compra.

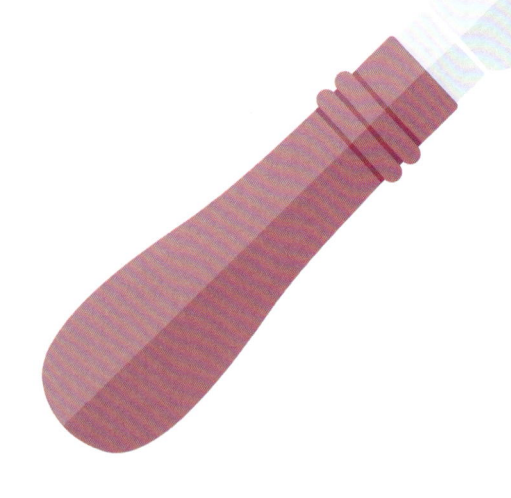

TODOS OS GINS NA UNIÃO EUROPEIA E NO REINO UNIDO PRECISAM TER UM "SABOR PREDOMINANTE" DE ZIMBRO.

O TEOR ALCOÓLICO MÍNIMO NA GB E NA UE PARA GIN ENGARRAFADO

37,5%

ABV

GIN NA UE E NA GB

Todos os gins na União Europeia (UE) e na Grã-Bretanha (GB) precisam ser feitos de álcool etílico com teor de 96% ou mais e ter um "sabor predominante" de zimbro. Não há teste para determinar se o sabor de zimbro é predominante, e isso fica aberto a interpretações. O teor alcoólico mínimo para gin engarrafado na UE e no RU é de 37,5%.

QUAL TIPO DE ZIMBRO?

Os destiladores na UE e na GB precisam usar o zimbro-comum (*Juniperus communis*; ver p. 16-17), embora nada impeça que eles usem outros tipos junto, desde que sejam seguros para ingestão — nem todos são.

A lei dos Estados Unidos (EUA) não restringe os fabricantes de gin a nenhuma espécie de zimbro, mas a maioria usa o zimbro-comum. A lei na Austrália e na Nova Zelândia não menciona zimbro (ver p. 14).

TIPOS DE GIN DEFINIDOS PELA LEI DA UE E DA GB

Há três tipos diferentes de gin definidos por lei na UE e na GB, e um quarto na UE.

GIN

A definição mais ampla de gin é uma bebida destilada feita com a adição de aromatizante natural ou artificial aprovado ao álcool. Tingir ou adoçar o gin também é permitido. Os gins compostos (ver p. 70-71) fazem parte dessa categoria.

GIN DESTILADO

O gin destilado é feito a partir da redestilação do álcool neutro com aromatizantes aprovados, que podem ser naturais ou artificiais. Depois da destilação, ele pode ser diluído com mais álcool com a mesma composição, pureza e teor alcoólico que foi usado inicialmente. Aromatizantes e adoçantes adicionais também são permitidos.

LONDON GIN

O London Gin (muitas vezes chamado de London Dry Gin) precisa ser feito redestilando o álcool etílico com aromatizantes naturais aprovados, cujo teor alcoólico mínimo seja de 70%. O London Gin requer uma base alcoólica de melhor qualidade do que os outros tipos de gin, que deve conter menos de 5 g de metanol por hectolitro (22 galões) de álcool com 100% de teor alcoólico. Depois da destilação, qualquer coloração é proibida, e o acréscimo de adoçante é limitado a 0,1 g de açúcares por litro. É permitido o acréscimo de água ou mais álcool que tenha a mesma composição, pureza e força que o usado na destilação inicial. A parte da designação que diz "London" se refere apenas a como o gin é feito, não onde.

GIN DE MAHÓN

A lei da UE também menciona outro tipo de gin. O Gin de Mahón vem da ilha espanhola Menorca e é coberto por uma indicação geográfica protegida da União Europeia (IGP). Só há três ingredientes permitidos: álcool etílico de origem agrícola, água destilada e bagas de zimbro comum com teor de 7% até 9% de óleo essencial por peso. Nenhum outro aromatizante pode ser acrescentado. O gin precisa ser feito em alambiques de cobre aquecidos sobre fogo de lenha, com as bagas de zimbro no alambique. O destilado final é filtrado. O Xoriguer Mahón Gin (ver p. 101) é o único exemplo desse estilo.

GIN DE MAHÓN
Esse gin de Menorca é feito com apenas três ingredientes permitidos.

ÁGUA DESTILADA + ÁLCOOL ETÍLICO + BAGAS DE ZIMBRO-COMUM = GIN DE MAHÓN

TEOR
ALCOÓLICO
MÍNIMO
PARA GIN
ENGARRAFADO
NOS EUA

40%

ABV

GIN NOS ESTADOS UNIDOS

Os EUA definem gin como uma bebida destilada que apresenta "um sabor principal característico derivado de bagas de zimbro, produzido por destilação ou pela mistura de destilados com bagas de zimbro e outros aromatizantes ou extratos derivados desses materiais e engarrafado com não menos de 40% de teor alcoólico (ou 80 prova)". Nos Estados Unidos, prova é a porcentagem de álcool multiplicada por dois.

GIN NA AUSTRÁLIA E NA NOVA ZELÂNDIA

Não há definição legal para gin na Austrália e na Nova Zelândia. Ele entra numa categoria mais abrangente de "bebida alcoólica destilada", que é definida como "destilado alcoólico de ingestão segura, incluindo uísque, conhaque, rum, gin, vodca e tequila, produzido pela destilação de bebida fermentada derivada de fontes alimentícias, de modo a ter o sabor, aroma e outras características geralmente atribuíveis a essa bebida alcoólica em particular".

TIPOS DE GIN DEFINIDOS PELA LEI DOS EUA

GIN DESTILADO

O gin destilado é feito pela "destilação original de mosto com ou sobre bagas de zimbro e outros aromatizantes ou seus extratos, essências ou sabores". Nenhum outro sabor é permitido após a destilação.

GIN REDESTILADO E COMPOSTO

Esse gin é feito pela redestilação de bebidas destiladas com os mesmos aromatizantes estipulados para o gin destilado, e o gin composto (ver p. 70-71) é feito ao misturar bebidas destiladas neutras a ele. Os gins compostos podem ser aromatizados com essências feitas de ingredientes naturais ou artificiais aprovados. Nenhum desses gins pode ser colorizado.

SLOE GIN

O sloe gin (ver p. 76-77) precisa conter um teor de pelo menos 2,5% de açúcar em peso e o sabor principal tem que ser derivado de bagas de abrunho (a lei não diz nada sobre zimbro aqui). O sloe gin pode ter cor, desde que esteja expresso no rótulo.

LICOR DE GIN OU CORDIAL DE GIN

Essas bebidas precisam apresentar "sabor característico predominante de gin". Devem ser feitas com gin como a base alcoólica destilada exclusiva e engarrafadas com teor alcoólico de 30% ou mais. Podem conter vinho até um máximo de 2,5% em volume.

GIN SABORIZADO

Esse tipo é definido como "gin aromatizado com materiais aromatizantes naturais, com ou sem a adição de açúcar, engarrafado com não menos de 30% de teor alcoólico". O sabor predominante precisa ser declarado no rótulo. Também pode haver adição de vinho, que, depois de certo limite, também precisa ser citado no rótulo. Os gins aromatizados podem ser colorizados, desde que esteja declarado no rótulo.

GIN ENVELHECIDO

Também há leis que controlam o rótulo de gin envelhecido, similar a outros destilados, pelas quais "declarações sobre idade ou maturação […] são permitidas apenas quando os destilados são armazenados em barris de carvalho, sujeitados a nenhum outro tratamento além da mistura com água, filtragem e engarrafamento. Se houver lotes feitos de barris de destilados de idades diferentes, o rótulo só pode declarar a idade da bebida mais nova."

SLOE GIN
Nos EUA, sloe gin é definido como um tipo de licor ou cordial.

O sloe gin precisa conter pelo menos 2,5% de açúcar em peso.

As bagas de abrunho são o componente principal de sabor.

GUILHERME DE ORANGE

Guilherme de Orange é retratado neste quadro chegando com a frota anglo-holandesa para a invasão da Inglaterra em 1688.

tipicamente destilado a partir de vinho ou cerveja com infusão de zimbro ou outro botânico.

O que sabemos é que o genever nos deu a palavra "gin". Seu primeiro uso escrito vem de 1714. Em um folheto chamado "A fábula das abelhas: ou vícios privados, benefícios públicos", o filósofo anglo-holandês Bernard Mandeville escreveu: "A famosa bebida, cujo nome derivou de bagas de zimbro em holandês, foi agora, pelo uso frequente […] reduzido para um monossilábico e embriagante gin".

DEFINIÇÕES DE GENEVER

Genever é feito com álcool etílico, álcool de origem agrícola ou destilado agrícola saborizado com zimbro, que não precisa ser o sabor dominante. Pode ser "*jonge*" (jovem) ou "*oude*" (velho). Isso não é declaração de idade, mas indica se a bebida foi feita de acordo com o processo mais novo de destilação ou ao estilo tradicional mais antigo. Fora isso, há alguns subtipos definidos (ver quadro abaixo).

UMA HISTÓRIA DO GENEVER

Genever é um destilado holandês bem próximo do gin, também com sabor de zimbro. Muitos relatos históricos citam o genever como precursor do gin. Os ingleses supostamente começaram a apreciá-lo enquanto lutavam ao lado dos holandeses nas guerras europeias do final do século XVI e começo do século XVII, criando o termo "coragem holandesa" nessa época. Eles levaram o destilado para casa, conforme diz a história, e começaram a fazer suas próprias versões, principalmente depois que o holandês Guilherme de Orange assumiu o trono da Inglaterra em 1689. As imitações toscas de genever evoluíram aos poucos até se tornarem o gin de hoje.

Alguns historiadores duvidam dessa versão. Eles relatam que os ingleses já destilavam no século XIII e XIV e não precisaram aprender com os holandeses. Além disso, livros de destilação de meados do século XV em diante, que estariam disponíveis na Inglaterra, apresentam receitas de

destilados com sabor de zimbro. É importante citar que algumas das receitas inglesas iniciais começaram com uma base de bebida já destilada à qual bagas de zimbro e outros botânicos foram adicionados, o que espelha como o gin é feito hoje. O genever, por outro lado, era

TIPO DE GENEVER	DESCRIÇÃO
JONGE GENEVER	Feito com no máximo 15% de destilado de malte e 10 g de açúcar por litro.
OUDE GENEVER	Feito com 15% ou mais de destilado de malte e no máximo 20 g de açúcar por litro.
GRAANGENEVER	Feito totalmente de grãos.
OUDE GRAANGENEVER	Feito totalmente de grãos e envelhecido por, pelo menos, um ano.
KORENWIJN	Feito com 51% ou mais de destilado de malte; não precisa conter zimbro.

CONHECENDO O ZIMBRO

O zimbro é essencial para o gin. É o único botânico *indispensável* para que o gin se encaixe na definição legal. Se avaliarmos todos os gins clássicos e talvez os mais conhecidos — Beefeater, Gordon's, Tanqueray, etc —, o zimbro é a nota dominante de sabor.

O PAPEL DO ZIMBRO

Nos anos recentes, o mercado de gin ficou muito cheio. Alguns destiladores, ao procurar um jeito de fazer seu gin se destacar, reduziram o papel principal do gin e deram destaque a outros botânicos. Isso é arriscado pois dificulta o entendimento do que é e o que não é gin. Sem uma base forte de zimbro, o gin pode perder seu sabor distinto e se tornar só mais um destilado aromatizado. Vamos examinar melhor essa planta, sem a qual não teríamos o gin hoje.

SABORES DO ZIMBRO

A baga de zimbro (na verdade um cone pequeno que abriga a semente) é o componente principal do gin. Os óleos essenciais encontrados nessa baga contêm uma ampla variedade de compostos voláteis de sabor, principalmente um conjunto de compostos químicos chamados monoterpenos, que contribuem para o sabor característico do gin (ver também "Compostos aromáticos", p. 78-79).

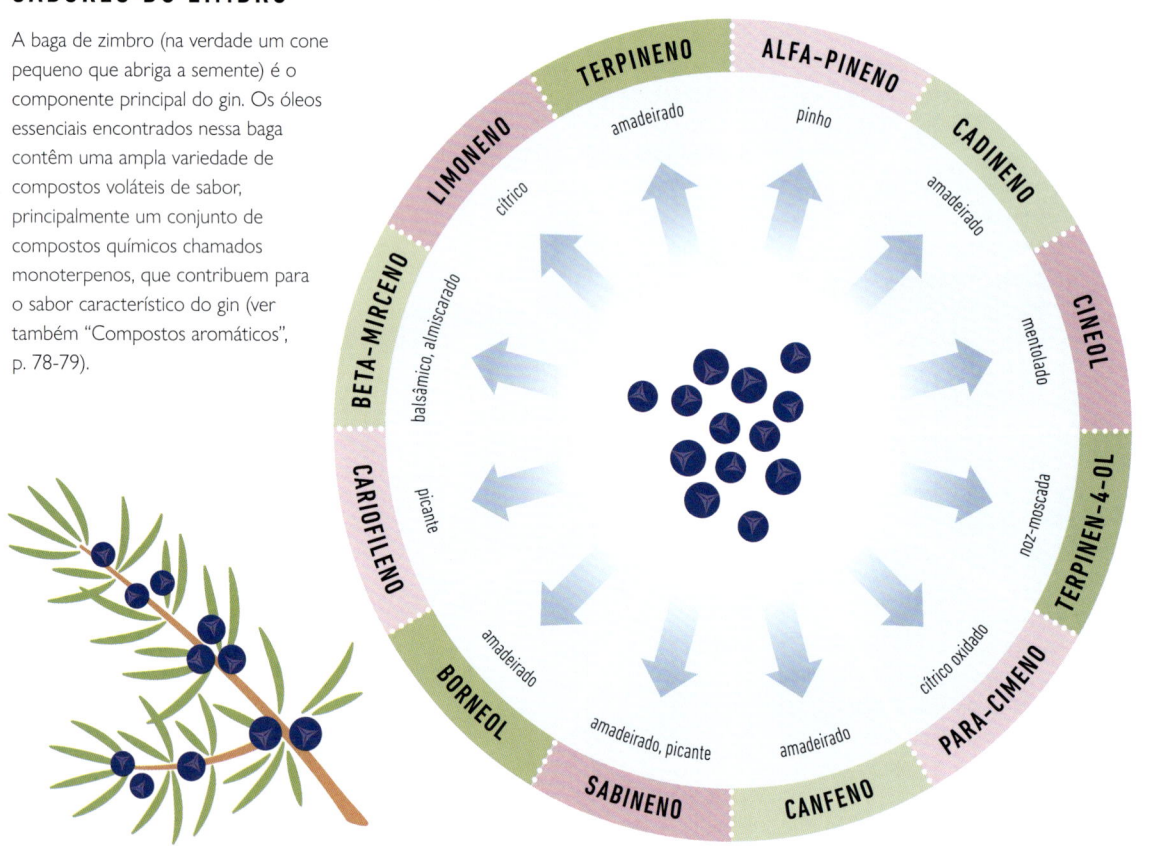

ZIMBRO-COMUM

O zimbro-comum (*Juniperus communis*) é uma conífera perene nativa de regiões frias e temperadas do hemisfério norte, inclusive áreas do norte da América do Norte, da Europa e da Ásia setentrional. Sua casca acinzentada e amarronzada descasca com o tempo, e os galhos marrom-avermelhados sustentam folhas verde-acinzentadas em forma de agulha, dispostas em densos feixes pontiagudos. Em geral, cresce como um arbusto baixo e meio desordenado que se espalha pelo chão, embora algumas árvores maduras possam atingir até dez metros de altura nas condições certas.

A espécie é dioica, ou seja, os órgãos reprodutivos masculinos e femininos se desenvolvem em plantas separadas. Pode levar até quinze anos para que o sexo de uma árvore se torne evidente. As flores das árvores masculinas não produzem frutos. As árvores femininas dão frutos na forma de bagas que, quando maduras, se assemelham a mirtilos. O processo de maturação leva cerca de dezoito meses, passando da cor verde para preta-arroxeada.

O zimbro prefere solos bem drenados e arejados, de áreas rochosas e de florestas antigas de pinheiros nativos. As plantas podem viver até duzentos anos, e muitas plantas maduras se curvaram e retorceram em formas fantásticas devido à exposição a ventos constantes durante décadas.

O zimbro costuma crescer ao longo de antigas rotas de gado, por onde os fazendeiros conduziam seus animais. O gado, ao se coçar nas agulhas da planta, derrubava as bagas cheias de sementes no chão e seus cascos pesados abriam o solo. Dessa forma, novas plantas de zimbro eram propagadas.

QUANTO DE ZIMBRO TEM NO MEU GIN?

A maioria das receitas de gin pede algo entre 6g e 12g de zimbro por garrafa de 700ml. Isso equivale a 50 a 100 bagas de zimbro.

São necessárias de 50 a 100 bagas de zimbro para uma garrafa de 700ml de gin.

Entre 6g e 12 g de zimbro é necessário.

700ml

COLHENDO O ZIMBRO

É difícil de acreditar, mas a verdade é que ninguém conseguiu cultivar o zimbro comercialmente. Isso significa que todo o zimbro utilizado na produção de gin vem de plantas selvagens. Como o zimbro cresce em áreas de difícil acesso, a colheita precisa ser feita de forma manual. O processo acontece entre outubro e fevereiro, e é mais ou menos assim:

- Fazer uma longa caminhada, em geral uma subida, até o local remoto onde o zimbro cresce.
- Encontrar os arbustos de zimbro fêmea com frutos e botar uma bacia embaixo.
- Sacudir os galhos com uma vara para derrubar as bagas na bacia.
- Fazer outra longa caminhada de descida, desta vez carregando uma bacia cheia de bagas.

Apesar de o Reino Unido ser o maior produtor de gin, uma quantidade muito pequena de zimbro nativa é usada nos gins britânicos. Mesmo as marcas que fazem uso do zimbro local costumam acrescentar zimbro de outros lugares — principalmente da Itália, da Macedônia do Norte e da Croácia. O zimbro desses países é mais abundante e oferece uma composição diferente de compostos aromatizantes, como alfa-pineno e sabineno (ver página anterior), que são mais apreciados pelos consumidores. O zimbro também é colhido na Sérvia, na Bulgária e na Índia. As bagas europeias costumam ser pequenas e escuras, enquanto as asiáticas são maiores (e mais baratas).

A maioria dos destiladores dos Estados Unidos importa o zimbro da Europa, pois as bagas que crescem lá costumam ter sabor intenso. Os destiladores da Austrália e da Nova Zelândia também optam pelo zimbro europeu, pois a planta não se desenvolve bem no hemisfério sul.

Os destiladores compram zimbro por peso e costumam guardá-lo por vários anos. Nesse tempo, as bagas secam e murcham, mas, embora elas percam umidade, não perdem os óleos essenciais.

USOS HISTÓRICOS DO ZIMBRO

O zimbro é utilizado para mais do que o sabor há muito tempo. As evidências do uso de óleos essenciais do zimbro com fins medicinais atravessaram os séculos e abrangem diversos tipos de doenças, de tosse a câncer.

USOS ANTIGOS DO ZIMBRO

O zimbro aparece em um dos textos médicos mais antigos que conhecemos, os antigos *Ebers Papyrus* egípcios, que foram escritos por volta de 1.500 AEC, embora algumas partes possam ser significativamente mais antigas. Já naquela época, o uso do zimbro para combater tênia estava bem estabelecido.

Os romanos usavam o zimbro para auxiliar a digestão, e os atletas gregos o consumiam para aumentar a energia. Os povos indígenas da América do Norte utilizavam o zimbro para ajudar na cicatrização de cortes e ferimentos.

NICHOLAS CULPEPER

O herbolista inglês Nicholas Culpeper escreveu no século XVII que o zimbro é "difícil de ser equiparado por suas virtudes". Segundo ele, as bagas eram potentes contra venenos e, portanto, "excelentes contra mordidas de animais venenosos". Ele também afirmava que eram "mais resistentes à peste do que qualquer outra planta" e que "é um remédio tão poderoso contra hidropisia que a ingestão da própria lixívia feita das cinzas da erva cura a doença".

UMA PANACEIA

DE MATERIA MEDICA
Pedanius Dioscorides, um médico grego no Exército Romano, escreveu seu *De Materia Medica* entre 50 e 70 EC. Nele há a lista dos usos medicinais de mais de seiscentas plantas, inclusive o zimbro, mostrado aqui.

UNIVERSAL

Se você tivesse diarreia, o zimbro podia interrompê-la. Se tivesse hemorroida, o zimbro traria alívio. Se tivesse dor de barriga, ruptura, cólica ou convulsão, o zimbro seria o remédio. Era eficaz para tosse, falta de ar e tuberculose. As pessoas usavam as bagas como diurético para aliviar infecções do trato intestinal, cálculos renais e vesiculares. O zimbro era procurado para aliviar a indigestão, melhorar a azia, restaurar o apetite, reduzir o inchaço, expelir vermes intestinais e acalmar flatulência.

O zimbro era usado para acelerar o trabalho de parto em mulheres — as bagas contêm uma substância química que pode estimular a contração dos músculos uterinos. Outras consumiam zimbro um pouco antes, na esperança de pôr fim a uma gravidez indesejada. "Dar à luz debaixo do arbusto de zimbro" era um eufemismo comum para aborto induzido por zimbro.

USOS NA MAGIA

Alguns usos de zimbro eram mais mágicos do que médicos. Almas apaixonadas cozinhavam zimbro em poções para conquistar alguém que não demonstrava interesse. Se o

DIZIA-SE QUE SONHAR QUE ESTAVA COLHENDO BAGAS DE ZIMBRO NO INVERNO ERA PRESSÁGIO DE PROSPERIDADE.

GUIRLANDA DE ZIMBRO
Galhos de zimbro eram usados para afastar espíritos malignos e para comungar com os mortos.

interesse já fosse satisfatoriamente mútuo, o zimbro era utilizado para aprimorar a potência masculina. Um viagra de ervas, por assim dizer.

Dizia-se que sonhar que estava colhendo bagas de zimbro no inverno era presságio de prosperidade a caminho. Também acreditava-se que as bagas representavam honra em sonhos ou sinalizavam o nascimento de um menino.

Os galhos de zimbro também eram úteis. Em partes da Europa, eles eram usados para detectar bruxas e o diabo. Durante o Beltane

(ou 1º de maio no hemisfério norte), quando se dizia que o véu entre o mundo espiritual e o nosso ficava mais fino, os galhos eram pendurados sobre as portas para afastar fadas (seres travessos e maliciosos, e não a Sininho).

No Samhain (ou Halloween), as pessoas usavam os galhos de zimbro para desencorajar visitas de espíritos malignos. Acreditava-se que o zimbro

podia ajudar na clarividência, sendo queimado por aqueles que desejavam comungar com os falecidos. Além disso, a fumaça aromática era usada para purificação ritual.

COMO É O GOSTO DO ZIMBRO?

O sabor do zimbro já foi familiar, mas atualmente poucos de nós o experimentam puro. Costumamos encontrá-lo junto de outros sabores mostrados na figura.

ANGÉLICA

ALFAZEMA

CÍTRICOS

SÂNDALO

PIMENTA-DO-REINO

Sozinho, o zimbro tem sabor de pinho e resina com toques cítricos e um perfil aromático e agridoce. Às vezes, apresenta notas de alfazema, cânfora e pimenta-do-reino.

Após a destilação, o zimbro maduro adquire um sabor fresco, de pinho, grama e um toque de ervas. Alguns gins também fazem uso de zimbro verde, que ao ser destilado, se torna mais terroso e amadeirado do que o zimbro maduro, com sabores de cedro e sândalo, com pinho novamente no final.

A molécula aromática primária no zimbro é o alfa-pineno, que tem um cheiro forte de pinheiro e abeto. A quantidade dessa substância varia muito, dependendo da região em que o zimbro cresceu. No gin, o sabor da raiz de angélica muitas vezes é confundido com o do zimbro devido a semelhança no odor, embora a angélica seja um pouco mais almiscarada e amadeirada, já que contém alfa-pineno (como o zimbro) e beta-pineno.

UMA ESPÉCIE SOB AMEAÇA

O zimbro-comum não está passando por um bom momento. O número de locais naturais onde ele cresce está no nível mais baixo de sua história. Nesses locais, a população de árvores está diminuindo. As árvores maduras estão menos férteis do que já foram e enfrentam dificuldade para se reproduzir. No Reino Unido, tornou-se uma das árvores nativas mais raras. Ninguém sabe por quê.

PLANTAS INFECTADAS

Uma teoria aponta como culpado o patógeno originário do solo *Phytophthora austrocedri* — um organismo similar a um fungo que infecta e mata ciprestes e zimbros. Ele danifica as raízes e o caule da planta, comprometendo a sua capacidade de tirar água e nutrientes do solo. Os sinais de infecção incluem o escurecimento das folhas para marrom e a morte progressiva de ramos, galhos, brotos e raízes.

Até o momento, o *P. austrocedri* foi encontrado na natureza só na Argentina e no Reino Unido. Na Argentina, ele infecta o cedro chileno. Foi primeiro identificado no Reino Unido em 2011, mas já devia estar presente há algum tempo. O *P. austrocedri* pode ter sido introduzido no final dos anos 1990, durante uma campanha para aumentar as populações de zimbro do Reino Unido, por meio da plantação de sementes selvagens em berçários e da

ÁREAS AFETADAS

Esses gráficos mostram locais na Inglaterra e na Escócia onde o zimbro apresenta sinais de pouco crescimento ou morte progressiva devido ao *Phytophthora austrocedri*.

ZONAS ESPECIAIS DE CONSERVAÇÃO ESCOCESAS
30% das áreas afetadas

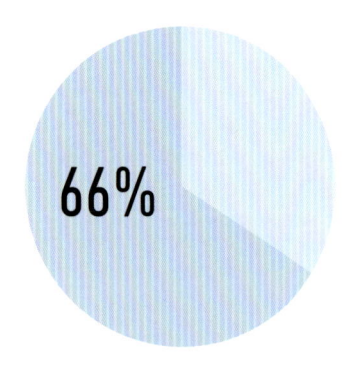

LOCAIS DE INTERESSE CIENTÍFICO ESPECIAL NA INGLATERRA
66% dos locais afetados

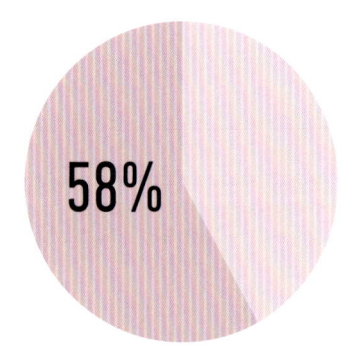

LOCAIS DE INTERESSE CIENTÍFICO ESPECIAL NA ESCÓCIA
58% dos locais afetados

DESTRUIDOR DE PLANTAS

A praga prejudicial ao gin *Phytophthora austrocedri* pertence ao mesmo gênero da espécie que foi responsável pela praga da batata e pela fome na Irlanda nos anos 1840.

replantação de árvores novas na natureza. Plantas infectadas e saudáveis podem ter ser misturado nos berçários, facilitando a propagação do patógeno.

A descoberta do *P. austrocedri* em berçários de plantas por toda a Europa sustenta essa teoria. Desde 2011, o *P. austrocedri* foi encontrado em cem locais no Reino Unido, principalmente na Escócia e no norte da Inglaterra, alguns deles conhecidos por abrigarem árvores originadas em berçários.

Os organismos no gênero *Phytophthora* vivem no solo e se espalham pelo movimento de água e pelo deslocamento de solo infectado por animais e seres humanos.

CONTROLANDO A AMEAÇA

Existem maneiras de controlar a infecção de *P. austrocedri*. Mas ainda não há meio químico de lutar contra ele. Só podemos garantir uma boa drenagem no local onde o zimbro cresce e tentar desacelerar a propagação da infecção por meio do corte e queima de árvores infectadas. Algumas árvores parecem ter uma resistência natural à infecção, mas as pesquisas ainda precisam confirmar isso.

A União Europeia legislou pela proteção do zimbro, exigindo que os países membros cuidem e mantenham as populações da planta. É provável que essa legislação também seja

seguida no Reino Unido, mas agora a responsabilidade recai sobre os proprietários das terras.

A REAÇÃO

Alguns destiladores de gin estão reagindo ao plantar enxertos de zimbro. Os produtores do Hepple Gin, em Northumberland, Inglaterra, por exemplo, esperam cultivar enxertos suficientes para fornecer todo o zimbro para suas destilarias,

embora digam que isso pode levar pelo menos vinte anos. Até lá, eles operam com um controle rigoroso do solo e só plantam zimbro propagado em sua propriedade.

Da mesma forma, o destilador do Rock Rose Gin, em Caithness, Escócia, iniciou o plantio de zimbro em sua propriedade em 2018. Ele espera ser capaz de produzir gin usando 100% de botânicos escoceses até 2028. Enquanto isso, a destilaria continua a importar zimbro da Bulgária e da Itália.

OUTRAS ESPÉCIES DE ZIMBRO

O *Juniperus communis* não é a única espécie de zimbro — há cerca de sessenta espécies pelo mundo. Embora a maioria das definições legais de gin ainda especifiquem o zimbro-comum, os

ZIMBRO-DO-TEXAS OU ZIMBRO-DE-BAGA-VERMELHA

J. pinchotii cresce nos Estados Unidos. Sua fruta é de cor cobre a cobre-avermelhada e é suculenta e doce em vez de resinosa. Um cranberry desidratado é uma boa imagem de comparação.

ZIMBRO-GREGO E SABINA-NEGRAL

Os destiladores do Líbano utilizam o zimbro-grego (*J. excelsa*) e a sabina-negral (*J. phoenicea*). As bagas são tão ricas em óleos e com sabores tão intensos que são difíceis de controlar.

ZIMBRO-AFRICANO

No Quênia, os destiladores usam bagas do zimbro-africano (*J. procera*). É a única espécie de zimbro nativa do hemisfério sul e oferece sabores terrosos distintos.

destiladores estão começando a fazer experimentos com outras variedades para encontrar uma sensação de conexão com suas raízes.

UM POUCO DA HISTÓRIA DO GIN

O gin tem um passado longo e às vezes meio turvo. Nem sempre foi a bebida alegre que apreciamos hoje. Vamos dar uma olhada em alguns dos altos e baixos dessa história.

DESTILAÇÃO NO MUNDO ANTIGO

Os destilados existem há muito tempo. Há evidências de que, na China, as pessoas já destilavam bebidas alcoólicas a partir de cerveja de arroz desde pelo menos 800 AEC. O povo das Índias Orientais e os antigos impérios da Grécia e do Egito também produziam bebidas destiladas mais de 2 mil anos atrás.

Os alquimistas na cidade de Alexandria, no Egito, desenvolveram alambiques no primeiro ou segundo século EC. Eles usavam destilação "hidráulica" — baseada em água e não em vinho —, não para ficarem bêbados, mas para viverem para sempre. Embora a alquimia tenha produzido alguns perfumes agradáveis e essências florais, seu verdadeiro objetivo era transformar metais em ouro e descobrir o "elixir da vida" que concederia a imortalidade.

A PROPAGAÇÃO DA DESTILAÇÃO

A partir de Alexandria, com sua escola de alquimia, o conhecimento a respeito da destilação se espalhou pelos séculos seguintes pelo Oriente Médio, chegando à Grécia Bizantina e à Pérsia. Conforme o conhecimento se espalhava, também se aprimorava. No século VI, os alambiques passaram de dois recipientes rudimentares conectados por um tubo para dois potes feitos de vidro.

No século VII, os árabes conquistaram Alexandria e a Pérsia e, com isso, aprenderam sobre a destilação hidráulica. Cientistas árabes continuaram a aprimorar a tecnologia e acabaram descobrindo como destilar uvas e depois vinho — para o qual eles tinham pouco uso (de um modo geral).

ESTUDIOSOS ISLÂMICOS REFINAM A DESTILAÇÃO

Foi o alquimista-filósofo islâmico Abu Musa Jabir ibn Hayyan (721-815) que deixou o registro escrito mais antigo conhecido sobre destilação, datado do século VIII. Ele descreveu sobre os vapores inflamáveis que surgiam na boca das garrafas nas quais vinho e sal eram fervidos.

Ao longo das décadas seguintes, outros cientistas muçulmanos relataram o uso do álcool como solvente na fabricação de tintas, vernizes, medicamentos e cosméticos. O primeiro a produzir álcool em qualquer volume foi o químico e cirurgião árabe andaluz Abu al-Qasim

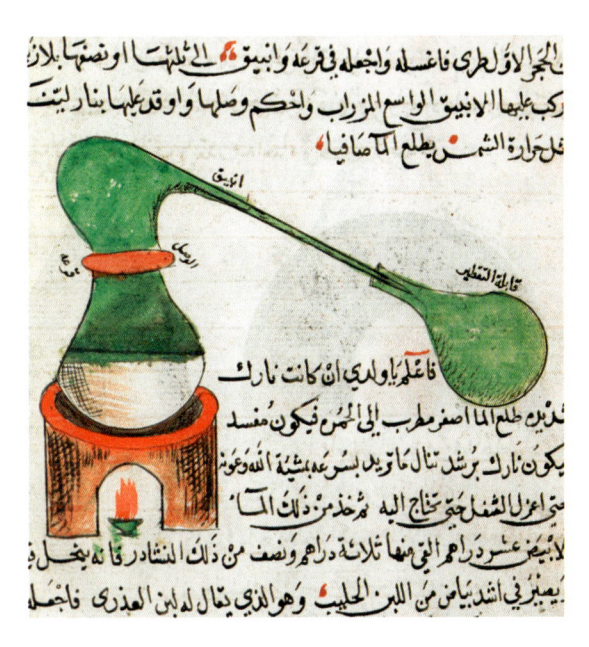

O PROCESSO DE DESTILAÇÃO
Uma ilustração do *O livro dos sete climas* mostra o processo de destilação. Pertence a um exemplar do século XVIII do livro de alquimia escrito por Abu al-Qasim al-Iraqi, estudioso do século XIII.

al-Zahrawi (c. 936-1013). Para produzir álcool em volume, era necessário resfriar rapidamente os vapores usando água, e foi al-Zahrawi que concebeu melhorias fundamentais na tecnologia de resfriamento para viabilizar a ação.

O CONHECIMENTO SE ESPALHA A PARTIR DE SALERNO

Os mundos cristão e muçulmano se encontraram ao sul de Nápoles, na Itália, em Salerno. Lá, a escola de medicina mais antiga do mundo tinha reunido textos em latim, grego, hebraico e árabe. Seus professores eram selecionados entre os melhores médicos do mundo. Salerno tornou-se um caldeirão cultural onde muçulmanos e cristãos compartilhavam ideias. Eles também traduziam para o latim livros de medicina escritos em árabe, hebreu e grego — inclusive os de Jabir (conhecido no ocidente como Geber).

Na Europa, a alfabetização e a medicina estavam sob o controle da Igreja Católica, e foi a partir das catedrais e mosteiros espalhados pelo mundo cristão que os estudiosos viajaram até Salerno, voltando com novos conhecimentos sobre destilação.

Salerno não foi o único lugar onde os cristãos aprenderam os segredos da destilação com os árabes. Havia mosteiros e conventos cristãos no Egito, no Iraque e na Síria, que era particularmente famosa pelo vinho e pelo araque (vinho destilado). Nas cidades grandes como Bagdá, os não muçulmanos comandavam lojas de vinho. O comércio da bebida também era importante na Andaluzia governada pelos muçulmanos (al-Andalus).

SCHOLA MEDICA SALERNITANA
A escola de medicina de Salerno foi fundada no século IX e é considerada a escola de medicina mais antiga da civilização moderna.

ESTUDIOSOS CRISTÃOS VOLTANDO DE SALERNO ESPALHARAM O NOVOS CONHECIMENTOS SOBRE DESTILAÇÃO.

A FEBRE DO GIN

Pulando algumas centenas de anos à frente, Londres no início do século XVIII foi uma época em que o consumo de gin passou por sua fase adolescente, esquisita e rebelde.

O ÂNGULO ANGLO-HOLANDÊS

No final do século XVII, com a memória da Guerra Civil Inglesa (1642-1651) ainda fresca, a Inglaterra permanecia dividida entre protestantes e católicos. Jaime II, um católico, e escocês ainda por cima, ocupava o trono, mas não era nada popular entre os nobres protestantes do país, que acabaram o depondo durante a Revolução Gloriosa de 1688-1689 e convidaram o príncipe protestante holandês Guilherme de Orange para assumir o trono.

Guilherme foi coroado em 1689 (tornando-se Guilherme III) e governou ao lado de sua esposa, Maria II (filha de Jaime). Guilherme levou consigo o gosto pelo genever (ver p. 15), uma bebida destilada holandesa similar ao gin.

(ver p. 15)

Em 1690, o Parlamento introduziu leis que incentivavam a destilação de bebidas à base de milho (trigo), promovendo a produção da Inglaterra em detrimento do conhaque francês bastante popular até então. Outra lei promulgada em 1694 atribuía novos impostos sobre a cerveja, e o palco foi armado para o gin se tornar a mais barata das duas bebidas.

Guilherme morreu em 1702 e foi sucedido pela rainha Anne. Naquele mesmo ano, a Worshipful Company of Distillers, que até o momento detinha o monopólio das destilarias em Londres, perdeu seu alvará. Rapidamente, as pessoas começaram a fazer e beber mais gin.

Uma sequência de boas colheitas fez o salário dos trabalhadores aumentar e o custo de alimentos diminuir, possibilitando que as pessoas tivessem um pouco mais de dinheiro para gastar em bebida. O consumo anual saltou de um pouco mais de 4,5 milhões de litros em 1700 para o dobro desse número em 1714, e continuaria crescendo ainda mais vertiginosamente nas décadas seguintes.

A RESSACA CRESCENTE DE LONDRES

No começo do século XVIII, a população da Grã-Bretanha estava mudando. O Parlamento havia promulgado diversas Leis de Cercamento, convertendo campos abertos e terras comunais em propriedade privada. Destituídos das poucas terras que possuíam e fazendo trabalhos arriscados com baixa remuneração, os trabalhadores rurais migraram para as cidades, principalmente Londres, em busca de uma vida melhor. A maioria não encontrou.

A sociedade britânica baseada em classes mantinha os trabalhadores pobres e dependentes dos empregadores, com um toque de esnobismo que reforçava a ideia de que aquela era a ordem natural das coisas. A demanda por trabalhadores não especializados nas cidades era baixa, e com mais pessoas chegando todos os dias, os salários também

FAVELAS DE LONDRES
As pessoas viviam numa miséria impressionante em partes de Londres no século XVIII. Não é de se admirar que tenham procurado a bebida.

DANÇA DA MORTE
A ilustração de Thomas Rowlandson retrata as pessoas bebendo em um estabelecimento de venda de bebidas. A legenda diz: "Alguns encontram a morte na espada e na bala, outros em fluidos que descem pela goela".

eram baixos. A fome e a pobreza extrema tornavam a vida das pessoas uma desgraça.

Com pouco a fazer, a maioria dos pobres urbanos se voltou para a bebida. O gin, por ser a mais barata, foi o que eles procuraram.

RUÍNA DE MÃE

Com sua curta trajetória na Grã-Bretanha, o gin não tinha os laços estabelecidos da cerveja com as cervejarias e tabernas, espaços tradicionalmente masculinos. As mulheres adotaram o gin com o mesmo entusiasmo que os homens, mas elas foram tratadas de forma mais dura por isso. Elas eram acusadas de negligenciarem os bebês ou usarem o gin para acalmá-los, e por isso o gin passou a ser conhecido como "Ruína de Mãe".

Em 1723, a taxa de mortalidade em Londres superava a de natalidade, e assim permaneceria pela década seguinte. Na época, apenas em Londres, aproximadamente 23 milhões de litros de gin eram destilados, e o número de lojas e armazéns que vendiam "água forte" cresceu para 6 mil ou mais. Isso significava que cerca de um quarto de todos os imóveis de Londres eram bares. Não surpreende então que muitos bebês da cidade tenham nascido com desordens do espectro alcoólico fetal. Até três em cada quatro crianças nascidas em Londres morreram antes de completar cinco anos.

DEFOE CULPA O GIN

Em 1728, o escritor inglês Daniel Defoe culpou o gin por muitos dos problemas de Londres e denunciou a bebedeira entre as mulheres, principalmente as mães. Ele escreveu: "Em menos de uma geração, podemos esperar uma geração magérrima, depauperada, de pernas finas". Entre as pessoas de classes altas, muitos compartilhavam esse medo de uma nação fraca. O que a Inglaterra se tornaria sem corpos novos para alimentar os moinhos e as guerras estrangeiras?

MUITO BARULHO PELA BEBIDA

Para contextualizar a Febre do Gin, é importante entender que beber era comum entre pessoas de todas as idades, gêneros e classes sociais. As "preocupações" expressadas pela alta classe de que as "classes inferiores" estavam bebendo em excesso eram no mínimo hipócritas.

OS GIN ACTS

As classes mais altas não sentiam compaixão e sim reprovação: o tipo errado de gente estava tendo o tipo errado de diversão, bebendo o tipo errado de bebida. Eles achavam que os pobres estavam se tornando "luxuosos", acostumando-se a ideias e passatempos acima da posição deles, o que parecia uma ameaça à ordem social estabelecida.

Governos sucessivos tentaram, sem sucesso, conter o consumo de gin por meio de leis conhecidas como Gin Acts. O primeiro, em 1729, tentava restringir a venda da bebida ao exigir licenciamento para os vendedores e ao taxar produtos em que fossem adicionadas bagas de zimbro ou outros ingredientes. A lei foi amplamente desrespeitada (as pessoas apenas tiraram o zimbro), e as grandes destilarias se manifestaram intensamente para que fosse revogada.

O segundo Gin Act, em 1733, tentou restringir o consumo da bebida às tavernas, mas acabou incentivando a criação de milhares de bares clandestinos. O terceiro, em 1736, estabeleceu impostos altíssimos, quantidades mínimas de venda impraticáveis e até licenças mais caras para os comerciantes, o que levou várias tavernas respeitáveis a fecharem as portas.

GRAVURA SATÍRICA
Gravura de um artista anônimo mostra o "funeral de Madame Genever", uma sátira aos Gin Acts.

TRAVESSA DO GIN

A gravura de William Hogarth, de 1751, retrata a devassidão e a embriaguez causada supostamente pelo gin.

GIN, O BODE EXPIATÓRIO

O governo recrutou informantes para processar vendedores ilegais de gin. Esses informantes eram figuras muito impopulares e com frequência eram atacados e até mortos. As pessoas protestavam nas ruas e as vendas de gin continuaram a aumentar. Era mais provável que a inquietação fosse motivada pelas condições insuportáveis que os pobres tinham que aguentar do que pelo gin que eles consumiam como escape, mas a bebida servia como um bode expiatório conveniente, no qual os ricos botavam a culpa dos males da sociedade.

GIN LANE: A FEBRE CHEGA AO ÁPICE

O consumo de gin em Londres chegou ao seu ápice em 1743, quando o consumo anual chegou a 36 milhões de litros. Àquela altura, o governo, novamente envolvido em guerras na Europa, precisava arrecadar fundos e enfim introduziu um Gin Act que reduziu o consumo.

Dessa vez, miraram os destiladores e não os vendedores. A lei proibia os destiladores de venderem diretamente ao público e elevava o imposto especial que eles tinham que pagar. As taxas para licenças de venda foram reduzidas para 1 libra, o que permitiu que tavernas respeitáveis retornassem ao ramo, encerrando assim a necessidade de informantes.

Apesar da queda de consumo, as reclamações e a inquietação pela influência destrutiva do gin continuaram. Atribuíram culpa ao gin por trabalhadores rurais recém--chegados a Londres morrerem após beberem em excesso; por mulheres pegarem fogo espontaneamente depois de beber demais; e quando Mary Estwick desmaiou em uma cadeira e deixou o bebê que estava cuidando cair no fogo e morrer. O gin foi o responsável quando Judith Defour matou a filha e vendeu as roupas da bebê para comprar mais bebida.

Em 1749, embora o auge do gin já tivesse sido superado, os londrinos que desejavam encher a cara ainda podiam escolher entre mais de 17 mil bares de gin. A gravura acima *Gin Lane* [Travessa do Gin], de William Hogarth, foi publicada logo depois, em 1751. A peça era essencialmente propaganda a favor dos cervejeiros e se apoiava com força nos temores mais macabros criados sobre o consumo de gin em contraste com a imagem da cerveja como uma bebida saudável, natural e, acima de tudo, britânica. (Claro que as pessoas podiam e ficavam tão bêbadas de cerveja quanto de gin.)

A LEI TIPPLING

Em 1751, o magistrado Henry Fielding publicou *Uma investigação sobre as causas do aumento recente de roubos*. O gin e o crime já estavam intensamente interligados na imaginação popular.

O COMEÇO DO FIM

Embora o crime realmente tivesse aumentado em Londres durante a Febre do Gin, a população da cidade também cresceu. Então, na verdade a taxa de criminalidade se manteve estável. A expansão dos jornais e o aumento da alfabetização fez com que o medo dos crimes se espalhasse, e os críticos do gin usaram isso a seu favor.

Em 1751, o governo se sentiu pressionado a agir contra o gin mais uma vez e introduziu uma lei conhecida como Lei Tippling. Foi o último Gin Act e costuma ser visto como o marco do começo do fim da Febre do Gin. Ele impôs um pequeno aumento no imposto pago sobre destilados e dobrou o preço da licença de venda, agora restrita a cervejarias, tavernas e estalagens.

DIA DE SÃO CRISPIM

A gravura do caricaturista britânico George Cruikshank retrata uma briga por causa de gin na celebração do Dia de São Crispim em Petty France, Londres.

A LEI TIPPLING PÔS FIM AOS VENDEDORES AMBULANTES DE GIN COM AS VENDAS PASSANDO A ACONTECER EM CERVEJARIAS, TAVERNAS E ESTALAGENS.

Ela reduziu dramaticamente a disponibilidade de gin e pôs fim à sua venda nas vielas e lojas de gin. Em 1752, o volume de destilados produzidos (de maneira legítima) caiu em mais de um terço.

O BOTÃO DE RECOMEÇO DO GIN

A colheita ruim de 1757 desencadeou o temor pela escassez de pão. O governo baniu a destilação de grãos e pausou a exportação de milho e malte, para que o pouco trigo e cevada fossem usados para alimentar a nação. Essas medidas foram ampliadas quando a colheita voltou a ser ruim em 1758.

A produção de destilados não foi interrompida. Alguns destiladores passaram a fabricar álcool a partir de melaço importado, mas não com o mesmo volume em que o gin era retirado dos alambiques. Os importadores também tentaram usar o rum para preencher a lacuna deixada pelo gin. No entanto, os londrinos estavam bebendo bem menos.

A colheita de 1759 foi boa, e os fazendeiros e destiladores pediram que a proibição de destilação fosse suspensa. Apesar dos argumentos da Igreja e dos reformadores moralistas, que defendiam a proibição total de álcool, o governo restaurou a destilação de milho no começo de 1760 (afinal, ela gerava uma boa arrecadação para o Estado). O imposto especial sobre destilados foi duplicado e o governo ofereceu subsídios para todas as bebidas exportadas.

DEPOIS DA FEBRE

Os pobres urbanos continuaram a beber até cair, mas voltaram a consumir cerveja, que havia novamente se tornado mais barata do que os destilados. O gin começou a ganhar um toque de respeitabilidade, e a regulamentação da destilação acabou resultando em um número reduzido de destiladores que passou a dominar o setor. O gin começou a melhorar de qualidade também, tornando-se mais parecido com a bebida que apreciamos hoje.

Na segunda metade do século XVIII, depois da reintrodução da destilação de grãos em 1760, muitas marcas famosas de gin foram estabelecidas, inclusive a Greenall's (1761), a Gordon's (1769) e a Plymouth (1793). Em 1794, a produção de gin era uma indústria estabelecida, com mais de quarenta destilarias operando apenas em Londres nos bairros de Westminster, City of London e Southwark.

NOITE
A gravura satírica de William Hogarth chamada *Noite*, da qual uma parte aparece aqui, mostra um homem bêbado sendo levado para casa pela criada.

PALÁCIOS DO GIN

No início do século XIX, os pubs ingleses eram pesados e sujos. Imagine paredes de tijolos escuros, janelas de madeira e sombras onde a luz das velas não conseguia chegar. Arquitetonicamente, não havia uma grande diferença entre um bar e qualquer outro estabelecimento. Mas isso estava prestes a mudar.

AS ORIGENS

A Inglaterra estava tomada de gin contrabandeado, a ponto de os vilarejos de Kent supostamente usarem a bebida até para limpar janelas. O governo não estava

PALÁCIO DO GIN DE LODRES

A ilustração de 1821 retrata pessoas de diferentes classes e variados estados de embriaguez bebendo a "ruína azul", ou gin, em um palácio do gin de Londres.

satisfeito com tanta bebida não tributada circulando e, em 1825, reduziu quase pela metade os impostos sobre as bebidas legais, para seis xelins por galão (quase seis libras por litro em valores atuais).

O resultado foi, previsivelmente, outro *boom* do comércio de gin. O consumo disparou de 16,8 milhões de litros em 1825 para 33,6 milhões em 1826. Não demorou para que um novo tipo de estabelecimento de bebidas surgisse para atender à nova demanda do público consumidor.

Os novos palácios do gin eram um espetáculo emocionante e moderno para os sentidos, com tetos altos, janelas amplas, espelhos gravados e foscos para propagar a luz do novo milagre moderno: a iluminação a gás, que por toda parte era refletida no bar de mogno encerado e iluminava as molduras ornamentadas. Deve ter sido como beber no futuro, uma Las Vegas vitoriana.

Mas o que não havia nos palácios do gin era assentos. Não eram lugares para passar uma noite agradável

O BREVE REINADO DOS PALÁCIOS DO GIN DEIXOU UM LEGADO DURADOURO.

conversando com os amigos. Eram máquinas para separar com eficiência os bebedores de seu dinheiro e de sua sobriedade.

BEBA MAIS GIN!

Os palácios do gin não ofereciam comida, salas particulares, jornais ou qualquer outra distração. Não havia nada a fazer além de beber — quanto mais rápido, melhor — e sair para dar lugar a mais clientes que fariam a mesma coisa.

E eles iam mesmo, uma grande maré de gente sedenta por gin. Toda semana, mais de meio milhão de pessoas entravam pelas portas dos quatorze maiores palácios do gin de Londres. Os clientes eram pobres e o gin era barato, mas, ainda assim, um estabelecimento bem localizado podia lucrar até um guinéu, cerca de cem libras em valores atuais, por minuto.

Os pubs velhos e pobres viram seu comércio despencar. Muitos simplesmente faliram, enquanto outros se reinventaram seguindo o novo modelo de palácio do gin. Essa não foi uma opção fácil. Reformar um pub para ficar com o esplendor de um palácio do gin podia custar até 3 mil libras, o que era uma soma altíssima para a época.

A CERVEJA REAGE

Em 1839, o Parlamento mais uma vez alterou os impostos, desta vez favorecendo a cerveja. Os impostos pagos pela cerveja britânica foram eliminados e as restrições sobre quem tinha permissão de fazer e vender foram reduzidas. Isso levou a uma explosão de novos bares e cervejarias por todo o país, principalmente nos centros industriais em rápida expansão no norte da Inglaterra.

O LEGADO DOS PALÁCIOS DO GIN

Os palácios do gin deixaram um legado de interiores decorados e cheios de luzes nos pubs vitorianos, que ainda são vistos por todo o país hoje em dia.

Só nos seis primeiros meses, 25 mil licenças foram concedidas. Os bebedores da classe trabalhadora puderam voltar a ter uma bebida acessível em bares com assentos confortáveis.

O curto reinado dos palácios do gin estava chegando ao fim, mas eles deixaram para trás um legado duradouro, não só a aparência e a atmosfera do pub vitoriano clássico que ainda se vê hoje em dia. De forma menos óbvia, os palácios do gin também foram responsáveis pelo florescimento das obras públicas filantrópicas vitorianas: parques, bibliotecas públicas e o atual local da National Gallery em Londres. Esses locais surgiram (ao menos parcialmente) para oferecer aos pobres londrinos algo melhor para fazer do que beber até morrer.

COATES & CO. PLYMOUTH GIN
A Coates & Co. fazia o gin Plymouth na destilaria Black Friars, na cidade naval de Plymouth, a partir de 1793. Boa parte do gin da Coates & Co. era comprado pela Marinha Real para seus oficiais.

O GIN CHEGA À MAIORIDADE

Durante o século XIX, o gin se afastou de vez das raízes improvisadas e se tornou a bebida que conhecemos hoje. Enquanto a Grã-Bretanha foi seu lar espiritual, esse foi o período em que a bebida começou a se espalhar pelo mundo.

O LONDON DRY SURGE

Em 1831, o inventor irlandês Aeneas Coffey patenteou o design de um novo tipo de destilador (ver p. 52) que funcionava continuamente e produzia álcool com mais de 90% de teor alcoólico. Antes disso, ele tinha trabalhado por mais de duas décadas como coletor de impostos especiais em destilarias, onde teve muitas oportunidades de se tornar familiarizado com os primeiros tipos de destiladores e suas limitações. O novo design aprimorava um de 1826 que usava duas colunas conectadas em vez de um recipiente.

O novo destilador de Coffey produzia um álcool mais puro de forma muito mais eficiente e econômica do que os destiladores de antes, e rapidamente se tornou popular. Em meados do século XIX, a qualidade do gin feito nesses destiladores tinha melhorado muito e estava bem mais próxima da que apreciamos na bebida de hoje. Antes, os produtores acrescentavam açúcares para suavizar o álcool, mas isso não era mais necessário, e eles começaram a deixar esse ingrediente de fora. O novo estilo de gin ficou conhecido como gin seco (*dry gin*) e depois como London Dry (ver p. 73).

COMÉRCIO GLOBAL

Em meados do século XIX, a Grã-Bretanha estava se tornando a nação comercial mais poderosa do mundo (ver p. 35), expandindo seu império e usando sua vasta frota de navios para transportar mercadorias pelo planeta. Em 1850, o Parlamento removeu os impostos de exportação do gin, e a bebida começou a se espalhar para novos mercados. O gin embarcou nos navios da Marinha Britânica e acompanhou os soldados em novas terras. Foi nessa época que as pessoas começaram a misturar gin com tônica, bitters e limão (ver p. 37).

IMPÉRIO MUNDIAL
O mapa global de Walter Crane, publicado em 1886, mostra a extensão do Império Britânico no século XIX.

O GIN SE BENEFICIOU MUITO DA FALTA DE CONCORRÊNCIA DO VINHO.

DESTILARIAS DE GIN
Muitas das destilarias de gin mais famosas se estabeleceram durante a segunda metade do século XIX, como Beefeater, Hayman's (ambas em 1864) e Seagram's (1883).

O GIN GANHA UM IMPULSO

Nos anos 1860, o gin ganhou um impulso graças à filoxera. Esse pequeno inseto parasita atravessou o Atlântico e chegou aos vinhedos franceses, onde causou a Grande Praga da Filoxera. Muitos vinhedos foram destruídos pela doença espalhada por esse pulgão, e a poderosa indústria vinícola da França quase foi dizimada. Os suprimentos de vinho francês e o conhaque feito dele praticamente desapareceram por mais de uma década, e os consumidores procuraram alternativas. O gin se beneficiou muito dessa falta de concorrência.

Muitas das destilarias de gin mais famosas se estabeleceram durante a segunda metade do século XIX, como Beefeater e Hayman's (ambas em 1863) e Seagram's (1883). O primeiro gin seco americano apareceu em 1868, quando os irmãos Fleischmann montaram sua destilaria em Cincinnati, Ohio.

As melhorias na produção de vidro nos anos 1890 tornou o vidro transparente mais comum. Até ali, o gin era vendido em barris de madeira ou em jarras de cerâmica. As novas garrafas de vidro transparente eram a vitrine perfeita para o destilado.

HORA DO MARTÍNI

O martíni foi inventado em 1888. Provavelmente; não há 100% de certeza. O que se sabe é que misturas semelhantes ao martíni começaram a aparecer na Califórnia durante a Corrida do Ouro (1848-1855). Essas versões combinavam gins Old Tom (ver p. 74-75) e vermute doce, talvez com curaçau laranja e bitters, possivelmente servindo como base para o Martinez (ver p.141), do qual o martíni evoluiu ao longo das décadas seguintes. Não estamos tratando ainda do Dry Martini (ver p. 131), mas é notável que o gin já havia melhorado ao ponto de ser consumido dessa forma.

MARTÍNI
Nos anos 1880, o gin tinha melhorado a ponto de o martíni entrar em jogo.

A SOMBRA DO IMPÉRIO

A trajetória do gin e a da tônica estão profundamente entrelaçadas, também com a da colonização e a do Império Britânico. Essa história costuma ser contada sob a perspectiva dos colonizadores, não dos colonizados, apagando injustiças e sofrimentos.

O COMÉRCIO DE ESPECIARIAS

Os europeus desejavam especiarias como cravo, noz-moscada e mácide há séculos, mas não conheciam suas origens até o começo do século XVI. As especiarias vinham das pequenas Ilhas das Especiarias, conhecidas hoje como Ilhas Molucas, no arquipélago indonésio.

A ânsia dos europeus por especiarias ajudou a estabelecer o modelo de colonização e de expansão imperial. Logo após o explorador português Vasco da Gama descobrir uma rota marítima

para a Índia em 1497-1499, Portugal assumiu a maior parte do comércio global de especiarias. Esse domínio foi mantido por quase um século, mas acabou sendo suplantado pelos holandeses, que formaram a Companhia Holandesa das Índias Orientais (Vereenigde Oostindische Compagnie, ou VOC) em 1602. A VOC teve permissão de governar territórios no leste e podia construir os próprios estaleiros, erguer fortes, montar exércitos e firmar tratados em seu nome.

Portugal, Inglaterra e Holanda lutaram pelo controle das Ilhas das Especiarias por muitos anos. No meio

desses conflitos, as populações nativas das ilhas também lutaram contra os poderes colonizadores. Como recompensa receberam uma repressão implacável: suas cidades foram queimadas e milhares foram massacrados, deportados ou escravizados. Até recentemente, a história tendia a ignorar o sofrimento dos povos nativos.

SAQUEANDO RIQUEZAS

O sucesso das primeiras expedições europeias pelo Oceano Índico no final do século XVI inspirou os comerciantes ingleses a montarem

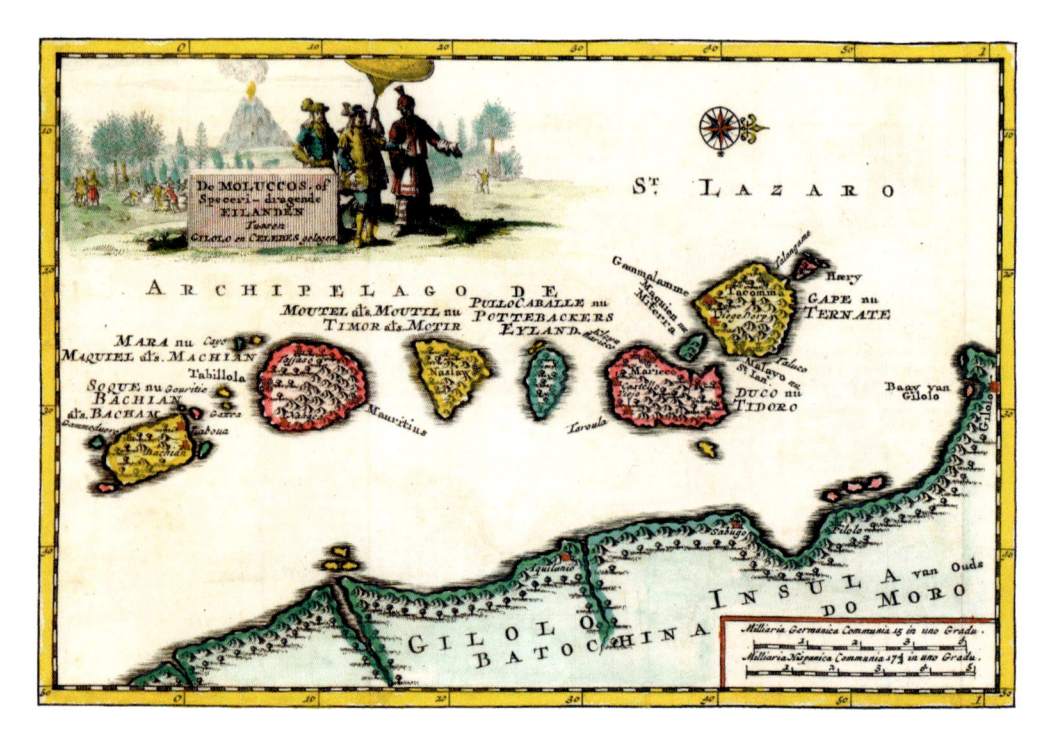

ILHAS DAS ESPECIARIAS
Um mapa holandês de 1707 mostra as pequenas Ilhas das Especiarias, nas Índias Orientais.

ESTALEIRO DA COMPANHIA DAS ÍNDIAS ORIENTAIS

Os navios da Companhia das Índias Orientais são mostrados ancorados em Deptford, no Tâmisa, nesta pintura dos anos 1680.

sua própria Companhia das Índias Orientais (East India Company, ou EIC). Embora o Império Britânico tenha conseguido se espalhar pelo mundo, boa parte de sua colossal riqueza é proveniente da Índia.

Quando a EIC atracou no subcontinente indiano no começo do século XVII, a Inglaterra era responsável por cerca de 3% da manufatura global. A Índia produzia cerca de 35% do produto interno bruto (PIB) mundial.

A EIC, com seu exército particular, logo tomou Bengala e forçou os governantes locais a negociar com ela. De lá, expandiu-se por todo o subcontinente, subornando os governantes locais, instalando regimes fantoches e saqueando no caminho.

A Grã-Bretanha logo ficou ocupada estabelecendo colônias em outras regiões, e por volta dos anos 1760, já controlava grande parte da América do Norte e do Caribe. Graças a essas colônias e à Índia, a Grã-Bretanha teve acesso a todos os ingredientes de que precisava para dar sabor ao gin. Eles eram levados de navio para a Grã-Bretanha pelo Tâmisa, até Londres. A capital também tinha total acesso a grãos e fontes de água fresca em Bloomsbury e Clerkenwell, tornando-a o epicentro da destilação de gin.

No começo do século XIX, o exército da EIC tinha o dobro do tamanho do Exército Britânico e sua receita anual na Índia era de cerca de 300 milhões de libras em valores atuais. O primeiro governador da Presidência de Bengala, Robert Clive, também major-general da EIC, era tão rico que diziam que o furão de estimação de sua esposa tinha um colar de diamante que valia 262 mil libras em valores atuais.

A EIC acumulou poder na Grã-Bretanha também. A companhia gastava grandes quantias; por exemplo, construindo as docas de Londres, pelas quais a riqueza e os bens do império passavam. Os lucros fizeram com que os seus acionistas fossem eleitos para o Parlamento por meio de burgos podres (distritos eleitorais com bem poucos eleitores, mas que conseguiam eleger um membro do Parlamento); a EIC controlava um quarto da legislatura. Era autônoma no papel, mas, na prática, a EIC era como um braço muitas vezes corrupto do Estado britânico.

O EXÉRCITO DA COMPANHIA DAS ÍNDIAS OCIDENTAIS TINHA O DOBRO DO TAMANHO DO EXÉRCITO BRITÂNICO.

O PAPEL COADJUVANTE DA TÔNICA

É improvável que as tropas da EIC e mais tarde do Exército Britânico tivessem alcançado o sucesso sem o quinino, que mantinha a malária afastada. Esse alcaloide amargo, que dá o sabor característico da água tônica, é extraído da casca da árvore da febre andina (da espécie *Cinchona*), nativa das florestas nubladas dos Andes Orientais, cobrindo o que hoje corresponde a Equador, Bolívia e Peru.

Os europeus descobriram suas propriedades curativas no início do século XVII por meio dos povos indígenas quechua, cañari e chimú, que a usavam havia tempos para tratar febres. Os missionários espanhóis levaram a planta para a Europa, o que a fez ganhar o nome de "casca dos jesuítas". Ironicamente, a forma mais letal da malária, contra a qual os jesuítas precisavam do quinino, só passou a existir nos Andes Orientais depois que a expansão colonial espalhou a doença para as Américas.

Nos trezentos anos seguintes, o quinino extraído dessa casca foi o único tratamento eficiente contra a malária, comum na Europa até bem recentemente, no início do século XX. Mas não apenas curava a malária: era capaz de prevenir a doença (ver quadro à direita).

O quinino acabou se tornando essencial para o controle e a expansão

ÁRVORE DA FEBRE ANDINA
A ilustração do *Köhler's Medicinal Plants* (século XIX) mostra a *Cinchona calisaya*. A casca de várias espécies de cinchona contém quinino.

PREVENÇÃO DA MALÁRIA

Alguns historiadores atribuem o primeiro uso do quinino como prevenção contra a malária ao médico escocês William Balfour Baikie, durante uma expedição pelo rio Níger, na África, em 1854. No entanto, há evidências de que o quinino estava sendo usado com esse fim quase um século antes. Em 1768, o cirurgião naval britânico James Lind (acima) recomendava uma quantidade diária de pó de cinchona para os marinheiros em portos tropicais, onde a malária era abundante.

imperial. Sua descoberta permitiu a exploração e colonização do interior da África (até então conhecido como "túmulo de homem branco" por causa de uma variação particularmente mortal da malária). Também permitiu que os europeus mantivessem o pessoal necessário para impor o domínio imperial na Índia.

Quando tomado como remédio, o quinino em pó às vezes era misturado com açúcar e água gaseificada para disfarçar o gosto amargo horrível. Entretanto, era mais comumente misturado com álcool — em geral vinho, gin ou rum. A primeira água tônica pronta para consumo foi patenteada por Erasmus Bond em 1858. Ela foi apresentada não como medicação contra febre, mas como

O PRIMEIRO REGISTRO ESCRITO DE UM GIN-TÔNICA APARECE NA REVISTA *ORIENTAL SPORTING MAGAZINE*, EM 1868.

ÁGUA TÔNICA AERADA PITT'S
Erasmus Bond, dono da Pitt & Co., vendia sua água tônica como digestivo e tônico de uso geral.

um tônico digestivo e de uso geral, e não se tornou popular logo de cara.

Nos anos 1860, a Grã-Bretanha roubou sementes de cinchona do Peru para estabelecer plantações na Índia, garantindo assim seu próprio suprimento de quinino. Os holandeses também levaram sementes para Java. Os espanhóis, que ainda controlavam o Peru, haviam permitido isso, embora a população local fosse contra, pois sabia que seus meios de vida seriam roubados.

Essas novas plantações contavam com servos por contrato que plantavam, colhiam e processavam a casca da cinchona para extrair quinino e outros alcaloides. A força de trabalho era majoritariamente composta por moradores, às vezes famílias inteiras, que recebiam a promessa de terra em troca de trabalho. Pessoas de outras regiões e até prisioneiros eram convocados para aumentar a quantidade de mão de obra.

Um relato de 1878 sobre a casca colhida no Equador descrevia que alguns trabalhadores "caíam vítimas das febres letais enquanto carregavam nas costas aquilo que serviria para o alívio dos doentes em terras distantes" e eram "… sacrifícios humanos que forneceriam saúde para os estrangeiros brancos".

Em 1863, propagandas de água tônica de quinino apareciam em todas as colônias britânicas, promovendo a bebida como um tônico geral, mas também mencionando seu papel no combate às febres. Entretanto, não está claro se essas tônicas tinham mesmo essa utilidade ou se foi apenas uma jogada de marketing.

O primeiro registro escrito de um gin-tônica aparece na revista *Oriental Sporting Magazine*, em 1868, que menciona pessoas pedindo a bebida no fim de uma corrida de cavalos. Isso sugere que os britânicos na Índia enxergavam o gin-tônica como uma bebida refrescante para o clima quente e não como remédio.

GIN-TÔNICA PÓS-COLONIAL

Enquanto alguns gins modernos, notadamente o Bombay Sapphire (ver p. 158), ainda vendem a imagem do Império, a maioria dos gins não usa mais esse tipo de associação. Em vez de exotismo, as marcas de gin preferem destacar o uso de botânicos locais como diferencial.

Os produtores indianos agora fazem a própria tônica e o próprio gin, usando plantas da região (fora o zimbro, que é amplamente importado). Entre os produtores de tônica indiana destacam-se Svami (uma "empresa de bebidas progressivas" de Mumbai), Jade Forest, Bengal Bay e Sepoy e Co., todas baseadas em Delhi. Alguns exemplos de gins indianos são Stranger & Sons Gin, Greater Than Gin (ver p. 159) e Hapusā (ver p. 203).

ESBANJANDO NO RITZ

O gin voltou a se tornar popular no começo do século XX, graças principalmente à ascensão dos coquetéis, que conferiram a ele um ar de glamour e sofisticação.

BEBIDAS MISTURADAS

Os coquetéis que conhecemos hoje se popularizaram por volta dos anos 1920, mas as pessoas já apreciavam "bebidas misturadas" há algum tempo. Em meados do século XIX, esses drinques eram basicamente ponches e cobblers, misturas de conhaque, vinho, frutas e açúcar, preparadas em tigelas grandes para serem consumidas de maneira coletiva.

Os gin costumava ficar de fora das misturas, mas aparecia em uma bebida quente, adoçada e com especiarias chamada Rumfustian, que levava gemas de ovos, cerveja forte, limão e vinho. O Gin Twist, feito com gin, suco de limão-siciliano, açúcar e água fervente, era popular, assim como o Gin Flip, feito com ovo, açúcar, gin, noz-moscada e cerveja quente.

AMERICANO DESCOLADO

No final do século XIX, os "bares americanos" estavam começando a aparecer na Inglaterra. Eles levaram inovações que revolucionaram a cultura das bebidas misturadas.

Uma delas apresentava um nível de exibicionismo nunca visto — o maior exemplo talvez seja Jerry Thomas, um "genuíno professor ianque" de bebida, que percorria cidades inglesas como Londres, Southampton e Liverpool, preparando bebidas com ferramentas de prata maciça avaliadas em mil libras.

A outra inovação foi o uso de gelo nas bebidas. Um luxo caro que tornou-se mais popular aos poucos

JERRY THOMAS
O bartender e mixologista americano Jerry Thomas era conhecido por seu estilo extravagante ao preparar os coquetéis.

depois da invenção da geladeira. Os "drinques-sensação" de Thomas incluíam Gin Slings (com gelo) e Ladies' Blushes, uma combinação de gin Old Tom, noyau (um licor francês feito de caroços de frutas) e absinto.

PRIMEIRAS BEBIDAS MISTURADAS

O gin aparecia em algumas das primeiras bebidas misturadas, que foram antecessoras dos coquetéis de hoje em dia.

Gin, gema de ovo, cerveja forte, limão e vinho

RUMFUSTIAN

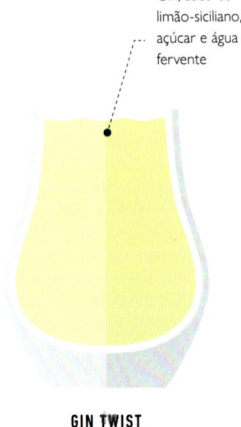

Gin, suco de limão-siciliano, açúcar e água fervente

GIN TWIST

Gin, ovo, açúcar, noz-moscada e cerveja quente

GIN FLIP

LEI SECA

Ironicamente, foi a Lei Seca, uma proibição à fabricação, importação, transporte e venda de álcool nos Estados Unidos de 1920 a 1933, que impulsionou a popularidade do gin dos dois lados do Atlântico.

Nos Estados Unidos, alguns consumidores contornaram a proibição destilando seu próprio gin de banheira. Era uma bebida horrível, um destilado de baixa qualidade, adulterado com óleo de zimbro e outros aromatizantes, mas ao menos embebedava. Os coquetéis de gin foram desenvolvidos para tornar a bebida mais palatável enquanto fazia o seu trabalho.

Eles também eram populares nos bares clandestinos que surgiram para substituir os bares fechados do país como lugares onde se apreciava o álcool de forma social. Esses estabelecimentos comercializavam gin de baixa qualidade e outras bebidas que também precisavam ser disfarçadas para se tornarem mais atraentes.

BRILHO ENTRE GUERRAS

A Lei Seca também levou alguns barmen dos Estados Unidos para os braços abertos da Europa. O mais famoso deles foi, sem dúvida, Harry Craddock, autor de *The Savoy Cocktail Book* (publicado pela primeira vez em 1930). Craddock ficou conhecido por seus "antiembaçantes", curas para a ressaca que incluíam o Corpse Reviver nº 2 (ver p. 129), a ser tomado "antes das onze da manhã, ou sempre que houver necessidade de força e energia".

O gin já tinha deixado para trás sua imagem de ruína de mãe, uma

GLAMOUROSO GIN
A propaganda do Seagers Gin dos anos 1930 o apresenta como a escolha ideal para as pessoas glamourosas e sofisticadas.

bebida para pobres. Agora era a preferida dos socialites da aristocracia chamados de "Loucos e Decadentes" — as mulheres em particular adoravam o Gin and It (ver p. 111). E, nos anos 1930, provavelmente foi Craddock que concebeu a máxima de que qualquer coquetel feito para a monarquia britânica tinha que conter gin.

SUCESSO COMERCIAL

As grandes destilarias britânicas naturalmente queriam lucrar com essa recém-popularidade do gin, e até

as marcas mais estáveis e tradicionais começaram a introduzir produtos novos. A Gordon's lançou gins novos de laranja e limão, que se tornaram populares com rapidez. Também oferecia uma ampla variedade de coquetéis "prontos para servir", como a Beefeater. A loja de departamentos Fortnum & Mason, em Piccadilly, Londres, vendia coquetéis de gin na garrafa.

O Império Britânico desempenhou seu papel também na cultura de coquetéis no período entre guerras, com bebidas como o Singapore Sling e o Pegu Club dando o exotismo e o glamour das colônias à chuvosa terra-mãe.

O GIN ERA A BEBIDA PREFERIDA DOS "LOUCOS E DECADENTES".

CALMARIA PÓS-GUERRA

Enquanto os primeiros anos do século XX foram gentis com o gin, de 1940 em diante a sorte da bebida declinou perante um mundo em transformação e a concorrência cada vez maior de outras bebidas. A imagem do gin se tornou ultrapassada e obsoleta, com os consumidores mais jovens dando as costas para a história de guerra e de império de seus pais.

A GUERRA ESTRAGA A FESTA

A Segunda Guerra Mundial (1939-1945) tirou o brilho dos bons tempos do gin. Muitas das grandes destilarias eram localizadas em Londres e sofreram danos causados por bombas durante a Blitz — campanha alemã de bombardeios contra a capital e outras cidades do Reino Unido em 1940 e 1941. Destilarias fora de Londres também foram atingidas; os escritórios e arquivos da Plymouth Gin foram quase completamente destruídos. Muitas destilarias perderam seus funcionários para o serviço militar.

O mais importante era que havia escassez de grãos devido aos ataques alemães a navios comerciais vitais para a importação de alimentos da Grã-Bretanha. O governo impôs cotas rigorosas de grãos para destilados, o que forçou as destilarias a reduzirem a produção. Alguns fabricantes contornaram isso destilando gin a partir de melaço, mas muitos só voltaram aos níveis anteriores de produção após o fim do racionamento, nos anos 1950.

RESSACA IMPERIAL

Antes da guerra, a ascensão do gin tinha ao menos em parte uma ligação com a ascensão do Império

The Colonel says "Now that's a winner— it's Gilbey's...."

GILBEY'S GIN

YOU'LL BE GLAD YOU GOT GILBEY'S

O VELHO E SÓLIDO GIN
Nos anos 1950, o gin era associado a um tipo arrogante e antiquado de estilo inglês.

Britânico (ver p. 34-37). Quando o império começou a se dissolver, um processo acelerado pela guerra, as fortunas do gin murcharam junto. O gin não era mais revigorante e frívolo. Ele passou a ser associado a um tipo arrogante e antiquado de estilo inglês que não condizia com o mundo moderno, no qual a Grã-Bretanha havia "perdido um império e ainda não encontrado um papel".

O levante contracultural dos anos 1960 aumentou a distância entre o gin e os jovens consumidores essenciais para sua sobrevivência. O gin era uma bebida para gerações mais velhas e para o *establishment*. Não combinava com sexo, drogas e *rock and roll*.

O GIN ERA UMA BEBIDA PARA GERAÇÕES MAIS VELHAS E NÃO COMBINAVA COM SEXO, DROGAS E ROCK AND ROLL.

OUTROS DESTILADOS BRANCOS

A vodca começou a ganhar espaço nos copos ingleses nos anos 1930, mas foi apenas na década de 1960 que sua popularidade decolou. Sem os laços que o gin tinha com o passado esmaecido da Grã-Bretanha, era um destilado tranquilo e fácil de misturar com bebidas de cola ou suco de frutas, perfeita para jovens consumidores que achavam os coquetéis da geração de seus pais elaborados demais.

Isso não quer dizer que os consumidores de álcool abandonaram completamente os coquetéis, mas, até nos bares da Grã-Bretanha, a vodca tinha se tornado a bebida preferida. Nos anos 1970 e 1980, o rum se tornou um forte concorrente, com a ascensão de coquetéis tiki como o Mai Tai e o Jungle Bird.

OS CORTES

Para sobreviver ao declínio do gin, alguns destiladores recorreram ao corte de custos. Para muitos, isso significou fazer um gin mais fraco, o que permitia a produção de mais garrafas a cada destilação. Mas isso foi ruim para os consumidores, pois o sabor foi enfraquecido. Alguns gins eram engarrafados com teor alcoólico até de 28%. Aqueles com uma longa lista de ingredientes naturais, como o The Botanist (ver p. 181) ou o Monkey 47 (ver p. 188) teriam sido impensáveis e nem um pouco lucrativos.

A ASCENSÃO DA VODCA
Nos anos 1960 e 1970, a vodca adquiriu uma imagem revigorante e divertida que atraiu jovens consumidores.

O RENASCIMENTO DO GIN

Para a nossa sorte, o declínio do gin não foi definitivo. Nos primeiros anos do século XXI o interesse pelo destilado foi renovado, motivado pelo aumento no interesse dos consumidores na proveniência e no sabor de alimentos e bebidas.

AS MARCAS SUPERPREMIUM DO REINO UNIDO

O lançamento do Bombay Sapphire em 1987 marcou uma nova era do gin. Foi o primeiro lançamento bem-sucedido em décadas. Seu afastamento do zimbro forte para uma abordagem mais leve e mais floral ofereceu um estilo capaz de atrair os consumidores de vodca para o renascimento do gin moderno. O Bombay Sapphire foi uma versão de luxo do Bombay Dry, com cubeba e pimenta-da-guiné adicionadas para criar novas camadas aromáticas.

O Tanqueray No. Ten veio em seguida, no ano 2000, uma versão premium de um gin já existente com o acréscimo de toranja, limão fresco e camomila. Em seguida houve o Hendrick's (lançado em 2000 nos Estados Unidos e em 2003 no Reino Unido), que estabeleceu uma nova categoria de gins superpremium. O Beefeater 24 surgiu em 2008, com teor alcoólico mais alto e uma mistura de chá verde chinês e chá verde *sencha* japonês. No mesmo ano, a Hayman's e a Jensen's ressuscitaram o Old Tom (ver p. 74-75) para atender a demanda crescente de coquetéis baseados no estilo.

O novo *boom* do gin na Inglaterra aconteceu mesmo em 2009 e 2010 com a revogação de duas leis que proibiam destilarias de funcionarem no mesmo local e outra que impunha o recipiente de tamanho mínimo de dezoito hectolitros. As destilarias Sipsmith e Chase puderam começar a produzir, e a Adnams logo em seguida.

Depois disso veio uma onda de pequenas destilarias artesanais. Em 2010, havia 116 destilarias no Reino Unido, a maioria na Escócia, focadas em uísque. Em 2020, o número saltou para 563, com a maioria agora situada na Inglaterra produzindo gin.

NEW WESTERN DRY DOS ESTADOS UNIDOS

Nos Estados Unidos, a destilação estava ficando interessante também. A artesanal começou a ganhar forma no início dos anos 1980, mas, por muitos anos, permaneceu em pequena escala e concentrada em outros destilados. Por volta dos anos 2000, o mercado de gin dos Estados Unidos ainda era dominado pelas marcas britânicas. Entretanto, um novo interesse por coquetéis ainda atraía atenção para a bebida.

BOMBAY SAPPHIRE, LANÇADO EM 1987

TANQUERAY TEN, LANÇADO EM 2000

HENDRICK'S, LANÇADO EM 2003

BEEFEATER 24, LANÇADO EM 2008

HAYMAN'S E JENSEN'S OLD TOM, LANÇADOS EM 2008

GINS DO REINO UNIDO
Marcas estabelecidas pavimentaram o caminho com versões superpremium de gins existentes. Destilarias menores acrescentaram inovação e variedade.

Em 1998, a Anchor Brewing and Distilling lançou o Junipero Gin (ver p. 162), indiscutivelmente o primeiro gin artesanal dos Estados Unidos. Em 2005, o Bluecoat American Dry Gin (ver p. 157) foi lançado, tornando sua destilaria a primeira construída na Pensilvânia desde a Lei Seca (1920-1933). Esse gin marcou a tendência das destilarias norte--americanas de fazerem as coisas do próprio jeito em vez de imitarem a tradição britânica, que incluía optar por um perfil de zimbro mais suave para se adequar ao paladar local. Ryan Magarian introduziu o Aviation (ver p. 183) em 2006, e com ele o conceito de gins New Western Dry (ver p. 74), que botou o zimbro num papel coadjuvante com outros ingredientes botânicos.

OS GINS ÚNICOS DA AUSTRÁLIA

O rum reinou na Austrália por muitos anos, e sua indústria do gin é muito jovem em comparação à de outros

GINS AUSTRALIANOS

A destilação de gins australianos começou nos anos 1990, mas decolou durante os anos 2010. Ingredientes botânicos nativos dão aos gins australianos sabores distintos.

KANGAROO ISLAND SPIRITS O GIN, LANÇADO EM 2006

MANLY SPIRITS COASTAL CITRUS GIN, LANÇADO EM 2017

FOUR PILLARS OLIVE LEAF GIN, LANÇADO EM 2020

países. Suas raízes estão nos anos 1990, quando o tasmaniano Bill Lark derrubou uma antiga proibição a destilarias de pequeno porte para poder produzir uísque. O sucesso de Bill inspirou seu irmão, Jon, e a esposa de Jon, Sarah, a fundarem a Kangaroo Island Spirits, a primeira destilaria australiana dedicada ao gin.

O objetivo dos Lark era produzir gin usando ingredientes naturais da

Austrália, o que ajudou as bebidas do país a obterem um lugar único no mercado global. Ingredientes como mirto-de-limão e pimenta-da-tasmânia se tornaram o perfil distinto dos gins de lá.

Em 2013, a Austrália produziu cerca de dez gins, com destilarias como a West Winds e a Four Pillars dominando o cenário. Em 2020, esse número aumentou para cerca de setecentos.

O VINHO FRANCÊS E O *KNOW-HOW* DE PERFUME

O gin francês sofreu influências dos produtores de vinho, conhaque e Calvados e também do setor de perfumes. As destilarias do país demonstraram altos níveis de habilidade na técnica, nas misturas e até mesmo no envelhecimento em barris de madeira. Gins como o Mediterranean Gin, da Léoube (ver p. 179), e o 44°N (ver p. 183) demonstram os resultados distintos dessas abordagens.

JUNÍPERO, LANÇADO EM 1998

BLUECOAT AMERICAN DRY, LANÇADO EM 2005

AVIATION, LANÇADO EM 2006

GINS AMERICANOS

A destilação artesanal começou nos anos 1980. Em 2000, as destilarias americanas reimaginaram os sabores do gin para se adaptar ao palato americano.

GIN E O MEIO AMBIENTE

A destilação de bebidas alcoólicas provoca um consumo intenso de energia, mas há muitas formas de reduzir seu impacto no meio ambiente.

ENERGIA NA DESTILARIA

Quer emitir menos dióxido de carbono (CO_2) enquanto faz seu gin? O jeito simples é diminuindo o consumo de energia no aquecimento do alambique ao usar a destilação *multi-shot* (ver p. 65) em vez de *single-shot*. Com isso mais garrafas são produzidas a cada acendimento do alambique, o que significa aquecê-lo com menos frequência.

Alguns produtores de gin alegam que esse método produz um gin de qualidade inferior. Mas não importa, ainda há opções. Em vez de aquecer o alambique com menos frequência, é possível reduzir a temperatura usando a destilação a vácuo (ver p. 64). Criar um vácuo dentro do alambique tradicional, embora ainda haja certo equilíbrio entre a energia usada para criar o vácuo e a energia térmica poupada, pode cortar as emissões de CO_2 em cerca de 40%.

É possível ir mais longe com o uso de um evaporador rotativo, que destila em uma temperatura ainda mais baixa, às vezes até em temperatura ambiente, reduzindo o consumo de energia em até 90% em comparação a um alambique tradicional.

Também é possível dispensar completamente a destilação, optando por compor o gin (ver p. 70-71). É provável vermos destilarias que adotam combinações de todas essas abordagens conforme eles procuram modos de produção mais sustentáveis.

A fonte de energia também importa. Trocar para fornecedores de energia verde e instalar painéis solares são soluções cada vez mais populares entre os produtores. Algumas destilarias de cerveja, como a Adnams e Ramsbury, também têm a opção de usar o vapor da cervejaria no alambique, o que pode reduzir as emissões totais de CO_2.

GIN DE ORIGEM ÚNICA

A escolha da base alcoólica é uma questão crucial para os destiladores, e a sustentabilidade agora adiciona uma nova camada a essa decisão. A base alcoólica costuma representar a maior parte das emissões de CO_2 de uma garrafa de gin, em alguns casos até 50%. Para alguns destiladores, fazer sua própria base alcoólica é a opção mais ecológica.

A Ramsbury (ver p. 196), por exemplo, possui um gin de origem única. Seus destiladores cultivam o próprio grão, captam a própria água, fazem a base alcoólica e destilam o gin, tudo no mesmo local. Isso só funciona se as destilarias produzirem uma base alcoólica de modo mais eficiente do que os grandes produtores. Para destilarias menores, comprar o álcool continua sendo a opção mais sustentável.

CULTIVO DE GRÃOS NO LOCAL

CAPTAÇÃO DE ÁGUA NO LOCAL

BASE ALCOÓLICA PRÓPRIA

DESTILAÇÃO NO LOCAL

OPTANDO PELO VERDE NA DESTILARIA

Destilarias podem usar vários métodos, ou combiná-los, para reduzir as emissões de carbono no processo de produção do gin.

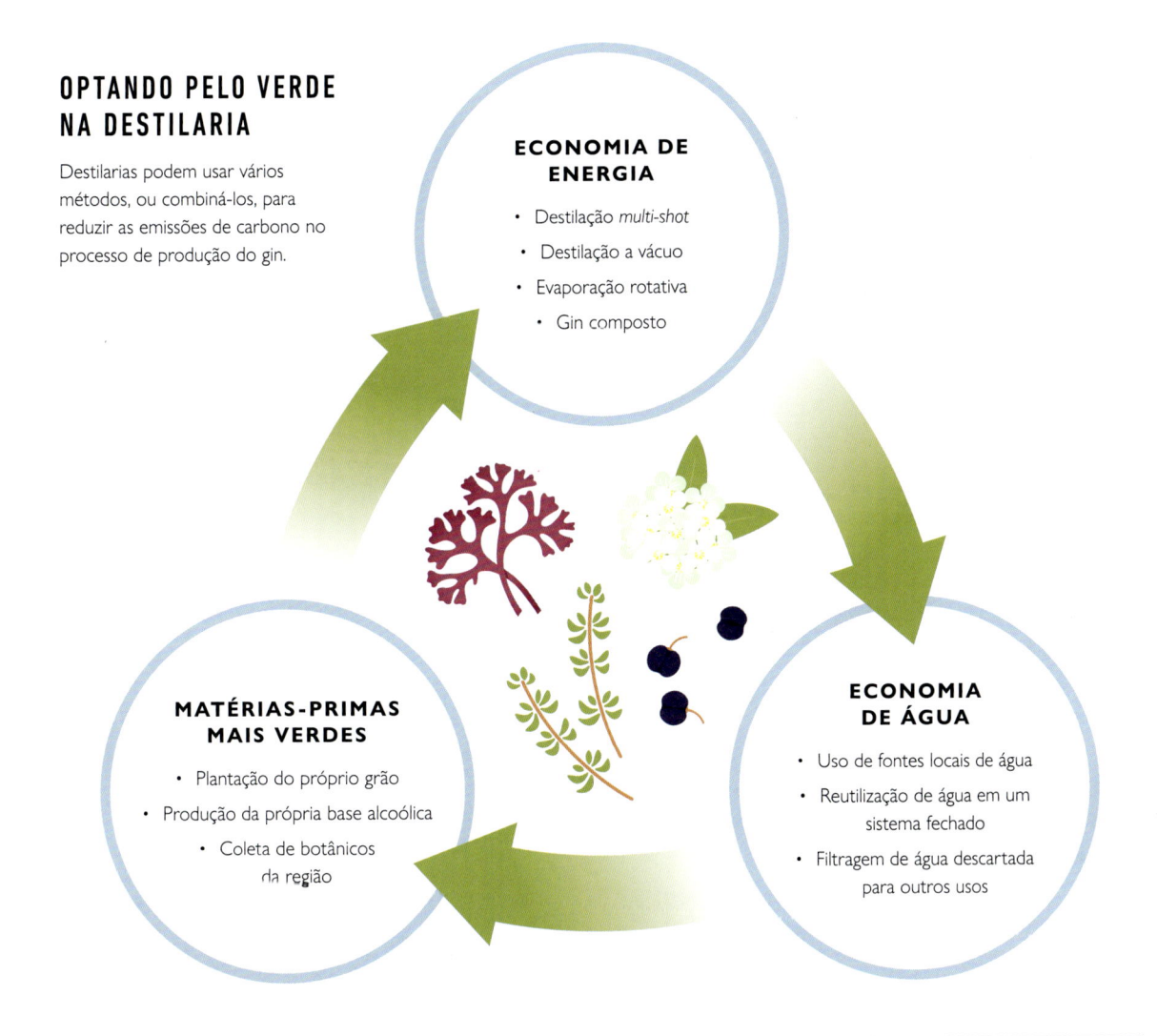

ECONOMIA DE ENERGIA

- Destilação *multi-shot*
- Destilação a vácuo
- Evaporação rotativa
- Gin composto

MATÉRIAS-PRIMAS MAIS VERDES

- Plantação do próprio grão
- Produção da própria base alcoólica
- Coleta de botânicos da região

ECONOMIA DE ÁGUA

- Uso de fontes locais de água
- Reutilização de água em um sistema fechado
- Filtragem de água descartada para outros usos

OS BOTÂNICOS

Os botânicos são outro componente importante nas emissões de carbono do gin. Muitas destilarias obtêm ingredientes da região, colhidos à mão. Isso traz dois benefícios: o de conferir sabores distintos ao destilado ligados ao local de sua produção e o de reduzir as emissões de carbono. Não há uma regra única aqui, e, para alguns ingredientes e algumas destilarias, comprar botânicos locais de fornecedores especializados continua sendo a opção mais eficiente e sustentável.

USO DE ÁGUA

Os destiladores precisam de água nos alambiques. A água também é necessária para diluir a bebida ao teor de garrafa. Mais importante ainda, de um ponto de vista sustentável, são o vapor para aquecimento e a água para resfriamento. Alguns destiladores conseguem criar sistemas fechados em que a água é reutilizada em vez de deixar que escoe. A Ramsbury Distillery capta água de poços em sua propriedade e despeja as águas residuais em canaviais de filtragem natural até um lago que sustenta a vida selvagem na propriedade.

MAIS JEITOS DE OPTAR PELO VERDE

Depois de fazer o gin, as destilarias podem reduzir ainda mais as emissões de carbono usando refis e embalagens recicláveis e fazendo o envio de carga a granel.

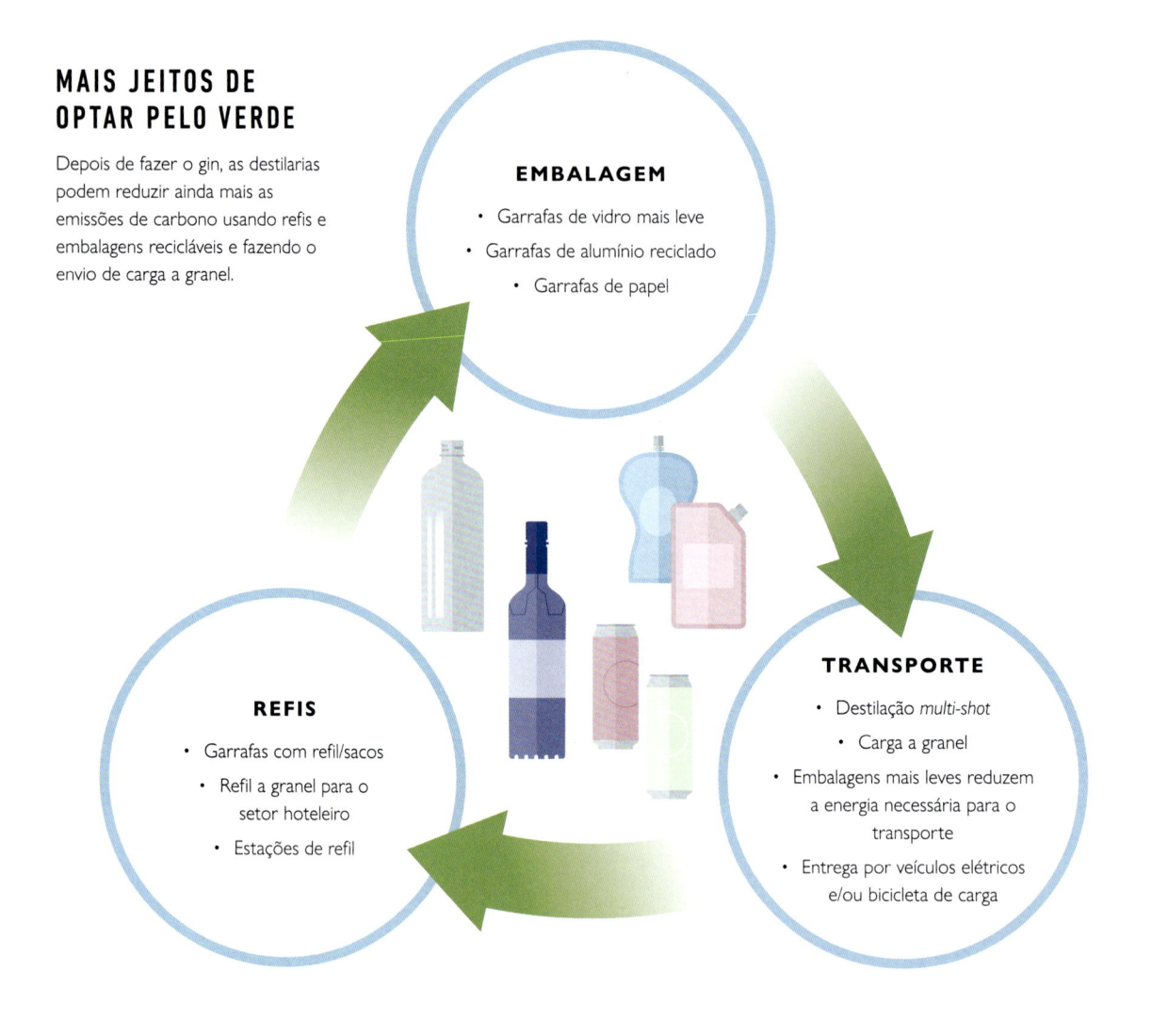

EMBALAGEM

- Garrafas de vidro mais leve
- Garrafas de alumínio reciclado
- Garrafas de papel

TRANSPORTE

- Destilação *multi-shot*
- Carga a granel
- Embalagens mais leves reduzem a energia necessária para o transporte
- Entrega por veículos elétricos e/ou bicicleta de carga

REFIS

- Garrafas com refil/sacos
- Refil a granel para o setor hoteleiro
- Estações de refil

EMBALAGENS

O gin pode ser vendido em garrafas de vidro fáceis de reciclar, mas isso não significa que seja completamente sustentável. Já que ainda contribui bastante para emissões de carbono da indústria, é uma área onde muito pode ser feito para melhorar o problema.

Para começar, garrafas de vidro são pesadas. Diminuir o peso das garrafas de gin ainda que só um pouco pode causar enormes economias de CO_2 no longo prazo, pois significa redução no consumo de energia e na matéria-prima da produção e no transporte das garrafas. Em 2021, quando a Plymouth Gin reduziu o peso de suas garrafas em 15%, a Pernod Ricard, proprietária da marca, calculou uma economia de 59 toneladas de carbono por ano.

Embora seja reciclável, nem todo vidro é igualmente reaproveitável. A maioria dos gins utiliza garrafas transparentes que revelam a clareza do gin, mas elas não podem ser feitas com a mesma quantidade de material reciclado quanto o vidro colorido.

Algumas destilarias estão abandonando por completo o vidro. Gins como o Green Man, da Silent Pool, e o Lowlander Gin utilizam garrafas de papel que são 94%

O TRANSPORTE É UMA ÁREA IMPORTANTE PARA REDUZIR AS EMISSÕES DE CARBONO DO GIN.

recicláveis, têm uma pegada de carbono 85% menor do que as garrafas de vidro tradicionais e usam quatro vezes menos água em sua produção. Além disso, são bem mais leves (economizando energia em seu transporte) e termicamente estáveis (exigindo menos energia para refrigeração).

Em 2023, a Penrhos Spirits adotou garrafas de alumínio 100% reciclado por acreditar que seja a opção mais sustentável. Estima-se que 75% de todo alumínio produzido ainda esteja em uso hoje em dia.

EMBALAGENS COM REFIL

Outra forma de tornar as embalagens mais sustentáveis é permitir que os consumidores as reutilizem. Nos últimos anos, muitas destilarias passaram a oferecer opções para que os consumidores reabasteçam suas garrafas gin.

A Isles of Harris Distillery vende refis de gin em garrafas de alumínio, que podem ser recicladas ou reutilizadas como garrafas de água. A Wye Valley Distillery vende refis de gin em latas de alumínio, e a Dunnet Bay Distillers oferece refis para suas garrafas de cerâmica de Rock Rose Gin em sacos de plástico totalmente recicláveis. Outras destilarias criaram estações de refil, onde os consumidores podem levar as garrafas vazias para serem enchidas com mais gin delicioso. A Silent Pool oferece esse serviço, mas é limitado às garrafas da própria marca. A East London Liquor Co. aceita qualquer garrafa vazia de 700ml, independentemente da origem. Segundo a empresa, o mundo já tem garrafas o suficiente.

Pubs e bares gastam ainda mais garrafas do que nós, em casa, e há melhorias a serem feitas também nesse aspecto. A East London Liquor Co. fornece gin a granel para os clientes do setor hoteleiro encherem as garrafas vazias, reduzindo as emissões de carbono em 88%.

A Hepple oferece aos bares a opção de servir seu gin a partir de um balão de vidro decorado com capacidade de 10 litros, que pode ser abastecido do gin entregue em barris de 10 ou 25 litros. Um barril grande substituiu 36 garrafas de tamanho padrão, o que economiza cerca de 34kg de carbono. Em 2023, a Hepple passou a oferecer sacos de 5 litros, que podem ser retornados para reutilização.

TRANSPORTE

O transporte é uma área importante na redução das emissões de carbono do gin e em outras partes do quebra-cabeça que é a produção da bebida, como por exemplo, o peso das garrafas ou a entrega a granel. Isso pode ir ainda mais fundo se combinada a entrega a granel com o método *multi-shot* (ver p. 65). Em escala menor, muitas empresas de gin fazem entregas locais usando veículos elétricos e bicicletas de carga para reduzir as emissões de carbono.

DESTILAÇÃO

A destilação é o processo básico na produção de todos os destilados. Ela tem início com um líquido alcoólico, que então é concentrado, resultando em uma bebida às vezes mais forte em álcool ou em sabor.

FERMENTAÇÃO

O primeiro passo é criar um álcool para destilar, o que significa fermentar um líquido rico em açúcar. Na maior parte das vezes, o líquido é feito de grãos, como trigo ou cevada. Esses grãos contêm amidos que podem ser transformados em açúcar, que, por sua vez, são fermentados para gerar álcool. O trigo ou a cevada precisam antes ser maltados para liberar os amidos que estão armazenados nos grãos. Os malteiros fazem isso deixando os grãos de molho em água até a germinação. Então, eles são secos para que o processo de germinação seja interrompido.

Então, os grãos maltados são moídos em um moinho e embebidos em água quente, como um mingau. Assim o amido é extraído dos grãos para o líquido — agora chamado mosto —, em que é convertido em açúcares simples pela enzima amilase. A cevada contém amilase, e muitas vezes as destilarias adicionam um pouco dela à mistura de grãos mesmo quando a base principal é o trigo.

Quando o mosto é coado para remover os grãos, a levedura é adicionada. Ela converte açúcares simples em álcool e dióxido de

O PROCESSO DE DESTILAÇÃO

O objetivo da destilação do álcool é concentrá-lo e deixá-lo mais forte. O mosto fermentado que entra em um alambique é aquecido e evapora. O vapor é coletado no alambique e se condensa novamente em um líquido mais forte.

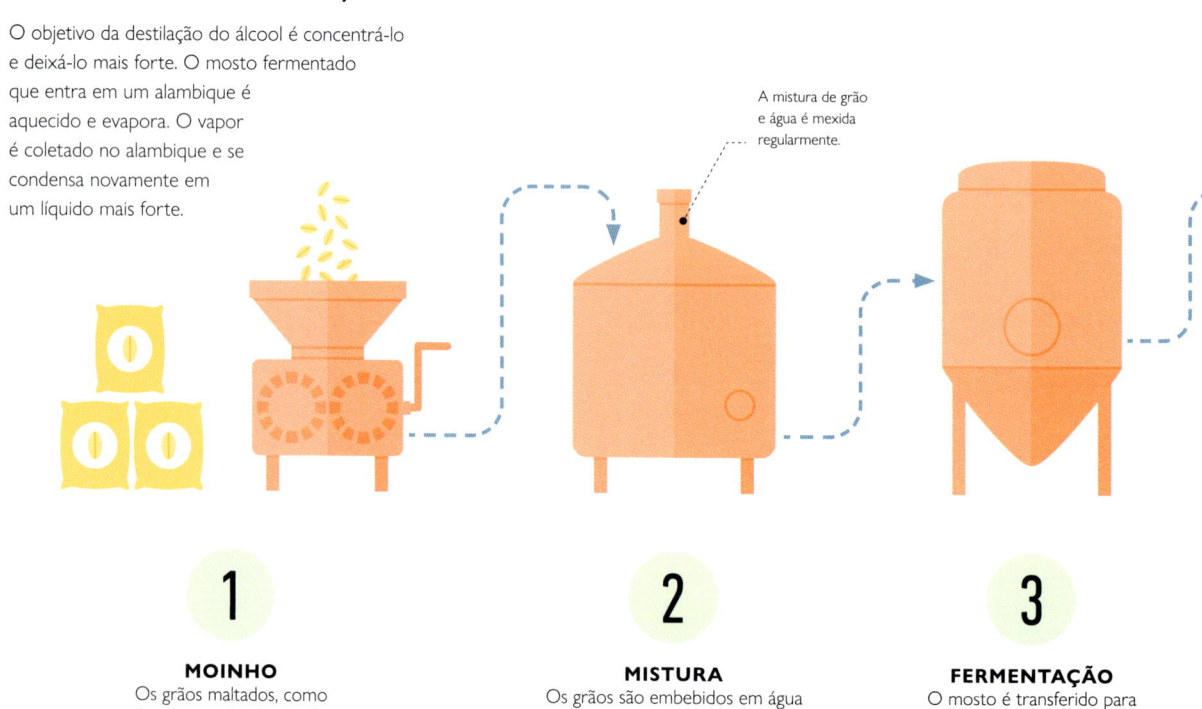

A mistura de grão e água é mexida regularmente.

1

MOINHO
Os grãos maltados, como trigo ou cevada, são moídos num moinho.

2

MISTURA
Os grãos são embebidos em água quente, que extrai o amido para o líquido, chamado mosto.

3

FERMENTAÇÃO
O mosto é transferido para um tanque de fermentação, onde a levedura é adicionada.

carbono. Há muitos tipos de levedura, inclusive as selvagens, mas os destiladores acrescentam um tipo conhecido, a *Saccharomyces cerevisiae*, levedura cultivada que se comporta de modo previsível.

Após a fermentação, o resultado é um líquido alcoólico, o mosto fermentado, que está pronto para ser destilado.

O PROCESSO DE DESTILAÇÃO

O processo de destilação separa o etanol da água no mosto. Ela explora duas propriedades interessantes do álcool: o ponto de ebulição baixo e a capacidade dele de dissolver outras substâncias (ver quadro acima).

O ÁLCOOL É UM SOLVENTE

Os dois extremos de um composto de etanol se comportam de formas diferentes. Um é polar: semelhante à água, dissolve compostos hidrofílicos (que amam água) como açúcar e sal. O extremo não polar age sobre compostos hidrofóbicos (que odeiam água), como óleos e gorduras. Como a maioria das substâncias se encaixa em um desses dois grupos, o álcool é um solvente quase universal. Durante a destilação, o álcool vaporiza e carrega consigo parte dos óleos essenciais que dão sabor aos botânicos (ver p. 50). Esses sabores ainda estarão presentes quando o vapor se condensar na bebida final. Saboroso!

O ponto de ebulição do etanol é 78 °C, portanto no alambique aquecido ele vira vapor bem antes da água, cujo ponto de ebulição é 100 °C. A destilação funciona coletando os vapores de etanol, resfriando-os e permitindo que eles se condensem para a forma líquida de novo. Isso remove a água e outras impurezas, restando aquilo que interessa: o coração ou o espírito da bebida.

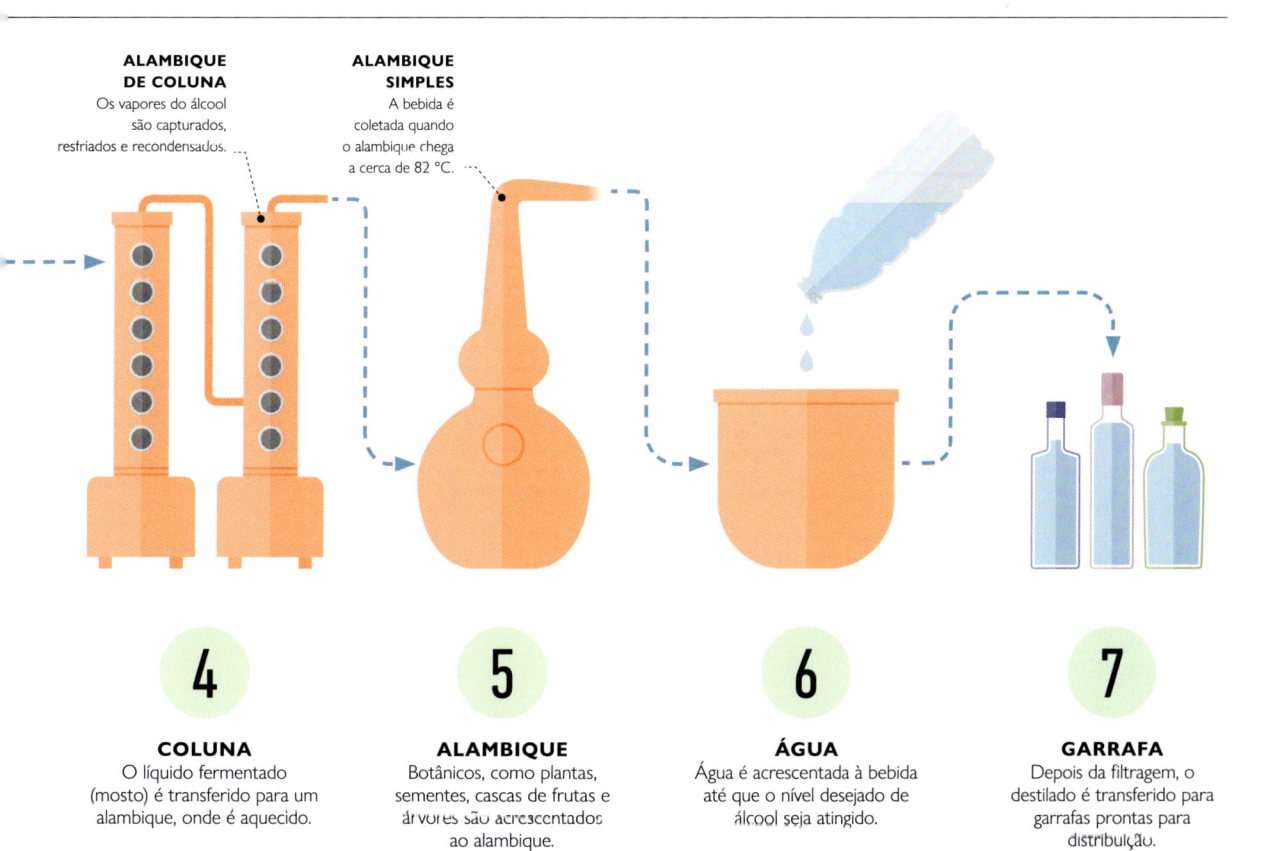

ALAMBIQUE DE COLUNA
Os vapores do álcool são capturados, resfriados e recondensados.

ALAMBIQUE SIMPLES
A bebida é coletada quando o alambique chega a cerca de 82 °C.

4

COLUNA
O líquido fermentado (mosto) é transferido para um alambique, onde é aquecido.

5

ALAMBIQUE
Botânicos, como plantas, sementes, cascas de frutas e árvores são acrescentados ao alambique.

6

ÁGUA
Água é acrescentada à bebida até que o nível desejado de álcool seja atingido.

7

GARRAFA
Depois da filtragem, o destilado é transferido para garrafas prontas para distribuição.

O ALAMBIQUE DE CALDEIRA

O principal e mais simples método de destilação. É usado para produzir todos os tipos de destilados, do rum ao uísque. Os produtores usam o alambique para purificar (redestilar) uma base alcoólica já destilada junto a botânicos para o transmitir sabor. A base alcoólica é feita num alambique de coluna (ver p. 52).

(ver p. 52)

O MÉTODO

Para fazer gin, a câmara do alambique é preenchida com uma carga, uma mistura de base alcoólica, água e botânicos. Eles a deixam macerar por volta de doze a 48 horas, para extrair mais sabor dos botânicos antes de colocarem o alambique para funcionar.

Quando a carga está pronta, o alambique é aquecido até a temperatura ideal. No passado, o processo era feito sobre fogo aberto, mas hoje em dia esse método quase não é usado. Em geral há um elemento de aquecimento, que pode ser feito de molas no interior da câmara ou um envoltório de vapor na base dela.

O destilado sai em frações, chamadas de foreshots, cabeça, coração e cauda (ver p. 58-59). Os destiladores ficam com a porção do coração para o gin, pois essa é a fração que contém os melhores sabores.

(ver p. 58-59)

MONITORANDO A BEBIDA

À medida que o alambique esquenta, os destiladores monitoram a temperatura, a partir de alguns pontos do alambique, incluindo a panela, o pescoço do cisne e o condensador. O álcool por volume (APV) da bebida que sai do armário do destilado depois da condensação também é registrado.

AVALIANDO FRAÇÕES

Juntos, a temperatura e o APV do destilado indicam qual fração está sendo destilada. Destiladores podem sentir o cheiro e o sabor da bebida para ajudar a determinar o momento de iniciar e encerrar a coleta do destilado.

VOLATILIDADE

A volatilidade é a capacidade de uma substância se transformar em vapor. Quanto maior for a volatilidade de uma substância, mais probabilidade ela tem de evaporar.

FORMATO DO ALAMBIQUE

O formato do alambique afeta o resultado final do destilado. Muitos modelos possuem um "capacete" acima da panela, que incentiva a condensação e o retorno dos vapores do álcool para a panela repetidas vezes, até estarem puros o bastante para passarem pelo pescoço do cisne e pelo braço de lyne.

O ângulo do braço de lyne também impacta no sabor: se estiver apontando para baixo, permite que compostos de sabor mais pesados e menos voláteis passem para o condensador. Se estiver apontando para cima, só compostos com volatilidade mais alta podem passar, criando uma bebida mais leve e delicada.

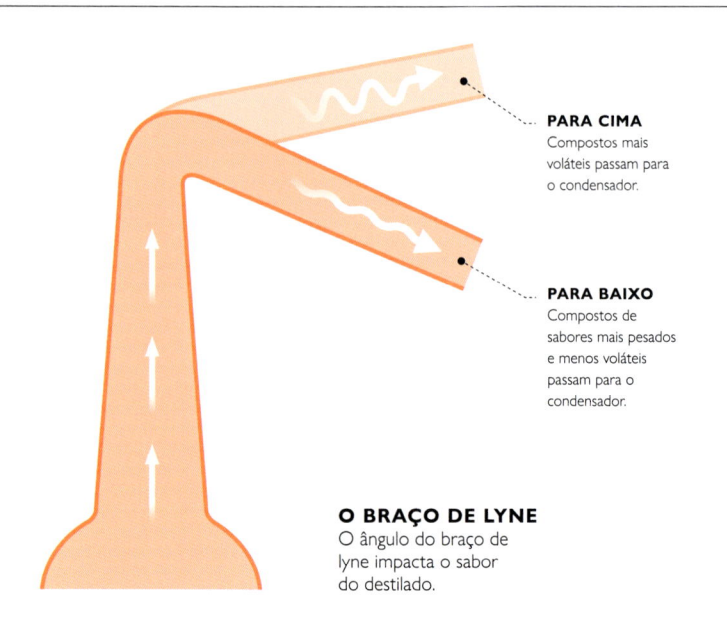

PARA CIMA
Compostos mais voláteis passam para o condensador.

PARA BAIXO
Compostos de sabores mais pesados e menos voláteis passam para o condensador.

O BRAÇO DE LYNE
O ângulo do braço de lyne impacta o sabor do destilado.

O ALAMBIQUE

O alambique é formado por caldeira, cabeça, pescoço de cisne e braço de lyne, que carrega os vapores para o condensador.

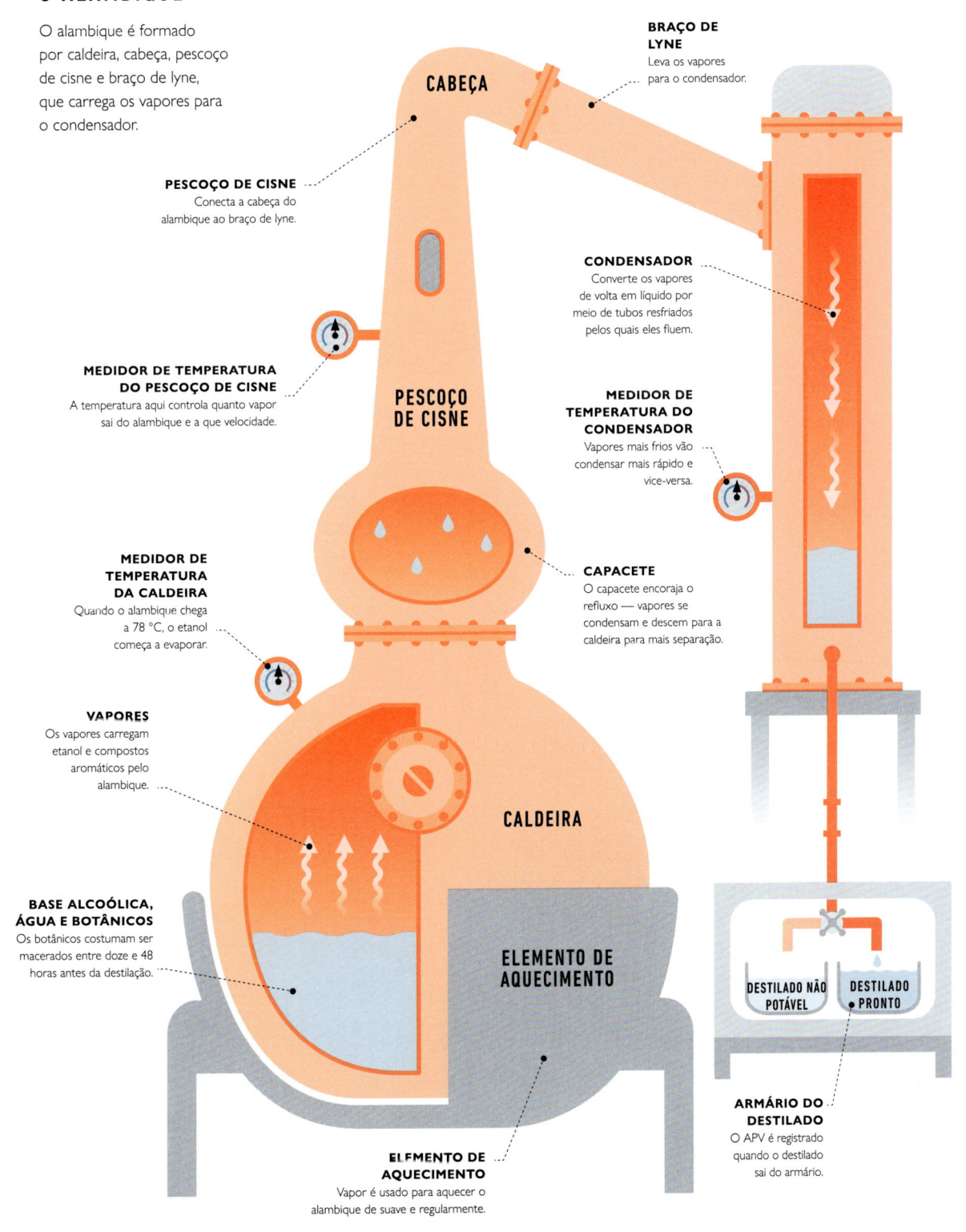

CABEÇA

BRAÇO DE LYNE
Leva os vapores para o condensador.

PESCOÇO DE CISNE
Conecta a cabeça do alambique ao braço de lyne.

CONDENSADOR
Converte os vapores de volta em líquido por meio de tubos resfriados pelos quais eles fluem.

MEDIDOR DE TEMPERATURA DO PESCOÇO DE CISNE
A temperatura aqui controla quanto vapor sai do alambique e a que velocidade.

PESCOÇO DE CISNE

MEDIDOR DE TEMPERATURA DO CONDENSADOR
Vapores mais frios vão condensar mais rápido e vice-versa.

MEDIDOR DE TEMPERATURA DA CALDEIRA
Quando o alambique chega a 78 °C, o etanol começa a evaporar.

CAPACETE
O capacete encoraja o refluxo — vapores se condensam e descem para a caldeira para mais separação.

VAPORES
Os vapores carregam etanol e compostos aromáticos pelo alambique.

CALDEIRA

BASE ALCOÓLICA, ÁGUA E BOTÂNICOS
Os botânicos costumam ser macerados entre doze e 48 horas antes da destilação.

ELEMENTO DE AQUECIMENTO

DESTILADO NÃO POTÁVEL

DESTILADO PRONTO

ARMÁRIO DO DESTILADO
O APV é registrado quando o destilado sai do armário.

ELEMENTO DE AQUECIMENTO
Vapor é usado para aquecer o alambique de suave e regularmente.

O ALAMBIQUE DE COLUNA

Diferentemente dos alambiques simples, que precisam trabalhar em lotes e ser esvaziados e limpos entre cada destilação, os alambiques de coluna permitem um processo contínuo. Eles podem funcionar sem interrupção por dias ou até semanas.

O MÉTODO

O alambique de coluna é composto por uma coluna que abriga uma série de placas de cobre perfuradas. Cada placa tem a própria janela de observação, como uma escotilha na lateral do alambique, que permite aos destiladores monitorar o que está acontecendo no interior.

O mosto fermentado alcoólico preaquecido vai para a coluna pela entrada. Quando ele evapora, os vapores menos voláteis descem para o fundo, onde são reaquecidos, enquanto os vapores mais voláteis sobem para as placas superiores.

No setor de esgotamento, localizado abaixo da entrada, os compostos voláteis se desprendem do líquido. No setor de retificação, menos compostos voláteis são eliminados quando o líquido desce (retificação; ver também p. 69). Em cada placa, o vapor se condensa e é aquecido por mais vapores vindos de baixo, assim como pela fonte de calor da coluna. Elementos voláteis o bastante para escapar evaporam de novo e continuam a jornada para cima, enquanto o líquido menos volátil desce pelo tubo descendente até a placa inferior.

Dessa forma, cada placa purifica os vapores que passam por ela. A concentração de álcool aumenta conforme os vapores sobem pela coluna e os compostos de sabor se tornam menos concentrados.

COLETA DE VAPORES

Em vez de fazer cortes para isolar o coração (ver p. 58), os destiladores que usam alambiques de coluna ainda podem retirar os vapores em uma ou mais das placas, normalmente perto do alto da coluna, onde há um melhor equilíbrio entre teor alcoólico e sabor.

ALAMBIQUE DE COLUNA X DE CALDEIRA

Os alambiques de coluna são capazes de produzir bebida com teor alcoólico bem maior do que os de caldeira. Com placas suficientes, é possível chegar a teores acima de 96%. Isso requer uma coluna que contenha cerca de quarenta placas. Por questões práticas, esses alambiques costumam ser divididos em pares de colunas interconectadas.

O ALAMBIQUE DE COFFEY

O alambique de coluna moderno é baseado no alambique de Coffey, que foi patenteado pelo inventor e destilador irlandês Aeneas Coffey (1780-1839) em 1831. Ele revolucionou a destilaria ao permitir que os destiladores produzissem álcool de melhor qualidade com preços bem menores.

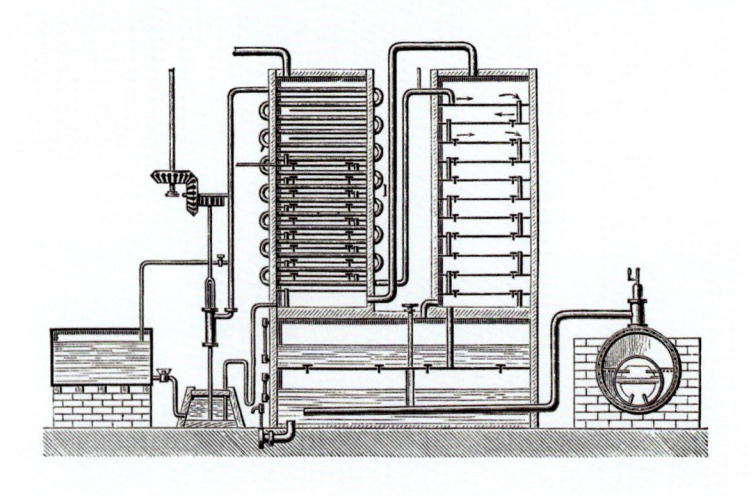

O ALAMBIQUE
DE COLUNA

Cada placa no alambique de coluna purifica os vapores que passam por ela. Quando sobe, o vapor aumenta em teor alcoólico e diminui em compostos aromatizantes.

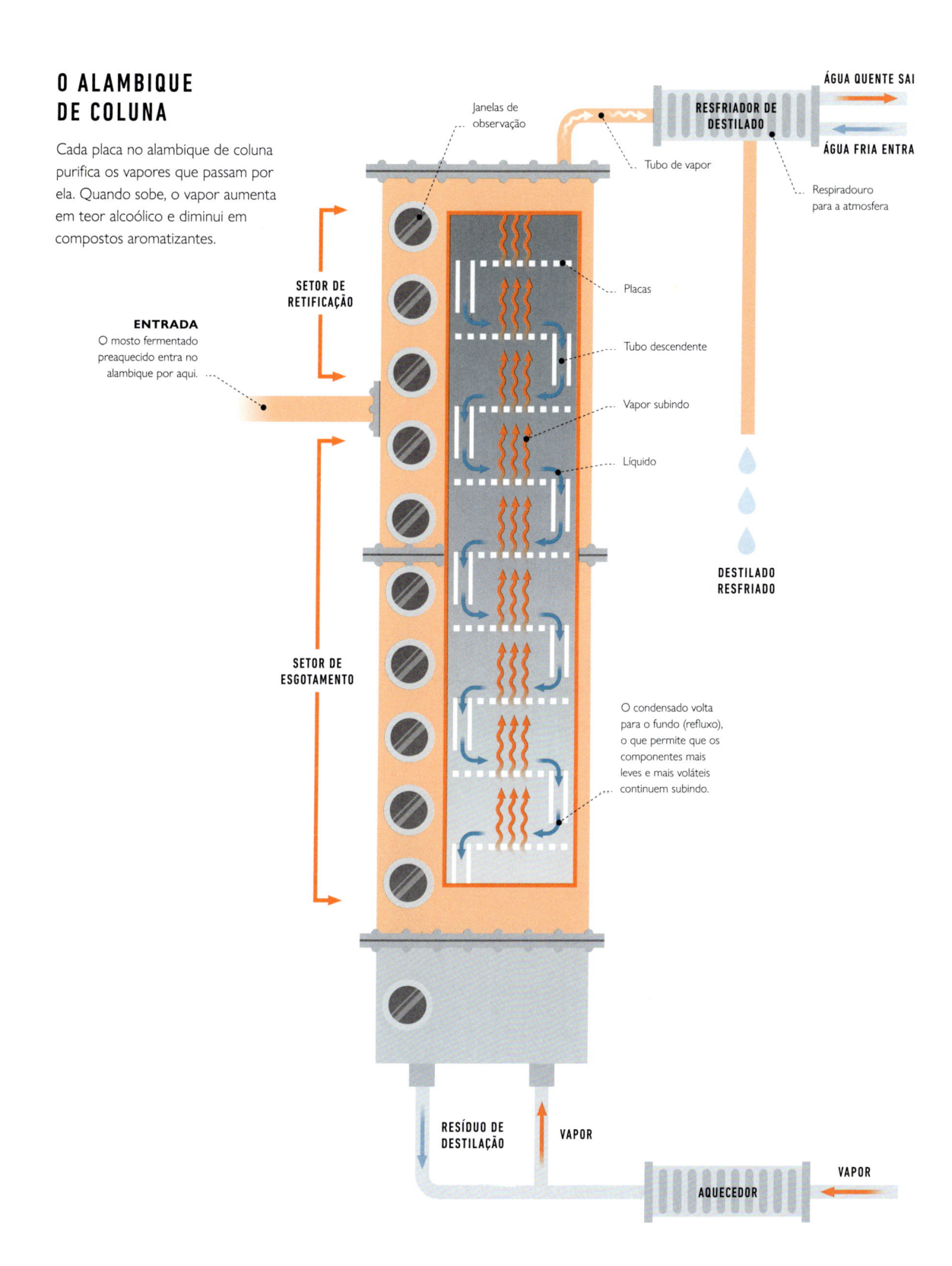

Janelas de observação

Tubo de vapor

RESFRIADOR DE DESTILADO

ÁGUA QUENTE SAI

ÁGUA FRIA ENTRA

Respiradouro para a atmosfera

SETOR DE RETIFICAÇÃO

Placas

ENTRADA
O mosto fermentado preaquecido entra no alambique por aqui.

Tubo descendente

Vapor subindo

Líquido

DESTILADO RESFRIADO

SETOR DE ESGOTAMENTO

O condensado volta para o fundo (refluxo), o que permite que os componentes mais leves e mais voláteis continuem subindo.

RESÍDUO DE DESTILAÇÃO

VAPOR

VAPOR

AQUECEDOR

O CONDENSADOR

Quando os vapores percorrem o destilador e passam pelo braço de lyne, eles chegam ao condensador. Ali, eles esfriam e se condensam, transformando-se novamente em líquido. Esse estágio da destilação pode afetar o sabor do destilado de várias maneiras.

CONDENSANDO O DESTILADO

O tamanho, a forma, o material e a temperatura de funcionamento do condensador podem afetar o resultado final do destilado. O tamanho e a forma determinam a área da superfície disponível para a condensação e influenciam a pressão dentro do condensador, que pode, por sua vez, afetar a taxa de fluxo dos vapores pelo sistema. A temperatura impacta na taxa de condensação dos vapores, o que afeta o sabor do destilado. Um condensador mais frio age mais rápido nos valores e resulta em um destilado "mais pesado" (com mais dos compostos de sabor menos volátil ainda presentes). Um condensador mais quente condensa mais devagar, o que resulta num destilado mais leve. Esse tipo de condensação afeta a progressão dos vapores pelo alambique, então compostos de sabor mais pesado passam mais tempo no pescoço do alambique, com mais chance de se condensar lá e voltar para a caldeira.

SERPENTINA DE RESFRIAMENTO

As serpentinas de resfriamento são mais comuns na produção de uísque do que na de gin. A serpentina, um tubo que se estende a partir do braço de lyne, desce e se enrola em torno de um tubo de água. Água fria é bombeada pela parte de baixo do recipiente. Ali, ele se aquece recebendo calor dos vapores condensadores dentro da serpentina antes de ser coletado na parte de cima. O diâmetro da serpentina diminui ao longo de seu comprimento antes que o destilado seja direcionado ao armário do destilado, onde o resultado final é recolhido.

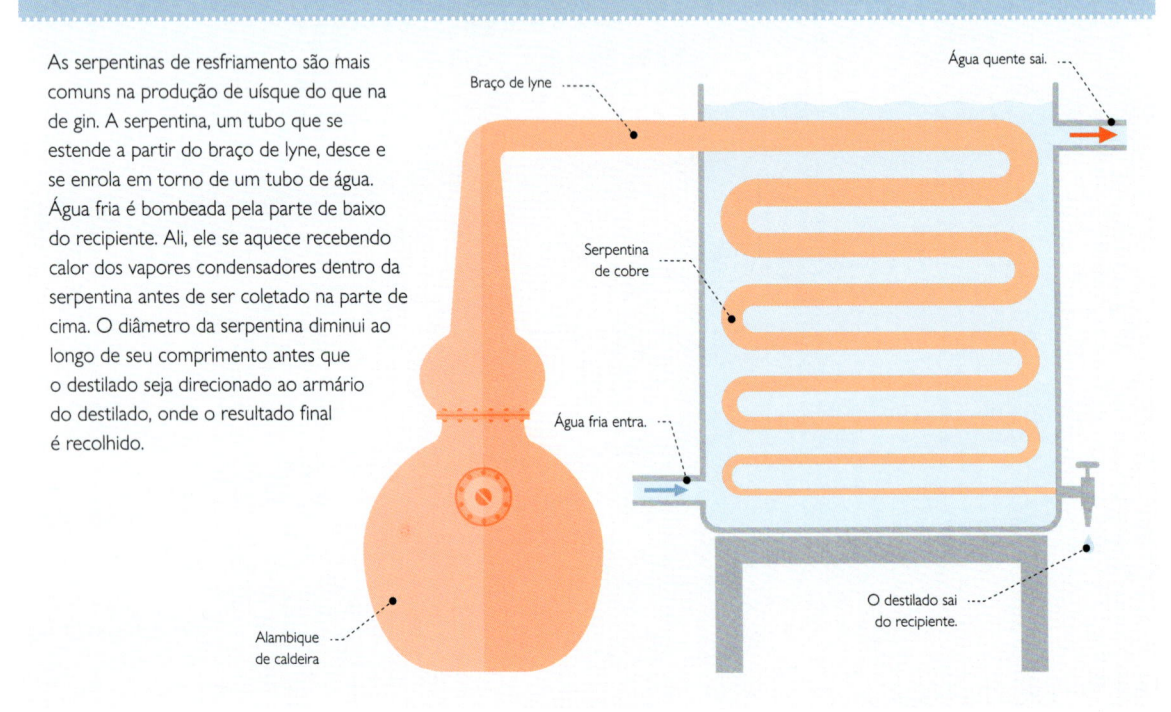

Braço de lyne

Água quente sai.

Serpentina de cobre

Água fria entra.

O destilado sai do recipiente.

Alambique de caldeira

De modo geral, tudo depende da quantidade e da duração do contato dos vapores com o cobre dentro do condensador. Quanto maior o contato, mais leve e mais puro o destilado, por causa da reação com qualquer sulfeto (ver p. 61). A maioria dos condensadores é feita de cobre, mas alguns são de aço inoxidável. Os condensadores de aço não "limpam" os vapores como os de cobre fariam.

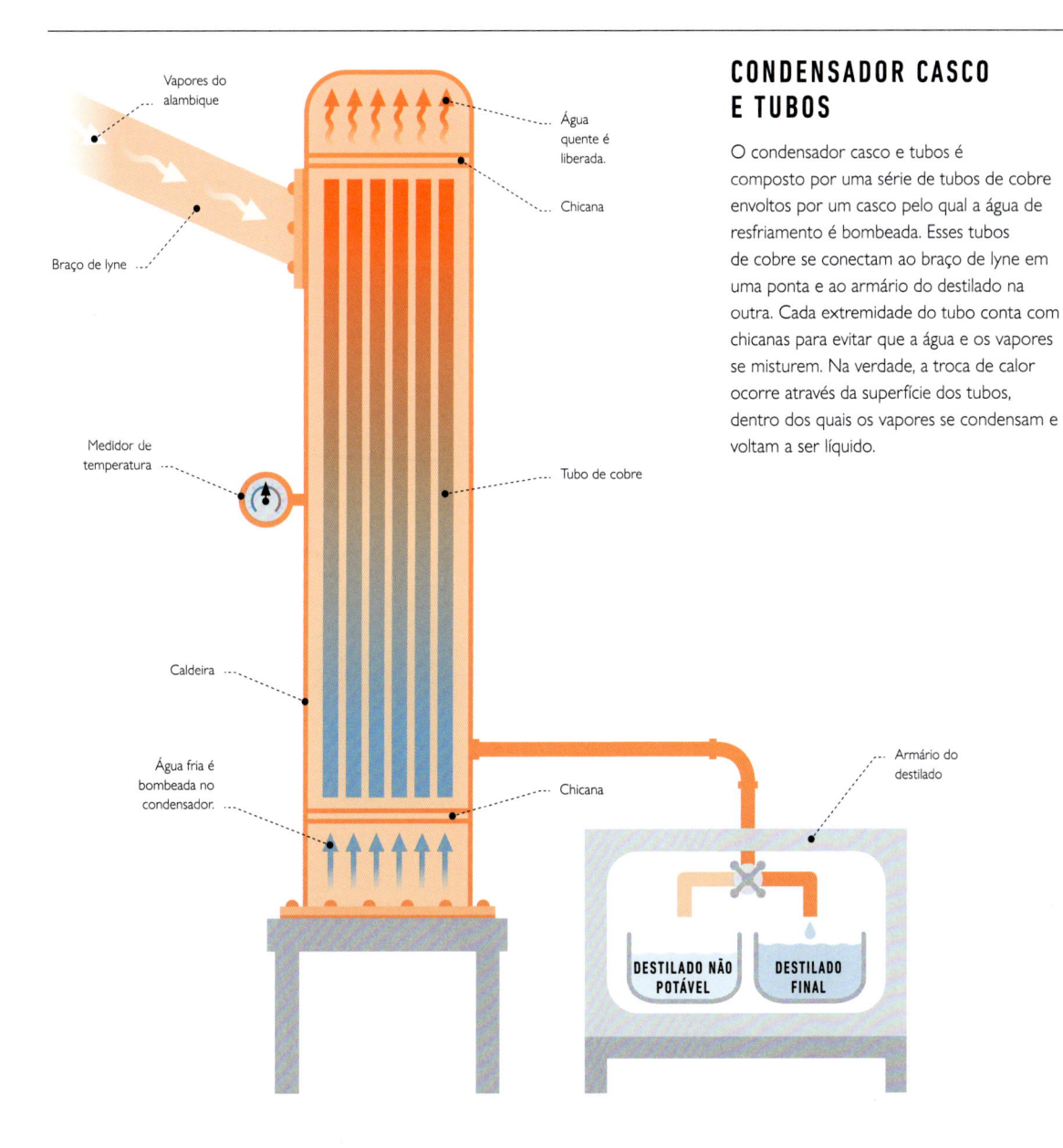

Vapores do alambique

Água quente é liberada.

Chicana

Braço de lyne

Medidor de temperatura

Tubo de cobre

Caldeira

Água fria é bombeada no condensador.

Chicana

Armário do destilado

DESTILADO NÃO POTÁVEL

DESTILADO FINAL

CONDENSADOR CASCO E TUBOS

O condensador casco e tubos é composto por uma série de tubos de cobre envoltos por um casco pelo qual a água de resfriamento é bombeada. Esses tubos de cobre se conectam ao braço de lyne em uma ponta e ao armário do destilado na outra. Cada extremidade do tubo conta com chicanas para evitar que a água e os vapores se misturem. Na verdade, a troca de calor ocorre através da superfície dos tubos, dentro dos quais os vapores se condensam e voltam a ser líquido.

INFUSÃO DE VAPOR

Na maior parte das vezes, os destiladores colocam os botânicos no alambique junto com a base alcoólica e a água. Mas há ocasiões em que isso não é o ideal. Se um botânico for particularmente potente, por exemplo, ele pode dominar o sabor do gin. Nesse caso, os destiladores podem recorrer à infusão de vapor para resolver o problema.

O CAMINHO DO VAPOR

A infusão de vapor acontece quando botânicos não são colocados na caldeira, mas em uma posição mais elevada dentro do alambique, no caminho dos vapores de etanol. Isso pode feito em uma cesta suspensa na cabeça do alambique, ou em uma câmara separada colocada entre o alambique e o condensador.

Quando os vapores que sobem passam pelo botânico, eles captam um pouco dos compostos aromáticos. Como isso acontece longe da fonte de calor do alambique, a temperatura está mais baixa, então a infusão de vapor captura apenas os sabores mais leves e mais voláteis. O sabor do botânico fica menos "cozido" do que quando ele é colocado diretamente na caldeira.

OS PRÓS E OS CONTRAS

A infusão de vapor é um método menos eficiente na extração do que a maceração na caldeira, resultando em sabores menos intensos. Isso pode ser uma vantagem quando os ingredientes possuem aromas que ficariam fortes demais se extraídos de outra maneira. No entanto, pode significar que os destiladores precisem utilizar mais quantidade do botânico para capturar o sabor com intensidade. É necessário tomar cuidado para não sobrecarregar a cesta, pois isso bloquearia o alambique e parte dos botânicos não seria usado quando o vapor o alcançasse.

A infusão de vapor também pode ser usada para botânicos mais delicados que não suportam muito bem o processo de destilação na caldeira. Botânicos florais e cítricos podem funcionar bem com esse método.

Outra vantagem da infusão de vapor é que ela permite que os destiladores acrescentem ou removam botânicos durante a destilação. Isso pode resultar num controle melhor sobre o sabor final do gin.

BOTÂNICOS PARA INFUSÃO DE VAPOR

ALFAZEMA

CARDAMOMO

É comum que cascas frescas de cítricos sejam usadas para a infusão de vapor, no lugar das secas, que costumam ser colocadas na caldeira. Alfazema costuma ir para a cesta, e alguns destiladores usam cardamomo, diversos tipos de pimentas, zimbro e angélica para fazer infusão de vapor nos seus gins.

Alguns gins que usam infusão de vapor:
- Aval Dor Cornish Dry Gin (cascas cítricas)
- An Dúlamán Iris Maritime Gin (musgo-da-irlanda)
- Death's Door Gin (zimbro, coentro e funcho)
- Lind & Lime Gin (cascas cítricas)
- Silent Pool Rare Citrus Gin (alfazema, cascas cítricas e três espécies de pimenta)
- The Botanist Islay Dry Gin (22 botânicos, basicamente ervas e flores).

ANGÉLICA

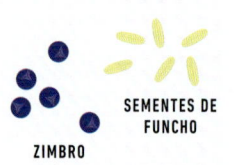

SEMENTES DE FUNCHO

ZIMBRO

INFUSÃO DE VAPOR

Vapores sobem e passam pelos
botânicos na câmara e
absorvem um pouco dos
compostos aromáticos deles.

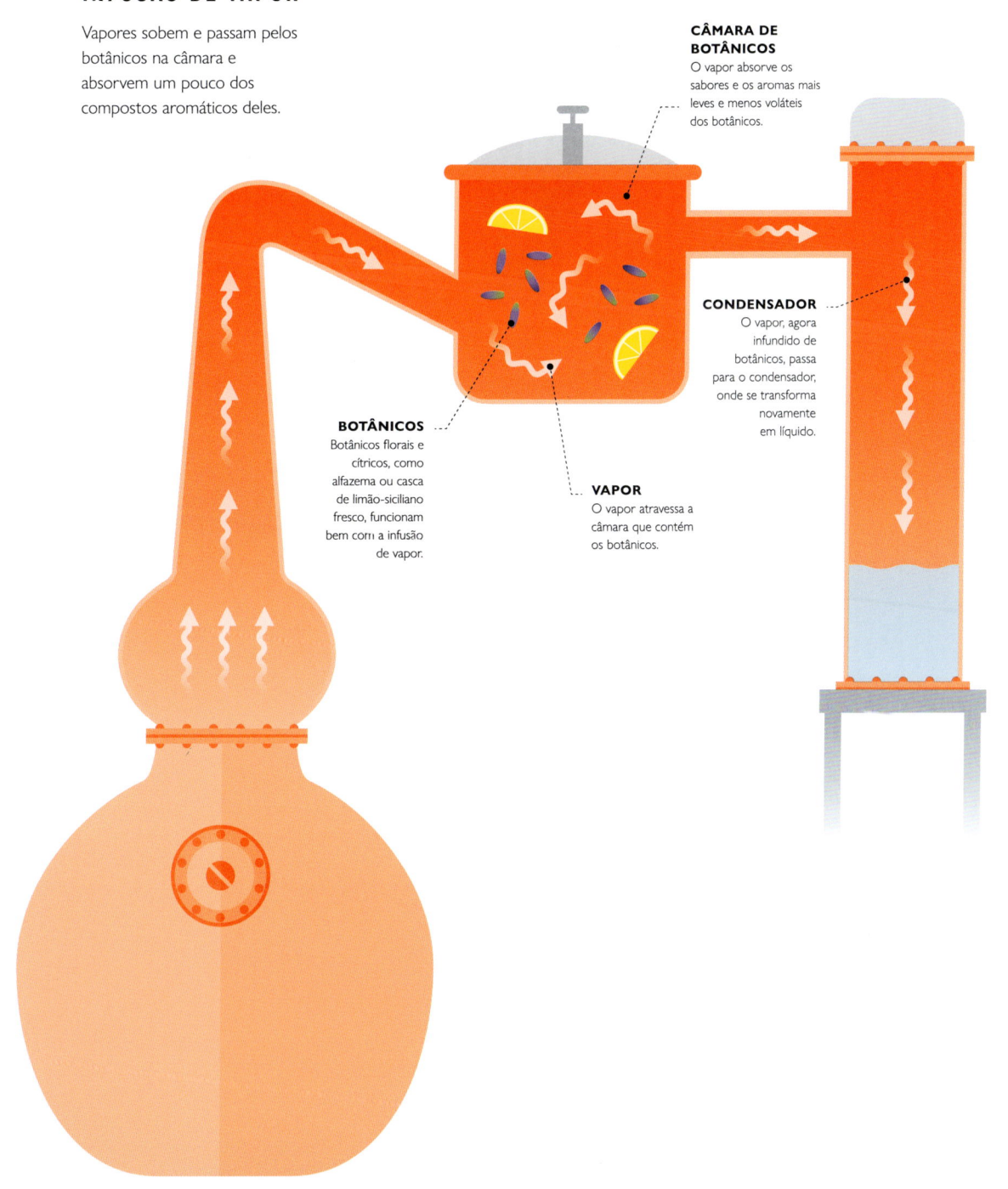

CÂMARA DE BOTÂNICOS
O vapor absorve os sabores e os aromas mais leves e menos voláteis dos botânicos.

CONDENSADOR
O vapor, agora infundido de botânicos, passa para o condensador, onde se transforma novamente em líquido.

BOTÂNICOS
Botânicos florais e cítricos, como alfazema ou casca de limão-siciliano fresco, funcionam bem com a infusão de vapor.

VAPOR
O vapor atravessa a câmara que contém os botânicos.

FRAÇÕES E SABORES DA DESTILAÇÃO

Fazer uso de um alambique não é algo simples como abrir uma torneira de gin.
O destilado é produzido em etapas, ou frações: o *foreshot*, a cabeça, o coração e a cauda.

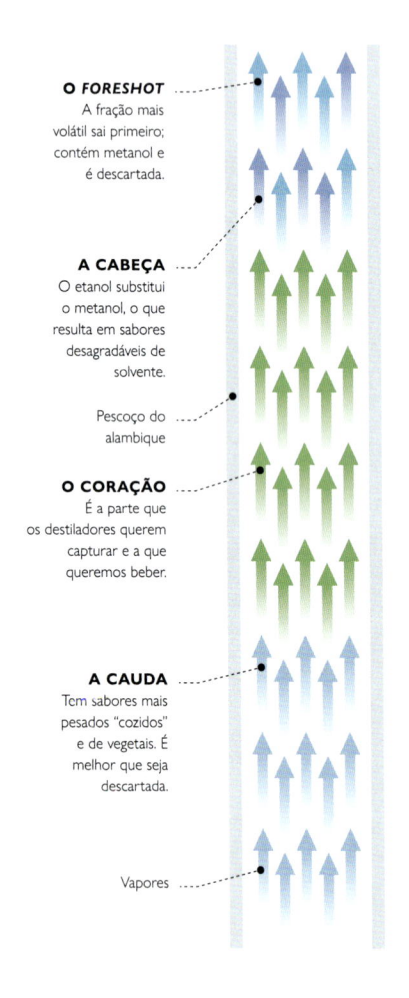

O FORESHOT
A fração mais volátil sai primeiro; contém metanol e é descartada.

A CABEÇA
O etanol substitui o metanol, o que resulta em sabores desagradáveis de solvente.

Pescoço do alambique

O CORAÇÃO
É a parte que os destiladores querem capturar e a que queremos beber.

A CAUDA
Tem sabores mais pesados "cozidos" e de vegetais. É melhor que seja descartada.

Vapores

ESTÁGIOS FRACIONAIS
O destilado passa pelo alambique em estágios, chamados frações.

O FORESHOT

A parte mais volátil do destilado, o *foreshot*, sai primeiro. Ela contém metanol, uma forma venenosa de álcool, com ponto de ebulição ainda mais baixo do que o do etanol, assim como a acetona e vários compostos de aldeído. O *foreshot* precisa ser descartado, mas, por sorte do gin, a maior parte já terá sido removida quando a base alcoólica foi feita.

A CABEÇA

Quando o calor no alambique aumenta, os compostos aromáticos menos voláteis evaporam e seguem pelo condensador. Aqueles encontrados na fração da cabeça ainda estão entre os mais leves e mais voláteis, transmitindo sabores desagradáveis adstringentes e de solventes.

O CORAÇÃO

Os destiladores precisam determinar o momento de iniciar a coleta do destilado e o de parar, para que apenas o coração seja captado, que é onde se concentram os melhores sabores que compõem o gin. A coleta costuma começar quando o destilado passando pelo alambique ainda está perto de 82% APV e a temperatura na caldeira chega a 82 °C. À medida que a temperatura da caldeira continua a subir, o APV do destilado cai. Nesse momento, os sabores da bebida mudam, notas mais leves, florais e cítricas se tornam terrosas e picantes.

A CAUDA

Em determinado momento, os sabores começam a se tornar menos agradáveis, adquirindo notas "cozidas" e vegetais. Isso costuma acontecer quando o APV cai para cerca de 60% e a temperatura da caldeira alcança 88 °C. A cauda pode ser coletada e destilada de novo, com ou sem a cabeça, mas às vezes é vendida para outros usos, como fluido de isqueiro.

A VINHAÇA

A vinhaça é o material que sobra na caldeira após a destilação. Inclui qualquer líquido que não tenha evaporado, assim como botânicos que foram colocados na caldeira. Por conter proteína, parte da vinhaça pode ser reaproveitada como alimentação animal.

SABORES FRACIONAIS

Este gráfico mostra a temperatura, o APV e os sabores de cada fração do destilado conforme ele percorre o alambique. Todas as frações se fazem presente o tempo todo, mas as proporções relativas variam com o tempo. Cada fração se destaca na ordem apresentada abaixo.

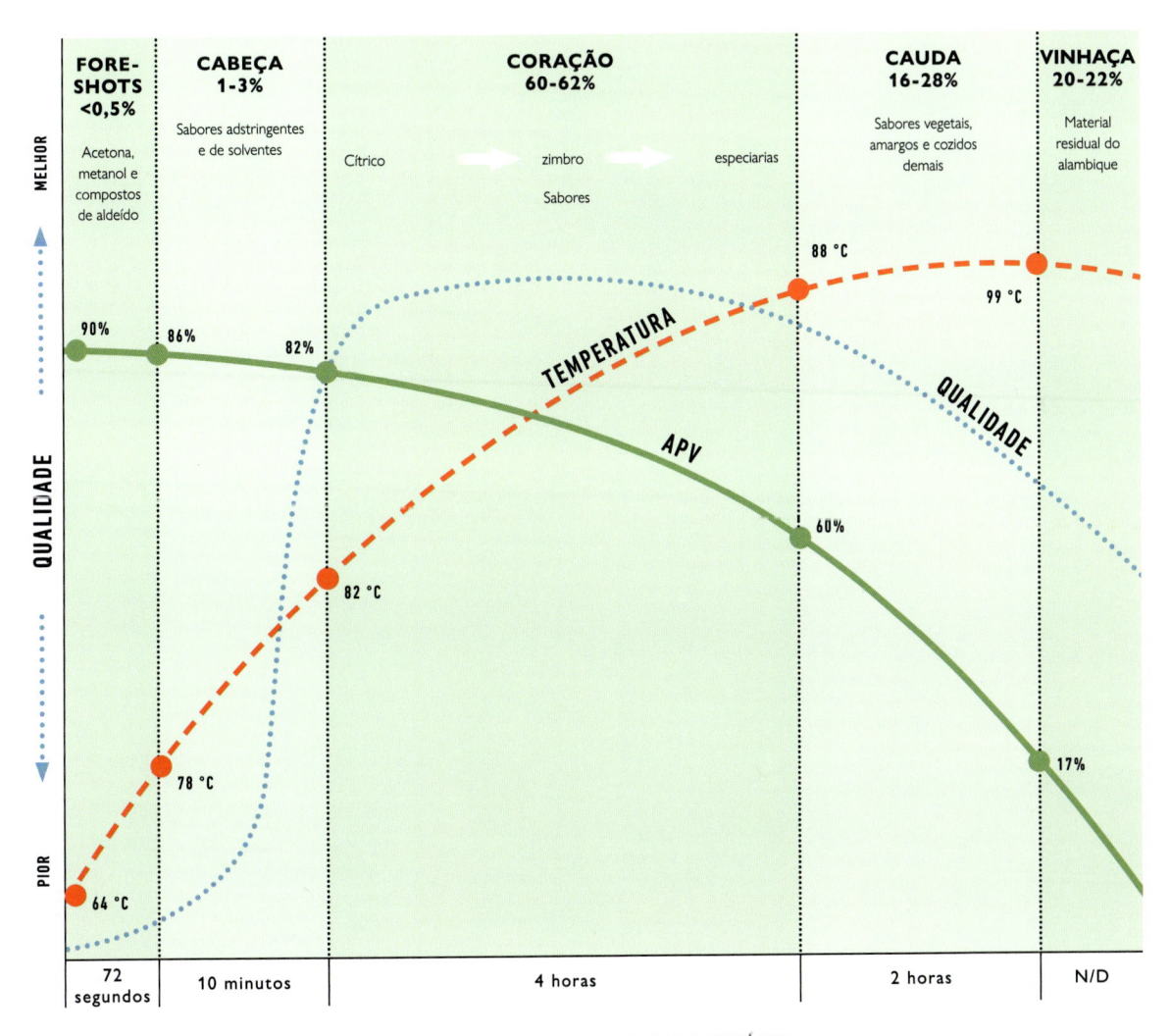

TEMPO PARA COMPLETAR CADA ESTÁGIO

POR QUE OS ALAMBIQUES SÃO FEITOS DE COBRE?

Os destiladores preferem alambiques feitos de cobre — não apenas por causa da aparência, mas também por suas vantagens práticas, como a maleabilidade e a capacidade de conduzir calor, que podem resultar em um destilado melhor.

ALAMBIQUE DE CALDEIRA DE COBRE
A Cotswold Distillery em Stourton, Warwickshire, no Reino Unido, usa um alambique de cobre de 500 litros na fabricação de seu gin artesanal. O alambique foi feito pelo caldeireiro Arnold Holstein, na Alemanha.

FORMATO

O tamanho e o formato do alambique influenciam a qualidade e o sabor do álcool que ele produz. O cobre é um metal mole e maleável que pode com facilidade adquirir todos os tipos de formatos. Os alambiques arredondados de caldeira, os capacetes bulbosos ou em formato de cebola nos alambiques de caldeira, as cabeças afuniladas delicadas e os elegantes pescoços de cisne, e até mesmo os tubos levemente estreitos encontrados dentro de alguns condensadores — tudo é moldado com precisão para otimizar o impacto nos vapores alcoólicos que passam por eles.

AQUECIMENTO

Boa parte da destilação envolve aquecimento e resfriamento. Os destiladores transferem calor para o alambique e o removem no condensador, controlando cada estágio do processo. O cobre é um ótimo condutor de calor, o que torna o trabalho do destilador bem mais fácil. Ele requer menos energia para aquecer o alambique do que aconteceria com um material menos condutor, e os destiladores podem remover o calor com mais facilidade no condensador. O cobre também fornece um maior controle sobre a proporção de aquecimento e resfriamento, o que pode afetar diretamente o sabor do destilado final.

LIMPEZA

O cobre tem outra função vital durante a destilação: ele remove compostos sulfúricos dos vapores. Esses compostos ocorrem naturalmente durante a fermentação e sempre estarão presentes em certo grau. Se deixados no destilado, eles podem dar notas de carne crua, vegetal cozido demais, ovo podre ou fósforo aceso (ver quadro abaixo).

Quando os vapores entram em contato com as paredes de cobre dos alambiques, eles passam por uma reação química e formam sais de cobre, que vão para o fundo do alambique e são removidos dos vapores, o que resulta em um destilado com sabor mais limpo no final do processo.

ÉSTERES

O cobre também atua como catalisador em reações químicas que formam ésteres no destilado final. Ésteres são uma categoria muito importante de compostos aromáticos que podem contribuir muito em destilados como rum ou uísque. Isso é menos relevante para o gin, em que os sabores principais vêm dos botânicos usados.

LIMPANDO O COBRE

O cobre reage com o enxofre e forma sais de cobre, que vão para o fundo do alambique e são removidos dos vapores.

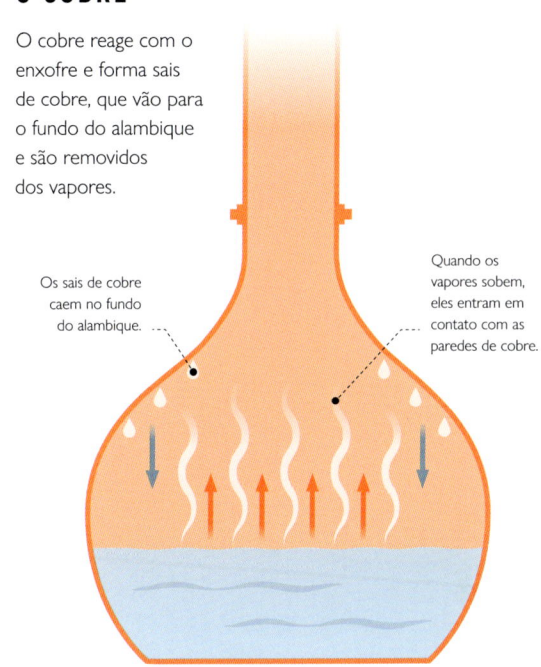

Os sais de cobre caem no fundo do alambique.

Quando os vapores sobem, eles entram em contato com as paredes de cobre.

COMPOSTOS DE COBRE E DE ENXOFRE

SULFETO DE HIDROGÊNIO (H_2S)
O sulfeto de hidrogênio tem cheiro de ovo podre e um limite bem baixo de detecção, então até quantidades mínimas podem estragar um destilado. Felizmente, é bem volátil a ponto de evaporar sozinho do destilado "novo" nas condições certas.

SULFETO DE DIMETILA ($DMS; C_2H_6S$)
O sulfeto de dimetila tem cheiro de milho doce ou de tomate enlatado. Assim como o sulfeto de hidrogênio, é bem volátil e pode evaporar sozinho, mas é melhor removê-lo do destilado.

TRISSULFETO DE DIMETILA ($DMTS; C_2H_6S_3$)
O trissulfeto de dimetila pode ter cheiro de podre, de carne ou de repolho cozido em excesso. Felizmente, o cobre pode ser muito eficiente na remoção desse composto do destilado final.

O QUE É LOUCHING?

Alguns gins podem exibir louching. Esse termo descreve o processo que faz um destilado ou licor transparente ficar turvo quando é diluído com água ou outro ingrediente. É mais visto em bebidas como pastis, absinto e ouzo, de onde saiu o outro nome comum do processo: efeito ouzo.

COMO OCORRE O LOUCHING

O araque, o raki e a sambuca sofrem louching, assim como o Cointreau. A semelhança entre todas essas bebidas é que elas contêm óleos essenciais hidrofóbicos (que repelem água) dos ingredientes botânicos usados para dar sabor a elas. Os óleos são dissolvidos no destilado, que é basicamente uma mistura de etanol e água. Diluir o destilado reduz a concentração de etanol na mistura e, em certo ponto, faz com que os óleos dissolvidos se separem da solução e formem gotículas oleosas. Essas gotículas dispersam qualquer luz que atravessa o líquido, fazendo com que pareça turvo.

É UM DEFEITO?

Você ficaria meio hesitante se estivesse prestes a beber algo que de repente passasse de transparente a turvo. É seguro para beber?

Não se preocupe. Não há nada de errado com a sua bebida. O louching é só um sinal de que sua bebida contém uma alta concentração de óleos essenciais, ou, em outras palavras, um monte de sabor.

É verdade que alguns destiladores de gin consideram o louching um defeito e defendem que o destilado deve ser sempre límpido.

COMO O LOUCHING ACONTECE

Quando certas bebidas são diluídas, os óleos essenciais se separam da solução e formam gotículas. Elas dispersam a luz e fazem a bebida parecer turva.

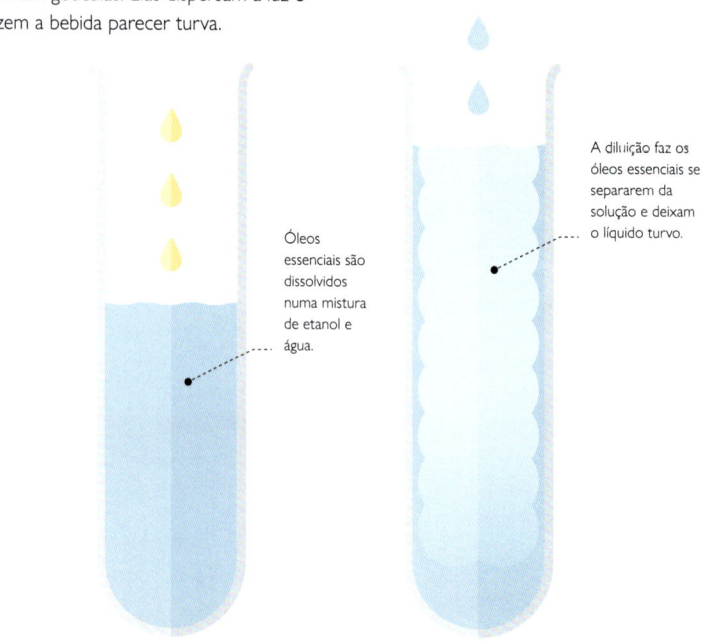

Óleos essenciais são dissolvidos numa mistura de etanol e água.

A diluição faz os óleos essenciais se separarem da solução e deixam o líquido turvo.

Entretanto, não há qualquer definição legal do gin que sustente essa opinião. Atualmente, está ficando até meio ultrapassada. Muitos consumidores ficam satisfeitos em consumir gin com esse efeito e acham que remover os óleos de um destilado por filtragem a frio (ver página ao lado) também retira muito da textura e do sabor.

LOUCHING NA DESTILARIA DE GIN

Mesmo que os destiladores não se importem com o gin se tornando turvo no copo, a maioria quer que ele esteja límpido na garrafa. O gin sai do alambique com cerca de 80% APV, mas precisa estar mais perto de 40% para o envasamento, por isso os destiladores diluem o destilado recente com água, o que pode causar o louching, principalmente se for feito logo após a destilação.

Isso ocorre, em parte, devido a concentração variada de óleos e álcool em diferentes áreas do recipiente de armazenamento. O destilado ainda não está homogêneo. O turvamento nesse estágio às vezes pode ser resolvido apenas com a mistura e descanso.

CORTES MAIORES DA CABEÇA

Os destiladores podem evitar que seu gin fique turvo realizando um corte maior da cabeça (ver p. 58).

Enquanto o alambique esquenta, os primeiros vapores a subirem da mistura vão atingir as partes frias do alambique e sofrer refluxo repetidamente, até que todo o alambique esteja quente o bastante para que eles passem. Isso quer dizer que a primeira fração coletada terá sido destilada várias vezes e pode ter uma concentração excessiva de zimbro e outros óleos essenciais.

CAUDA PRECOCE

Outra estratégia é retirar a cauda (ver p. 58) mais cedo, evitando a coleta de tantos óleos pesados que passam perto do final da destilação.

MENOS DILUIÇÃO

Uma alternativa é diluir o destilado com menos água e engarrafar o gin com um APV mais alto.

DESTILADO MAIS NEUTRO

Caso o gin já tenha ficado turvo, isso pode ser consertado com a adição de mais destilado neutro. Isso reajusta o equilíbrio entre etanol e água, aumentando o poder de solvência do destilado e induzindo os óleos a voltarem para a solução.

FILTRAGEM A FRIO

Por fim, os destiladores podem optar pela filtragem a frio no gin para remover os óleos. O gin é resfriado a 0 °C e passado por um filtro de absorção, que remove a bruma. Entretanto, os óleos que causam o louching também são responsáveis pelo sabor e pela textura do gin, então essa solução nem sempre é a ideal.

LIDANDO COM O LOUCHING

Muitas vezes, misturar o destilado e deixá-lo descansar por um tempo vai resolver qualquer questão. Se isso não der certo, os destiladores têm uma série de opções para evitar (ou corrigir) o turvamento do gin.

FILTRAR A FRIO
Resfriar um gin até 0 °C e depois filtrá-lo remove os óleos, mas pode afetar o sabor e a textura do gin.

ADICIONAR UM DESTILADO NEUTRO
Adicionar um destilado neutro a um gin que já sofreu louching induz os óleos a voltarem à solução.

TIRAR UM CORTE MAIOR DA CABEÇA
Tirar um corte maior da cabeça evita a alta concentração de zimbro e de outros óleos essenciais criados durante o aquecimento do alambique.

MÉTODO DO DESTILADOR

TIRAR A CAUDA MAIS CEDO
Cortar a cauda mais cedo exclui boa parte dos óleos mais pesados que passam perto do final da destilação.

DILUIR COM MENOS ÁGUA
Diluir com menos água mantém uma maior concentração de etanol e preserva mais do poder de solvência do gin.

OUTROS MÉTODOS DE DESTILAÇÃO

Alguns destiladores buscar obter ainda mais controle sobre os sabores extraídos dos ingredientes, e por isso recorrem a outros métodos de destilação, alguns dos quais emprestados de laboratórios de ciências ou da perfumaria.

ALAMBIQUES HÍBRIDOS

Muitos produtores fazem uso de destiladores híbridos, de câmara e de coluna. Eles são mais baratos do que alambiques de coluna, e também mais eficientes do que alambiques de caldeira, além de serem capazes de produzir destilados de teor alcoólico mais alto. Em alguns alambiques híbridos, a coluna fica diretamente acima da caldeira. Em sistemas mais avançados, as várias partes são conectadas com tubos e válvulas desviadoras. O destilador pode direcionar os vapores por caminhos diferentes dependendo do tipo de destilado que está sendo feito.

DESTILAÇÃO A VÁCUO

Temperaturas mais altas aceleram a extração de sabores. (Imagine fazer chá com água fria em vez de quente e você entenderá o que quero dizer.) Reduzir a pressão no interior do alambique também reduz a temperatura na qual o etanol e os compostos de sabor evaporam, o que permite que diferentes sabores venham à tona. A destilação a vácuo pode capturar sabores que seriam alterados ou mesmo arruinados em temperaturas mais altas. Isso proporciona sabores muito mais leves e delicados no gin final.

EXTRAÇÃO SUPERCRÍTICA

Um frasco de 100 ml de absoluto de zimbro, produzido por extração supercrítica, é suficiente para dar sabor a 6 mil garrafas de gin.

Embora o processo possa levar cerca de uma semana, a extração supercrítica é uma maneira eficiente de dar sabor ao gin.

100 ML
(3,5 FL OZ)

EXTRAÇÃO SUPERCRÍTICA

Isso é o que acontece quando um destilador se aventura no laboratório de um perfumista. Em vez de reduzir a pressão, como na destilação a vácuo, o método de extração supercrítica aumenta ainda mais a pressão. A máquina comprime o CO_2 até ele atingir um "estado supercrítico", no qual se comporta como um líquido e um gás ao mesmo tempo. O CO_2 comprimido então percorre um leito de botânicos, agindo como um solvente para extrair todos os óleos essenciais e produzir o

A DESTILAÇÃO A VÁCUO PERMITE AOS DESTILADORES CAPTURAREM SABORES QUE SERIAM ARRUINADOS EM TEMPERATURAS MAIS ALTAS.

que os perfumistas chamam de absoluto. A Hepple usa essa técnica para produzir um absoluto de zimbro, que parece um frasquinho de molho para salada amarelo-neon que cheira a arbusto de zimbro, das raízes até as pontas das agulhas. Apenas 100ml levam cerca de uma semana para serem coletados, mas essa quantidade é suficiente para dar sabor a 6 mil garrafas de gin.

DESTILAÇÃO *MULTI-SHOT*

O processo de destilação em alambique (ver p. 50-51) é conhecido como destilação *one-shot*. É como o gin sempre foi feito: um lote de botânicos, uma destilação, uma caixa de garrafas indo para um grupo de clientes felizes.

O método *multi-shot* (ou concentrado) adiciona botânicos suficientes para dar sabor a muitos lotes de garrafas de uma só vez. O concentrado botânico intenso é primeiro diluído com mais base alcoólica para equilibrar o sabor, e depois com água para dar ao gin o teor de engarrafamento. Os defensores do *multi-shot* argumentam que é mais eficiente, leva menos tempo, usa menos energia e oferece benefícios comerciais em torno do gerenciamento de oferta e demanda. Já seus detratores dizem que resulta em um gin inferior, embora em degustações às cegas ninguém

MÉTODO CONTINENTAL

Neste método, botânicos destilados separadamente são misturados no final para compor o gin.

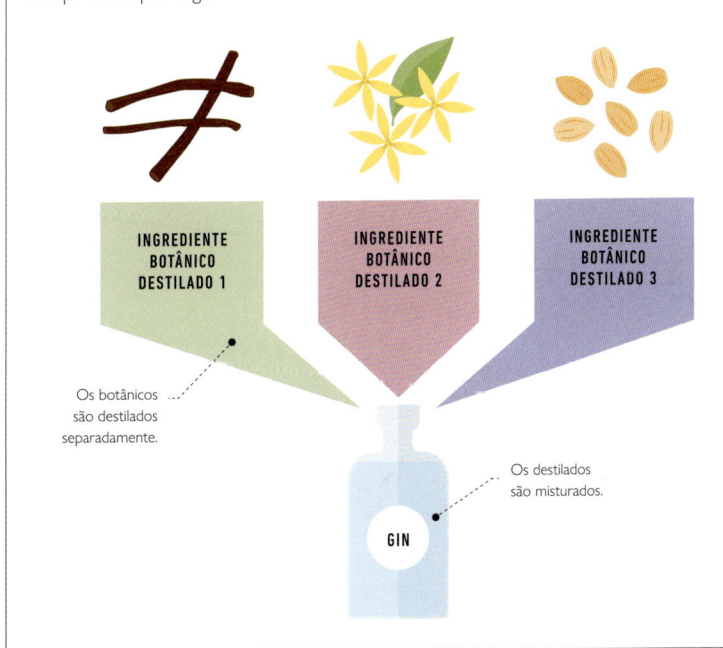

INGREDIENTE BOTÂNICO DESTILADO 1

INGREDIENTE BOTÂNICO DESTILADO 2

INGREDIENTE BOTÂNICO DESTILADO 3

Os botânicos são destilados separadamente.

Os destilados são misturados.

GIN

tenha conseguido provar a diferença de forma conclusiva e muitas marcas estabelecidas usem o *multi-shot*.

MÉTODO CONTINENTAL

No chamado método continental, cada ingrediente botânico é destilado separadamente, e os destilados resultantes são misturados depois para compor o gin final. Esse método raramente é usado no Reino Unido, embora seja comum na Europa continental (daí seu nome). Os defensores desse método de destilação afirmam que ele confere mais qualidade e clareza de aromas no gin finalizado.

DE QUE O GIN É FEITO?

As definições legais que regem algumas bebidas determinam quais ingredientes agrícolas podem ser usados para formar sua base alcoólica. O uísque escocês, por exemplo, deve ser feito de cevada, enquanto o bourbon deve ter pelo menos 51% de milho. Não é assim com o gin. Contanto que se consiga fermentá-lo, está tudo certo. Como resultado, é possível encontrar gins feitos de todos os tipos de coisas.

GRÃOS

Mesmo com a liberdade de usar diferentes bases alcoólicas, quase todos os fabricantes de gin preferem as feitas de grãos. Preço e qualidade são duas motivações principais: os grandes destiladores que produzem destilados de grãos produzem muito e há muito tempo, então se tornaram bons no processo e tão eficientes a ponto de tornar o gin acessível. Você pode obter destilados de cevada ou centeio, os quais são usados na produção gin, mas a grande maioria vem do trigo. As siglas "NGS" (para destilado de grãos neutro) ou "GNS" (mesmas palavras, ordem diferente) indicam que o destilado pode ter sido feito de trigo.

AÇÚCARES

Tudo mencionado nestas páginas é tecnicamente açúcar de uma forma ou outra (seja glicose, frutose, lactose ou maltose), mas aqui nos referimos em específico à sacarose, que é encontrada na cana-de-açúcar, no melaço e na beterraba. Os dois primeiros são mais utilizados na

GRÃOS

UVA

AÇÚCAR

SORO DE LEITE

BATATA

A BASE ALCOÓLICA DO GIN

A maioria das bases alcoólicas no gin são feitas de grãos, em especial trigo, mas destiladores podem usar outros ingredientes como uva, açúcar, batata ou soro de leite.

produção de rum, onde seu sabor é mais perceptível, mas mesmo quando destilado a 96% APV ou mais, o destilado "neutro" retém um resquício da doçura suave e reconfortante da sacarose. Quando os franceses perderam o acesso ao açúcar das Índias Ocidentais durante as Guerras Napoleônicas (1803-1815), os destiladores da França passaram a usar beterraba, cuja raiz contém sacarose.

UVA

Todo mundo conhece o álcool de uva, e não é surpresa que o vinho seja destilado também. Frequentemente, isso resulta em conhaque, mas, se for destilado para servir como base alcoólica, a maior parte das características da uva é eliminada — a maior parte, mas não toda. A bebida destilada de uva pode ser um pouco forte mas, com a diluição, se torna mais floral. Alguns produtores a usam para fazer gins de grande sucesso, como o G'Vine Floraison (ver p. 185), o Geometric (ver p. 202), o London to Lima (ver p. 203) e o Sandy Gray (ver p. 205).

BATATA

Batatas produzem um vinho horrível, mas geram boas bebidas destiladas. Elas conferem à bebida final uma textura suave e cremosa e um leve toque de sabor, que lembra purê de batata. Alguns fabricantes de gin dizem que essa viscosidade faz com que o gin feito de base alcoólica de batata "carrega" melhor seus sabores botânicos. Certamente, a

---

OUTRAS BASES DO GIN

Alguns produtores japoneses fazem gin a partir de uma base de shōchū — um destilado que geralmente é feito de arroz fermentado, grãos (cevada ou trigo sarraceno), açúcar mascavo ou batata-doce. O shōchū fica perceptível no gin final, pois contribui tanto com sabor quanto com textura.

Alguns gins japoneses usam um destilado neutro à base de arroz, como os gins Ki No Big feitos na Kyoto Distillery. O 135° East Hyōgo Dry (ver p. 175), feito pela Kaikyō Distillery, usa um toque de destilado de saquê da Cervejaria Akashi Saké para aromatizar sua base alcoólica.

Os produtores franceses de Calvados Maison Drouin fazem Le Gin de Christian Drouin (ver p. 195) a partir de destilado neutro aromatizado com sidra de maçã destilada. A sidra é feita de mais de trinta tipos diferentes de maçã, incluindo variedades amargas, agridoces, doces e atípicas.

---

cremosidade pode adicionar um elemento de textura muito agradável.

SORO DE LEITE

A Irlanda, com sua vasta indústria de laticínios, transforma grandes quantidades de leite em manteiga e mais ainda em queijo. Isso significa que sobra muito soro (o líquido remanescente da fabricação de queijo). Deve ter sido um dia feliz quando alguém surgiu com a ideia brilhante de fermentar o soro (a lactose no leite é um açúcar), destilá-lo e transformá-lo em gin.

Hoje, a Irlanda tem alguns "gins de leite" e outros que usam base alcoólica de soro sem deixar explícito no rótulo. (A lactose é um alérgeno, mas a fermentação e a destilação removem tudo.)

BASE ALCOÓLICA: FAZER OU COMPRAR?

Pouquíssimos produtores de gin destilam sua própria base alcoólica. No Reino Unido, maior fabricante de gin do mundo e lar de cerca de 563 destilarias, só um pequeno grupo vai do grão ao copo — ou da batata ao copo em alguns casos. Por que mais deles não fazem isso? E isso significa que o gin dos que o produzem é melhor?

DESTILADORES AGRÍCOLAS

Quando o conhecimento da destilação se espalhou pelo mundo, os fazendeiros a adotaram como um meio de lidar com colheitas excedentes, particularmente de grãos. Antes da destilação, a única opção era vender os grãos excedentes antes que estragassem. À medida que cada vez mais grãos chegavam aos mercados, o preço caía e os fazendeiros recebiam menos compensação por seus esforços.

Ao destilar seus grãos excedentes, os fazendeiros conseguiam transformá-los em um recurso valioso e estável que poderiam armazenar quase indefinidamente e vender durante anos fracos para complementar sua renda. Também era muito mais fácil armazenar e transportar alguns barris de bebidas destiladas do que carroças de grãos.

Por isso, o álcool era feito onde as matérias-primas cresciam. Mas o gin era frequentemente produzido nas cidades, perto dos portos por onde os ingredientes botânicos chegavam de todo o mundo. A distinção não era sempre tão clara assim, mas, de maneira geral, era assim.

Ainda hoje, quando usamos os termos "destilaria agrícola" ou "destilaria de fazenda", nos referimos ao lugar onde as matérias-primas são transformadas em álcool destilado.

GIN LEGAL
As definições legais do teor alcoólico da base alcoólica do gin variam ao redor do mundo, mas não muito.

BASE ALCOÓLICA NO RU E NA UE 96% ABV

BASE ALCOÓLICA NOS EUA 95% ABV

O QUÃO PURO É PURO?

No Reino Unido e na União Europeia, a definição legal de gin (ver p.12-13) estipula que ele deve ser feito a partir de álcool etílico de origem agrícola (por si só um termo legalmente definido), com uma graduação alcoólica inicial de pelo menos 96% de álcool por volume. Nos Estados Unidos, o mínimo de teor alcoólico é 95% (ver p.14).

Destilar até 95% APV não é tarefa fácil. Requer um alambique de coluna (ver p. 52-53) com cerca de 40 placas, o que represente um custo elevado de compra e operação, e uma destilaria com tetos altos o suficiente para abrigá-lo. Isso também significa que a destilaria precisa de espaço e equipamento para armazenar as matérias-primas (grãos e assim por diante) e fermentá-las até que vire mosto para alimentar o alambique.

Destilar para 96% APV pode não parecer um grande passo, mas é um desafio considerável. Quando o mosto alcoólico no alambique atinge essa concentração, ele chega ao seu ponto azeotrópico — ou seja, o ponto em que a mistura se comporta como um único líquido puro com um ponto de ebulição constante. Nenhuma separação adicional é possível nesse estágio sem o uso de um método diferente de destilação.

ECONOMIAS DE ESCALA

As destilarias de produtores que fazem destilados neutros são projetadas para maximizar a eficiência dessa tarefa em vez de alternar entre produzir base alcoólica e gin. Além disso, seus ingredientes são comprados a granel, com os contratos vantajosos que isso permite. Simplificando, é quase impossível competir com o preço que praticam. Fazer base alcoólica pode adicionar 5 libras ao custo de uma garrafa de gin, que pode custar 30 libras, enquanto a base alcoólica pode ser comprada por alguns pence por litro. E embora o preço seja baixo, a qualidade é alta. Então, considerando tudo isso, você se daria ao trabalho de produzir a sua própria base?

E ONDE FICA A PARTE ARTÍSTICA?

Imagine o mundo do gin como uma galeria de arte e todos os diferentes gins como pinturas em suas paredes. Fazer a base alcoólica é como preparar a tela. Você vai a uma galeria para olhar a tela? Não! O que interessa é o que está pintado nela.

Os fabricantes de gin que fazem sua própria base alcoólica geralmente gostam de falar sobre o senso de *terroir* que isso traz ao seu gin. Mas, se você estiver destilando a um teor alcoólico de até 96%, esse *terroir* será perceptível no sabor do gin finalizado? Não muito, eu diria. E embora possa ser uma boa ideia que tudo em um gin venha de um só lugar, isso tem mais a ver com criar

DESTILAR X RETIFICAR

Qualquer estudante de química pode dizer que, tecnicamente falando, não há diferença entre destilar e retificar algo. Em termos práticos, no entanto, o termo "destilação" em geral se refere à primeira vez que um líquido fermentado é transformado em uma bebida alcoólica.

Retificação significa passar uma bebida já destilada pelo alambique novamente. O processo pelo qual ela passa não muda, mas o objetivo de enviá-la pelo alambique é diferente. Pode ser para aumentar o teor alcoólico da bebida, para remover mais impurezas ou para infundir a bebida com outros sabores — como é o caso do gin.

Em muitos países, o governo emite licenças específicas e distintas para cada uma dessas atividades. Isso garante que as autoridades tenham um controle maior sobre os destiladores e possibilita mais arrecadações de impostos sobre bebidas destiladas.

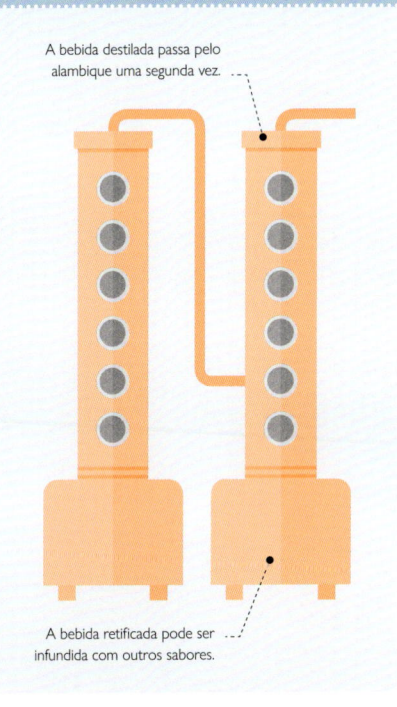

A bebida destilada passa pelo alambique uma segunda vez.

A bebida retificada pode ser infundida com outros sabores.

uma história agradável do que qualquer outra coisa.

Certamente, não há razão para menosprezar qualquer marca de gin que compre sua base alcoólica. A grande maioria da indústria faz isso, e muitos produtores conseguem criar gins excelentes a partir de bases alcoólicas compradas.

A verdadeira arte está na seleção e na fusão dos botânicos pelos destiladores e em fazer o perfil de

sabor desejado se expressar bem no destilado pronto. Isso exige muito dos destiladores. Eles precisam ter um bom paladar e ser capazes de imaginar o sabor de maneiras criativas. Precisam entender como o alambique age nos botânicos e controlar sua exposição ao calor e ao álcool. Além disso, precisam entender como modificar o APV do gin pronto para reter ou liberar sabores específicos no destilado.

GIN COMPOSTO

Se todo esse processo de destilação parecer um pouco trabalhoso, há uma alternativa. É possível dar sabor a uma base alcoólica com botânicos simplesmente misturando-os e deixando agir por um momento. Depois, basta retira os sólidos, diluir, ajustar o teor alcoólico e engarrafar o destilado normalmente. Mas será que seu destilado ainda será considerado um gin se for feito dessa forma? Nem todo mundo pensa assim.

COMPOSTO FRIO

A composição funciona a partir da extração de compostos de sabor dos botânicos em uma mistura de álcool e água. Nessa mistura, o etanol é um solvente (ver p. 49) e dissolverá alguns dos óleos essenciais dos botânicos. Outros compostos de sabor se dissolvem melhor em água, razão pela qual não se usa destilados puros nesse processo. Parte da cor dos botânicos em geral é extraída junto do sabor, então, frequentemente, um gin composto pode ter uma leve tonalidade que reflete seus ingredientes.

Os gins compostos, às vezes chamados de gins de banheira (ver p. 39), não têm uma excelente reputação. Isso se deve, em parte, à era da Lei Seca (1920-1933) nos Estados Unidos, quando a composição era usada para disfarçar o sabor de alguns péssimos destilados clandestinos. Também contribui o fato de que gins compostos têm sabores mais robustos e picantes, às vezes são coloridos e podem conter uma concentração maior de óleos essenciais, o que os torna mais propensos a sofrer louching (ver p. 62-63).

COMPOSTO FRIO

Os botânicos são deixados em infusão de álcool e água em temperatura ambiente (daí o termo "composição a frio"). O etanol dissolve certos óleos essenciais presentes nos botânicos, extraindo compostos de sabor para a mistura.

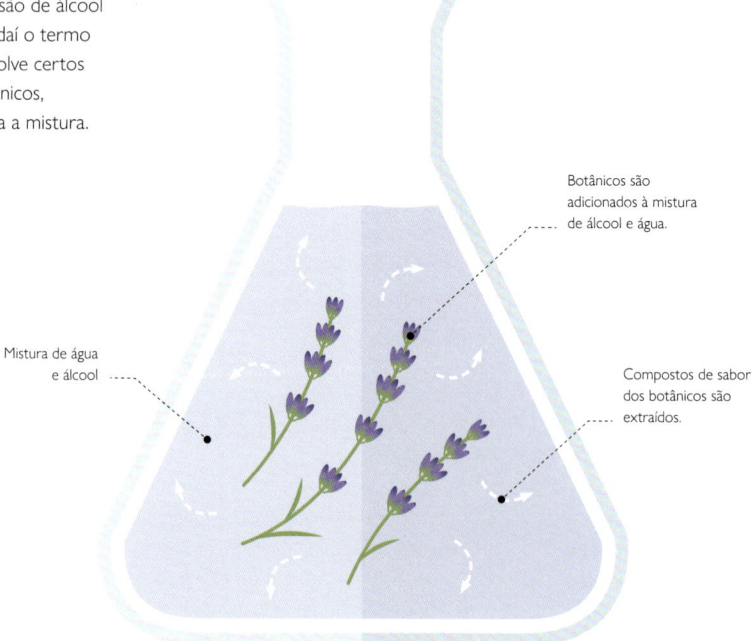

Botânicos são adicionados à mistura de álcool e água.

Mistura de água e álcool

Compostos de sabor dos botânicos são extraídos.

MAÇÃ

PERA

MARMELO

FRUTAS SAZONAIS

FRUTAS USADAS NA COMPOSIÇÃO FRIA

Frutas que contêm sabor na polpa e não na casca são ideais para a composição. Isso inclui frutas de pomar, como maçã, pera e marmelo, e frutas sazonais, como amora, ameixa, morango e abrunho.

VINDO DO FRIO

Os consumidores modernos estão mais abertos a todas essas "falhas". Muitos de nós temos paladares mais aventureiros hoje em dia e somos mais flexíveis quanto à aparência de uma bebida, desde que o sabor compense. Isso permite que gins compostos, como o Four Pillars Bloody Shiraz (ver p. 193), encontrem um mercado — esse gin fica em contato com uvas por oito semanas após a destilação para adquirir um pouco de cor e sabor extras.

Os gins compostos podem funcionar particularmente bem com frutas, em especial aquelas em que o sabor vem da polpa e não da casca. Elas não resistem muito ao calor da destilação, mas podem se sair bem na composição. É uma boa maneira de destacar frutas sazonais ou de pomar, como maçã, pera e marmelo.

Devido aos seus sabores marcantes, os gins compostos podem ser usados com grande sucesso em coquetéis, como o Negroni (ver p. 142). Experimente-os em qualquer ocasião em que os outros ingredientes sejam capazes de sobrepujar os botânicos de um gin mais delicado.

GINS FEITOS DE EXTRATOS

Há uma maneira ainda mais fácil de fazer um gin composto, misturar uma base alcoólica com extratos botânicos ou essências pré-preparados. Embora seja menos comum no Reino Unido e nos Estados Unidos, muitos exemplos podem ser encontrados na Bélgica e na Espanha.

Esses gins são completamente límpidos e em geral não mencionam no rótulo que são compostos. Muitas pessoas não acham muito atraente a ideia de um gin ser feito dessa maneira. Se você também não achar, procure gins que indiquem no rótulo que foram destilados ou que tenham a designação "London Dry" (ver p. 73), que também devem ser destilados.

ESTILOS DIFERENTES DE GIN

O gin é uma bebida complexa, e seus estilos não são verdadeiros indicativos do gosto de um gin; frequentemente, o estilo indica mais sobre o processo de fabricação. No entanto, há diferenças importantes entre os estilos para se ter em mente.

GINS ENVELHECIDOS OU REPOUSADOS EM BARRIL

Todos os gins já foram envelhecidos em madeira. O tempo no barril suaviza compostos amargos e transmite sabores como baunilha, coco e especiarias "doces" (como cravo, canela ou noz-moscada), além de notas dos conteúdos anteriores (ver p. 92-93). Alguns fabricantes envelhecem gins em madeira novamente, embora a prática represente uma parte muito pequena do mercado e seja vista como um interesse de nicho entre os consumidores.

GINS COSTEIROS

Um subconjunto de gins New Western Drystyle (ver p. 74) que utiliza ingredientes marítimos em geral não vistos em outros tipos de gin está surgindo. Eles aparecem por toda a Grã-Bretanha e Irlanda (ambas ilhas com bastante litoral), mas são

ESTILOS DE GIN

O estilo de um gin está mais associado ao seu processo de fabricação do que a um indicativo de sabor.

GINS ENVELHECIDOS OU REPOUSADOS EM BARRIL

GINS COSTEIROS

GINS COMPOSTOS A FRIO OU DE BANHEIRA

GINS AROMATIZADOS

particularmente proeminentes no "cinturão celta" (ao longo das costas da Cornualha, País de Gales e Escócia) além das ilhas periféricas, como as Ilhas Scilly e as Hébridas. Esses gins têm um caráter deliciosamente salino, com umami, herbal-vegetal. Alguns bons exemplos são Lussa (ver p. 210), Isle of Harris (ver p. 210) e Rock Rose Citrus Coastal (ver p. 213).

GINS COMPOSTOS A FRIO OU DE BANHEIRA

O gin composto a frio (de banheira) é um estilo amplo que descreve mais o método de fabricação do que o sabor do gin (ver "Gins compostos", p. 70-71). Infundir os botânicos na bebida sem destilação pode resultar em sabores mais atípicos e permite que os produtores incluam ingredientes que talvez não sobrevivessem à destilação.

GINS AROMATIZADOS

Essa é outra categoria ampla que inclui todos os gins rosa (não confundir com o coquetel chamado Pink Gin), gins de limão, gins de morango e assim por diante. A única característica comum entre eles é que apresentam uma assinatura botânica distinta que domina o sabor, às vezes a ponto de ofuscar o zimbro — e, nesse caso, cabe a pergunta: ainda é gin?

LONDON DRY

Essa é a categoria mais famosa do gin. Embora o gin não precise ser produzido em Londres, foi lá que esse método de destilação surgiu. Os gins London Dry são feitos por meio da redestilação de álcool etílico com botânicos, com pelo menos 70% APV (ver p. 13). Um detalhe importante: nada pode ser adicionado após a destilação, exceto mais álcool etílico (da mesma fonte, teor e composição) e água. Corantes ou aromatizantes são proibidos, assim como adoçantes (daí a parte "seco" do nome).

Além de terem o zimbro como principal elemento, esses gins não precisam adotar nenhum perfil de sabor, mas muitos seguem o estilo "clássico London Dry", exemplificado por Tanqueray (ver p. 164) ou Jensen's Bermondsey Dry (ver p. 161). Eles costumam exibir um sabor equilibrado e bem suave com frutas cítricas (geralmente laranja), coentro, raiz de orris e angélica.

LONDON DRY

NAVY STRENGTH

NEW WESTERN DRY

OLD TOM

PLYMOUTH GIN

NAVY STRENGTH

A Marinha Real costumava armazenar rum (para os marinheiros) e gin (para os oficiais) a bordo de seus navios. No caso de um vazamento da carga, era crucial que o álcool não estragasse a pólvora dos navios. Só destilados de teor alcoólico 57,15% ou mais possuem álcool suficiente para queimar mesmo quando misturados com a pólvora, então essa é a graduação que agora chamamos de Navy Strength.

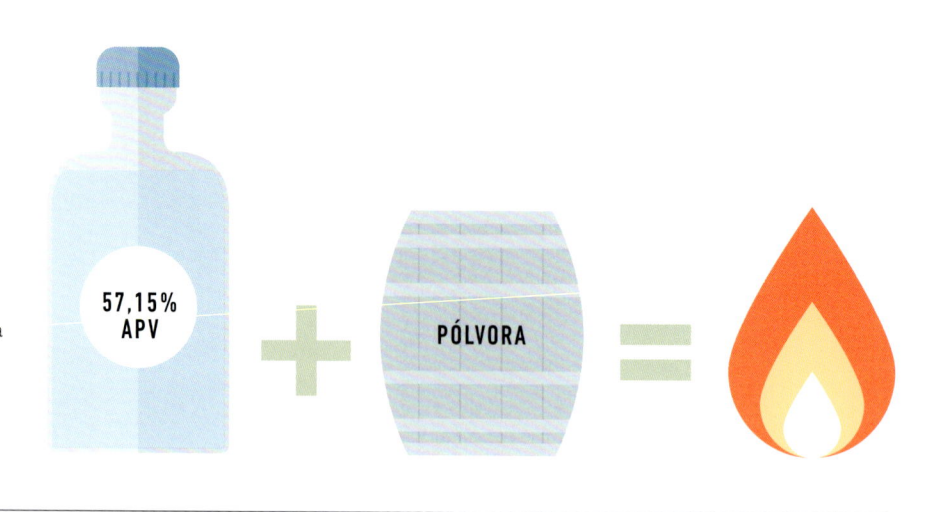

57,15% APV + PÓLVORA =

NAVY STRENGTH

Qualquer gin que queira medir forças com o Navy deve atingir 57% de teor alcoólico para provar seu valor (ver o quadro acima). Não existe um perfil de sabor único ao gin Navy Strength. No entanto, todos eles compartilham uma intensidade e um vigor botânico impulsionado pelo alto teor de álcool. Bons exemplos esquentam, mas não queimam ou ardem; para os especialistas em bebidas alcoólicas, isso quer dizer que o álcool está "bem integrado". Experimente o Hernö Navy Strength da Suécia (ver p. 160). Embora o gin forte e o Navy remontem aos velhos tempos, o termo "gin Navy Strength" pode ser uma invenção bem mais recente. Aparentemente, temos que agradecer ao marketing do Plymouth Gin na década de 1990.

NEW WESTERN DRY

Ryan Magarian, um dos criadores do Aviation (ver p. 183), cunhou esse termo para descrever um estilo mais contemporâneo, em que o zimbro cede um pouco de espaço para que outros botânicos brilhem. Mas é importante que o zimbro permaneça dominante, caso contrário, o que se tem não é mais gin. A ideia é que os outros ingredientes "quase" compartilhem o protagonismo. Uma teoria sugere que esses gins — também chamados de "gins contemporâneos" ou "gins *new age*" — foram feitos para competir com a vodca. Muitos são mais leves e mais acessíveis do que os gins clássicos, mas isso não significa que não tenham sabor. O Tanqueray No. Ten (ver p. 173), o Bombay Sapphire (ver p. 158), o Hendrick's (ver p. 186) e o

Roku (ver p. 180) são todos bons exemplos.

OLD TOM

O Old Tom é um estilo mais doce, popular nos séculos XVIII e XIX, antes de ser ofuscado pelo London Dry. Muitas das receitas mais antigas de coquetéis foram elaboradas com os gins Old Tom em mente. No passado, eles eram frequentemente adoçados com açúcar ou mel. Hoje em dia, alguns destiladores estão retornando ao estilo e explorando versões "adoçadas botanicamente", que usam alcaçuz para obter uma impressão de doçura sem adicionar sacarose.

Alguns fabricantes (particularmente nos Estados Unidos) gostam de envelhecer seus gins Old Tom em barris, o que nunca foi uma exigência

MUITAS DAS RECEITAS MAIS ANTIGAS DE COQUETÉIS FORAM ELABORADAS COM OS GINS OLD TOM EM MENTE.

para o estilo. Diferente do uísque, os gins Old Tom geralmente não apresentam declarações de idade. Além da doçura e do zimbro, não há um perfil de sabor único que defina esses gins. A doçura deve estar em equilíbrio com o restante dos botânicos em vez de dominá-los. Hayman's Old Tom é uma boa opção para experimentar.

PLYMOUTH GIN

Como um único gin se torna um estilo próprio? É provável que seja uma questão de estar no lugar certo na hora certa. O Plymouth Gin se tornou o fornecedor da Marinha Britânica no momento em que ela estava ocupada navegando pelo planeta, então isso com certeza ajudou. Ele também é um pouco diferente dos outros gins: suave, encorpado e mais fraco do que um London Dry. Ele tem uma base botânica mais enraizada e terrosa e é um pouco, mas não completamente seco.

Por um tempo, o Plymouth Gin só podia ser feito na cidade naval inglesa de Plymouth, pois o estilo era protegido pela legislação da União Europeia. No entanto, uma mudança na lei instituiu que para manter essa proteção, os proprietários da marca Pernod Ricard teriam que revelar a receita do gin. Eles decidiram, em vez disso, deixar essa "proteção" caducar em 2014.

Se você quiser experimentar esse estilo, só há um destino certo: o Plymouth Gin (ver p. 163). É ótimo em quase qualquer coquetel. A Plymouth Gin também produz uma versão Navy Strength de seu gin, e é neste ponto que a classificação de estilos começa a ficar confusa. Qual estilo é Plymouth ou Navy Strength?

GINS DE TEOR ALCOÓLICO MENOR

Não existe gin com baixo teor alcoólico, de fato não pode existir, porque o gin tem um APV mínimo legalmente definido de 37,5% no Reino Unido e na União Europeia, e de 40% nos Estados Unidos (ver p. 12-14). Dito isso, há alguns países, como a Austrália e a Nova Zelândia, que não têm definições legais para gin (ver p. 14).

No entanto, isso não significa que o gin não possa oferecer opções de menor teor alcoólico para aqueles que queiram consumir com moderação. As essências de gin, ou concentrados, são engarrafadas com 40% a 50% APV, mas contêm uma carga enorme de botânicos. Isso os torna tão intensamente saborosos que basta uma pequena quantidade (cerca de 2,5 ml ou meia colher de chá) no copo. Quando diluído com 200 ml de tônica, o sabor volta ao equilíbrio e o gosto da bebida se torna o de um gin-tônica normal — mas com algo como 0,6% de teor alcoólico. Alguns exemplos são Hayman's Small Gin, Adnam's Smidgin Gin e Chase Distillery's Dry Gin Essence, que são vendidas em garrafas de 200 ml acompanhados de um dosador, um dedal ou uma pipeta embutida para garantir a medida exata.

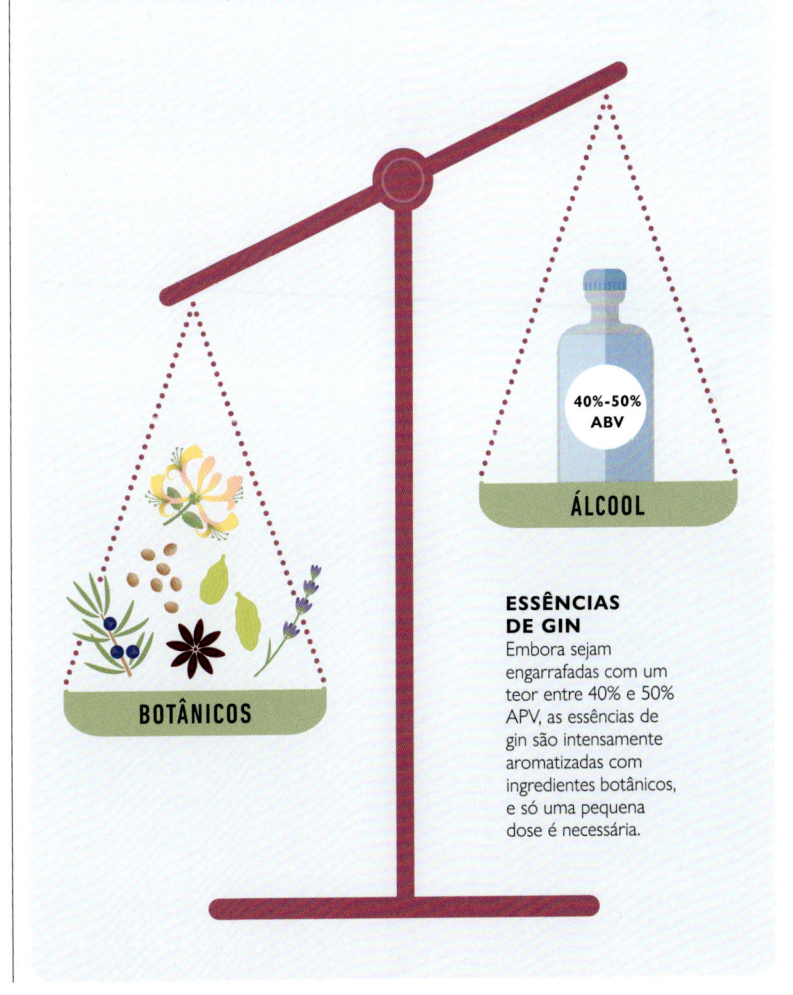

40%-50% ABV

ÁLCOOL

BOTÂNICOS

ESSÊNCIAS DE GIN
Embora sejam engarrafadas com um teor entre 40% e 50% APV, as essências de gin são intensamente aromatizadas com ingredientes botânicos, e só uma pequena dose é necessária.

SLOE GIN

Os abrunhos são frutinhos semelhantes a ameixas, provenientes da árvore da abrunheira (*Prunus spinosa*). A maioria dos pássaros os considera intragáveis, o que significa que, no início do outono, ainda estão disponíveis para que os humanos os mergulhem em gin e açúcar. Isso não os torna mais saborosos, mas certamente faz maravilhas ao gin.

LICOR FRUTADO

O sloe gin é tecnicamente um licor (por causa do açúcar adicionado). É uma mistura frutada, ácida e terrosa que é particularmente boa nos meses mais frios, seja apreciado puro, em um gole ao lado da lareira, ou servido em um cantil durante uma caminhada revigorante pelo campo. Mas não se limita ao inverno — também funciona bem em um highball de verão, combinado com limão amargo ou até

mesmo xerez. Muitos coquetéis à base de gin ganham uma dimensão extra quando preparados com sloe.

COLHEITA

A tradição manda colher os abrunhos após a primeira geada, pois o frio os amadurece. Também há quem diga que devemos furar os abrunhos com um alfinete — ou com o espinho de suas próprias árvores. Meu conselho é colocá-los no congelador, o que os

FAZENDO SLOE GIN

É questão de gosto adicionar açúcar no início ou esperar até que o gin amadureça. Se tudo isso for muito confuso, você pode, é claro, comprá-lo pronto.

1

LIMPE E CONGELE
Lave os abrunhos e os coloque no freezer para que amadureçam e se abram.

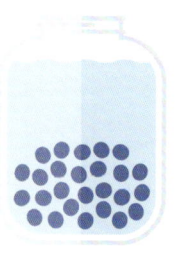

2

ENCHA UM JARRO
Encha a metade de um jarro grande com abrunhos e complete com gin.

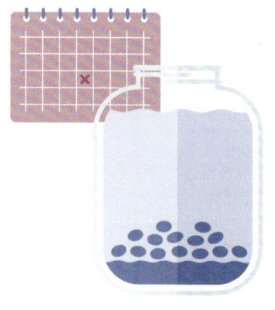

3

ARMAZENE
Armazene o jarro em um lugar fresco e escuro por até seis meses. Agite delicadamente de tempos em tempos.

MUITOS COQUETÉIS À BASE DE GIN GANHAM UMA DIMENSÃO EXTRA QUANDO VOCÊ USA O SLOE.

faz amadurecer e rompe os abrunhos ao mesmo tempo. Se não quiser ter o trabalho de procurar entre arbustos espinhosos, é possível até comprar abrunhos na internet.

QUAL É A RECEITA?

Não há uma receita definida para o sloe gin. Colha seus abrunhos, preencha metade de um jarro ou garrafa com eles, complete com gin e espere o máximo que puder antes de

beber. De dois a três meses é o tempo de espera habitual, mas seis seria ainda melhor.

Muitas pessoas recomendam adicionar açúcar logo no início. Nove em cada dez vezes, isso é um erro. Os níveis naturais de açúcar da fruta variam de ano para ano, então o ideal é deixar seu sloe gin maturar primeiro e só depois adoçá-lo a gosto com açúcar, xarope ou mel. E a décima vez? Se for usar abrunhos adoçados para assar, adicione o açúcar cedo.

BONS EXEMPLOS DE SLOE GIN

HEPPLE SLOE & HAWTHORN GIN (ver p. 194) é distinto pela adição de espinheiros, o fruto da árvore espinheiro (*Crataegus*), que trazem um profundo equilíbrio ao sabor frutado com um final seco, através do qual surge o toque inconfundível de pinheiro de zimbro característico de um gin Hepple. Minha dica principal: adicione uma dose dele à sua Guinness.

HAYMAN'S SLOE GIN (ver p. 193) é ácido e com um toque de ameixa, tem um delicioso sabor de fundo de amêndoa e um final extremamente seco. Para um drinque de inverno, misture-o com Aperol e complete com refrigerante de laranja-sanguínea.

ELEPHANT SLOE GIN Se busca algo um pouco diferente, o Elephant Sloe Gin tem um APV mais elevado e inclinado para a picância, é quase mentolado, com notas de pimenta-do-reino em pó sob o sabor dos abrunhos ácidos. Não é filtrado, o que lhe confere uma aparência mais turva do que a maioria.

Peneire usando musselina limpa.

4

ADOÇAR OU NÃO?
Deixe amadurecer e adoce a gosto com açúcar, xarope ou mel.

5

FILTRE E BEBA
Filtre sua bebida com um pedaço de musselina limpa para uma garrafa e pronto.

COMPOSTOS AROMÁTICOS

O que o zimbro compartilha com os cítricos? Ou a lavanda com o alcaçuz? Você pode descobrir ligações entre os ingredientes botânicos do gin se observar os elementos de seus sabores. Esses compostos aromáticos, frequentemente monoterpenoides, podem explicar por que as cascas, sementes e ervas que os destiladores usam se conectam para criar os sabores que amamos.

COMPOSTOS AROMÁTICOS

Esta é apenas uma pequena amostra dos milhares de compostos voláteis que conhecemos graças ao trabalho de químicos orgânicos.

PINHO E AMADEIRADO

O zimbro contém **pineno**, um monoterpenoide também encontrado em muitas ervas, especiarias e alguns cítricos. Tem gosto de pinho, resinoso e de terpiridina — pense em terebintina, solventes e combustíveis líquidos. A angélica é doce, almiscarada e amadeirada graças ao pineno junto com **careno** e outros compostos. As notas amadeiradas também vêm do **cadineno**, que é encontrado no zimbro, nas calêndulas e nos abacates. O **mirceno**, geralmente encontrado em cascas de frutas cítricas (notavelmente a laranja-amarga), na pimenta-do-reino e no zimbro, confere sabores amadeirados e resinosos. Essas cascas também contêm **mentatrieno**, que adiciona sabores de terpiridina e de cânfora. A casca de limão pode ser amadeirada, ter sabor de terpiridina e ser cítrica graças ao **terpinoleno**, que também está presente no gengibre e em outros temperos.

CÍTRICO

O primeiro composto que pode ser citado aqui é o **limoneno**. Apesar do nome, ele não tem sabor específico de limão. Ainda assim, é mais comumente encontrado em frutas cítricas e fornece uma nota fresca de fundo cítrico, herbal e com sabor de terpiridina. O zimbro também contém limoneno. O aroma em geral associado aos limões na verdade vem do **geranial** e do **neral**, que também são encontrados em capim-limão, cascas cítricas, verbena-limão, eucalipto e gengibre. O **citronelal**, encontrado em lichias, citronela, limão-makrut e cascas cítricas, dá notas cítricas, mas também aromas florais e de rosas.

FLORAL

O **linalol** tem sabor floral, cítrico doce e de lavanda-amadeirado. Ele está presente em mais de 200 espécies de plantas, como hortelã, cítricos, louro, canela, bétulas, sementes de coentro, alcaçuz, lavanda, manjericão, artemísia, lúpulo e *cannabis*. O **acetato de geranila** (frutado, floral e rosa) é encontrado em cítricos, flor de laranjeira, capim-limão, citronela, gerânio e eucalipto. Notas doces, florais, de rosas e cítricas também vêm do **geraniol** e do **nerol**, encontrados em rosas e gerânios, e também em limão-siciliano, citronela e cítricos. As notas de rosas também são oriundas do **óxido de rosa**. A raiz de orris tem uma forma de irones com aromas amadeirados e florais descritos como quentes, doces e de violetas. O sabor doce e parecido com baunilha da ulmária vem, em parte, do **anisaldeído**, que também está presente nas flores de erva-doce, anis-estrelado e manjericão.

HERBAL

A origem da maioria das notas mentoladas e refrescantes vem de um composto que você deve conhecer: o **mentol**. Há também a **mentona**, que é encontrada em mentas e alguns gerânios. Dois voláteis intimamente relacionados são a **carvona de menta** (notas de hortelã, encontradas em mentas, alfazema e cítricos) e a **carvona de alcarávia** (notas de alcarávia e endro, encontradas em ambas além da hortelã-do-campo e alfazema). O **anetol** é responsável pelas notas de anis e medicinais de erva-doce, anis-estrelado, alcaçuz e funcho. O **estragol** oferece notas de erva-doce, verdes e herbais e é encontrado em estragão, manjericão, alcaçuz e funcho.

CALOROSO E PICANTE

A **cânfora** (medicinal, amadeirada e calorosa ou refrescante) é encontrada na canela, na alfazema e em muitas frutas cítricas, ervas e especiarias. O **borneol** também é amadeirado e caloroso, aparece em pinheiros, ciprestes, gengibre, alfazema e especiarias. Frutas cítricas, alecrim e alfazema também podem fornecer **cineol**, que tem gosto de menta, pinho e é caloroso. A **vanilina** (da baunilha) também pode ser encontrada no carvalho, no alcaçuz e nas cerejas. Já o sabor caloroso do cravo — também encontrado na canela, no manjericão e nas bananas — vem do **eugenol**. O aroma complexo do alcaçuz abrange notas "verdes", como tomilho, floral, feijão, erva-doce, cravo, feno-grego doce, caramelo, manteiga, defumado e baunilha. Há também outros compostos de sabor que não foram mencionados aqui, como **nonadienal**, **carvacrol**, **timol**, **sotolon**, **diacetil** e **guaiacol**.

FRUTADO

As notas doces de frutas vermelhas (com um toque floral) muito encontrado em framboesas e amoras-silvestres vêm de um composto volátil chamado **hidroxifenil butanona**, também conhecido como **cetona de framboesa**, que é muito mais fácil de lembrar. Um dos responsáveis pelo aroma de morangos é o **furaneol** cujas notas frutadas e às vezes de caramelo também aparecem em abacaxi, framboesa, manga, algumas uvas, alcaçuz e até tomate.

SABOROSO

As destilarias sempre exploram sabores diferentes para seus gins. Nos últimos anos, muitas buscaram incorporar notas salgadas, umami ou marítimas. Algas marinhas como dulse e carragena podem conferir sabores doces e frescos de iodo graças ao **bromofórmio** e ao **hexanal** — um aldeído com seis átomos de carbono, que também pode aparecer em variantes com sete, oito ou nove átomos de carbono. Esse aldeído também está presente na azeitona, junto ao intimamente relacionado, mas sutilmente diferente **hexenal**.

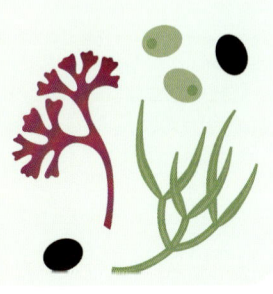

OS BOTÂNICOS PRINCIPAIS

O coração vibrante de qualquer gin é a seleção de sementes, folhas, cascas de frutas, raízes ou cascas de árvore que definem seu perfil de sabor. Cada fabricante tentará tornar seu gin especial, mas seu gosto ainda assim precisará remeter a outros gins para ser aceito na categoria. Os "três grandes" botânicos são bagas de zimbro, semente de coentro e angélica.

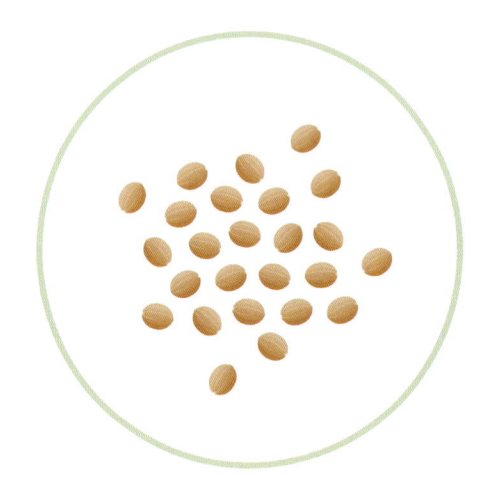

BAGA DE ZIMBRO

Juniperus communis, membro da Cupressaceae (família dos ciprestes)

O zimbro é o botânico *sine qua non*; sem ele, a bebida não pode ser chamada de gin. Especificamente, o zimbro-comum deve ser predominante entre os botânicos empregados (ao menos, em grande parte do mundo). Hoje em dia, poucas pessoas estão familiarizadas com seu sabor em estado puro. Suas bagas azul-púrpura (na verdade, pequenos cones) são ricas em alfa-pineno, que confere notas de pinho, alecrim e terebintina. Elas também contêm mirceno — presente em tomilho-selvagem, lúpulo e até *cannabis* — e limoneno (pense em frutas cítricas e algumas ervas).

SEMENTE DE COENTRO

Coriandrum sativum, membro da Apiaceae (família da cenoura)

O coentro talvez seja o botânico mais importante no gin depois do zimbro. Suas sementes secas têm cheiro de poeira e mofo, com um toque de um celeiro aquecido no sol de fim de verão. Mas, esmagadas, liberam um vibrante aroma cítrico com especiarias. Os óleos essenciais das sementes são ricos em timol, geranil e linalol. Compostos que, por sua vez, fornecem aromas e sabores de tomilho amadeirado, gerânio intenso e cítrico floral brilhante. O coentro empresta corpo e intensidade ao gin.

OUTROS BOTÂNICOS COMUMENTE USADOS

Além dos "três grandes" formados por zimbro, coentro e angélica, outros botânicos aparecem com frequência na maioria dos gins, principalmente cássia, cítricos e orris.

ANGÉLICA

Angelica archangelica, membro da Apiaceae (família da cenoura)

O terceiro membro dos "três grandes" do gin, a angélica é muitas vezes confundida com o zimbro devido ao seu aroma similar, embora tenha perfil mais almiscarado e amadeirado. Os principais constituintes aromáticos das raízes são alfapineno (como o zimbro) e beta-pineno. O óleo da semente é mais doce, com notas de menta e eucalipto. Destilada, a raiz de angélica tem sabor terroso, amadeirado e herbáceo. Os destiladores costumam dizer que a angélica "fixa" outros sabores em um gin, principalmente os mais leves e voláteis, embora haja pouca evidência científica para isso. Alguns gins, como o Beefeater, também usam sementes de angélica junto das raízes.

AMÊNDOA

Prunus dulcis, membro da família Rosaceae (família das rosas)

As amêndoas são parentes próximas de damascos e pêssegos e são cultivadas principalmente na Califórnia e, com produções menores na Espanha e na Itália. Seu sabor pode ser descrito como semelhante a nozes com mel — embora amêndoas não sejam tecnicamente nozes, mas sim drupas, um tipo de fruta que tem uma parte carnuda ao redor do caroço que contém a semente. A semente da amêndoa é a parte comestível. No gin, as amêndoas dão uma sutil secura à textura.

CARDAMOMO

Elettaria cardamomum, membro da Zingiberaceae (família do gengibre)

O cardamomo é cultivado em regiões tropicais como Sri Lanka e Guatemala, mas os melhores grãos vêm da Índia. Suas vagens de sementes, finas como papel, não liberam muito aroma, mas as sementes dentro delas carregam uma fragrância intensa floral, de gengibre e picante. O cardamomo pode facilmente sobrepujar outros botânicos, e os destiladores devem usá-lo com moderação. Ele contém linalol e acetato de linalila, compostos aromáticos que também são encontrados em alfazema e frutas cítricas. O cardamomo-preto é oriundo de uma planta diferente, *Amomum subulatum*, que passa pela secagem em fogo aberto, conferindo um toque defumado a seus sabores.

CASCA DE CÁSSIA

Cinnamomum cassia, membro da Lauraceae (família do louro)

No Reino Unido, a cássia também é chamada de canela-chinesa, para diferenciá-la da canela "verdadeira" (*Cinnamomum verum*). Nos Estados Unidos não há essa distinção e a cássia é vendida como canela genérica. Cultivada principalmente na Indonésia e no Sri Lanka, a cássia é usada no gin para adicionar complexidade aos sabores básicos. É doce, amadeirada e com um fundo de especiarias quentes, graças ao seu óleo essencial, rico em cinamaldeído e cumarina.

A CÁSSIA É DOCE, AMADEIRADA E COM UM FUNDO DE ESPECIARIAS QUENTES, GRAÇAS AO SEU ÓLEO ESSENCIAL.

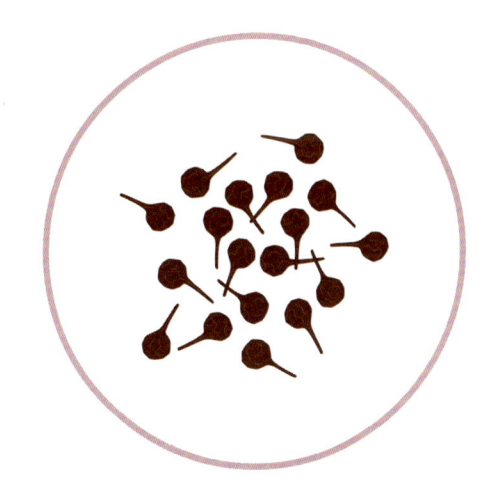

CÍTRICOS

Vários membros da família Rutaceae (família da arruda)

O que as cascas e folhas cítricas, favoritas dos destiladores, têm em comum? A resposta está no limoneno. Ele pertence ao grupo de compostos terpênicos altamente aromáticos, que são responsáveis pelos aromas, sabores e cores de vários tipos de plantas. Muitas plantas os usam para impedir que os animais os comam. Azar, plantas! Esses terpenos são deliciosos: intensos, picantes, ardidos e frescos de primeira com um fundo de doçura e, às vezes, um toque de amargor também. Como muitos botânicos de gin também contêm limoneno, as frutas cítricas são uma combinação natural e se encaixam com facilidade no perfil geral de sabor.

CUBEBA

Piper cubeba, membro da Piperaceae (família da pimenta)

A cubeba é o fruto de uma trepadeira da Indonésia, daí seu outro nome popular: pimenta-de-java. Visualmente, ela se assemelha à sua parente próxima, a pimenta-do-reino (*P. nigrum*), embora a cubeba seja em geral vendida com o caule ainda preso a ela para facilitar a distinção. Seu óleo essencial contém piperina, responsável pelo toque picante e apimentado, além de conter altas quantidades de limoneno, comum entre muitas frutas cítricas e ervas. A cubeba também pode atribuir um sabor mentolado ao gin, especialmente no final.

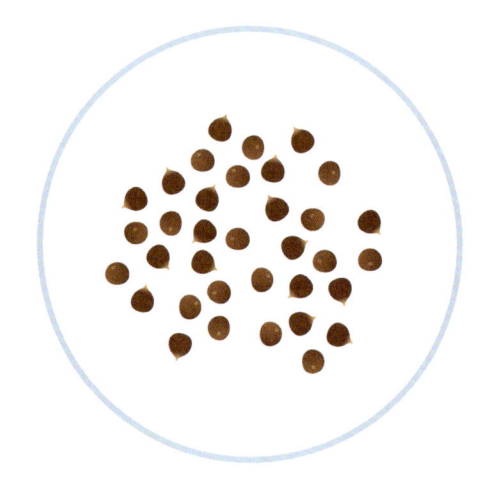

SABUGUEIRO

Sambucus nigra, membro das Viburnaceae
(família viburnum)

O sabugueiro é nativo de grande parte da Europa
(especialmente de países nórdicos). Seu sabor, extraído
das flores, é apreciado no Reino Unido, onde aparece
em todos os tipos de alimentos e bebidas, encontrado
com mais frequência em cordias não alcoólicos. É
relativamente desconhecido nos Estados Unidos, com
exceção do licor St. Germain. Tanto as flores quanto as
bagas do sabugueiro são usadas na destilação. As flores
contêm os compostos linalol, óxido de rosa e uma
pequena pitada de naftalina. As flores brancas leves
conferem um sabor de mel doce e floral, com notas de
fundo sedutoras de pera ou melão de polpa verde. Já as
bagas preto-púrpura são mais doces e bastante ácidas.

PIMENTA-DA-GUINÉ

Aframomum melegueta, membro da Zingiberaceae
(família do gengibre)

O grão-do-paraíso, nativo dos pântanos costeiros
da África Ocidental, também é conhecido como
pimenta-da-guiné. As sementes lembram grãos
de pimenta e podem ser usadas para substituir a
pimenta-do-reino em todos os tipos de alimentos e
bebidas. Seu familiar calor apimentado é um pouco
mais rico e picante e remete ao seu parente botânico,
o cardamomo. A pimenta-da-guiné contém os
compostos gingerol, paradol e shogaol, que destilados,
revelam um sabor mentolado e apimentado que
adiciona profundidade ao perfil de sabor de um gin
e prolonga seu acabamento.

TANTO AS FLORES QUANTO AS BAGAS DO SABUGUEIRO SÃO USADAS NA DESTILAÇÃO.

RAIZ DE ALCAÇUZ

Glycyrrhiza glabra, membro da Fabaceae (família das leguminosas)

Sim, alcaçuz é uma leguminosa. Quem diria! Mas a parte que interessa é a raiz, com seu rico estoque de anetol. Esse composto dá ao gin (e a muitos outros destilados) uma nota quente e docemente aromática que harmoniza bem com erva-doce. Além disso, é rico em glicirrizina, um composto de trinta a cinquenta vezes mais doce que o açúcar, por isso o alcaçuz é com frequência usado em gins Old Tom (ver p. 74-75). Os destiladores em geral usam a raiz seca e em pó não apenas por casa de seu sabor, mas também para dar ao gin uma textura suave.

RAIZ DE ORRIS

Iris florentina, membro da Iridaceae (família da íris)

Dizem que a raiz de orris tem propriedades fixadoras, e sua inclusão no gin provavelmente vem do mundo da perfumaria. Ela reduz a volatilidade dos outros botânicos — em outras palavras, preserva o sabor do gin por mais tempo. A raiz tem aroma de violeta (em particular violeta-de-parma), embora o sabor não seja o motivo de sua inclusão no gin. A raiz de orris usada na bebida é proveniente de íris cultivadas no sul da França, norte da Itália e Marrocos. Pode levar até cinco anos para que a planta desenvolva uma raiz grande o suficiente para a colheita, e mais cinco para a secagem.

MAIS BOTÂNICOS

Uma das razões para a complexidade do gin é a vasta gama de ingredientes que podem ser adicionados no alambique. Folhas, sementes e demais botânicos listados aqui fazem parte de pelo menos um gin, embora esta esteja muito longe de ser uma lista definitiva. Se dá para sentir o cheiro, dá para destilar — e você provavelmente não será a primeira pessoa a tentar.

BOTÂNICO	DOCE	DE NOZES	TERROSO	QUENTE	DE ANIS	PICANTE	ÁCIDO
BAGA							
MIRTILO-EUROPEU	◉						◉
GOJI							◉
CEREJA-AUSTRALIANA			◉			◉	◉
PEPPER BERRY	◉					◉	
BAGA DE TRAMAZEIRA							
ESPINHEIRO-MARINHO	◉						◉
ABRUNHO		◉	◉				◉
FLORES							
ACÁCIA	✲						
ARNICA							
SILVA-MACHA	✲						✲
URZE						✲	
HIBISCO			✲				✲
MADRESSILVA	✲						
TÍLIA	✲						
ULMÁRIA	✲	✲					
FLOR DE CEREJEIRA	✲						✲
ATANÁSIA				✲		✲	

CÍTRICO	FRUTADO	FLORAL	HERBAL	VERDE	VEGETAL	DE PINHO	SALINO	AMARGO	ADSTRINGENTE
	⊙								
	⊙								
	⊙								
	⊙								
	⊙							⊙	⊙
⊙	⊙								
	⊙							⊙	
✳		✳			✳				
		✳				✳		✳	
		✳							
	✳	✳	✳						
	✳	✳							
		✳						✳	
✳		✳							
	✳	✳		✳					
	✳	✳							
								✳	

BOTÂNICO	DOCE	DE NOZES	TERROSO	QUENTE	DE ANIS	PICANTE	ÁCIDO
FRUTAS							
AMANATSU	●						●
LIMÃO-CAVIAR							●
LARANJINHA KINKAN	●						●
POMELO	●						●
MARMELO	●						●
CINORRÓDIO	●						●
FOLHAS							
ANIS-MURTA	●		●	●			
ESPINHEIRO		●					
CAMOMILA	●						
CEREFÓLIO					●		
CHÁ VERDE CHINÊS	●	●	●				
FOLHAS DE CONÍFERAS							●
MURTA-LIMÃO	●					●	
LEVÍSTICO					●		
PIMENTA-DA-MONTANHA			●	●		●	
FOLHA DE FRAMBOESA			●				
SHISSÔ					●	●	
ALFACE-DO-MAR						●	
AZEDINHA							●
KOMBU	●	●					
SAMOUCO-DO-BRABANTE	●					●	
MILEFÓLIO	●				●		

CÍTRICO	FRUTADO	FLORAL	HERBAL	VERDE	VEGETAL	DE PINHO	SALINO	AMARGO	ADSTRINGENTE
								●	
●			●					●	
●									
●									
	●	●						●	
		●							
			●						
	●							●	●
	●	●							
			●						
		●	●		●				
●						●			
●			●						
			●						
			●						
	●		●					●	
●			●						
			●				●		
●				●					
					●		●		
			●			●		●	●
								●	

BOTÂNICO	DOCE	DE NOZES	TERROSO	QUENTE	DE ANIS	PICANTE	ÁCIDO
OUTROS							
OLÍBANO			●	●		●	
CIPRESTE-ANÃO			●				
MACADÂMIA	●	●					
SALICÓRNIA							
MIRRA	●				●	●	
RUIBARBO							●
SÂNDALO	●	●		●			
CASCAS							
BERGAMOTA							●
CASCA DE YUZU							●
RAÍZES							
BARDANA	●	●	●	●			
CARLINA			●				
DENTE-DE-LEÃO		●		●			
RÁBANO						●	
SARSAPARILLA				●			
AÇAFRÃO-DA-TERRA			●			●	
SEMENTES							
AIPO-DOS-CAVALOS						●	
ERVA-DOCE	●		●	●	●	●	
AMÊNDOA DO ALPERCE	●	●					
COMINHO	●	●		●	●	●	
ENDRO	●	●			●		
FUNCHO	●			●	●	●	
ANIS-ESTRELADO	●		●	●	●		

CÍTRICO	FRUTADO	FLORAL	HERBAL	VERDE	VEGETAL	DE PINHO	SALINO	AMARGO	ADSTRINGENTE

E OS BARRIS?

Alguns gins são envelhecidos em barris ou tonéis, o que confere a eles sabores distintos além daqueles transmitidos pelos botânicos. Gins envelhecidos em barris podem ter um gosto familiar para quem gosta de uísque ou bourbon, pois essas bebidas destiladas também absorvem grande parte de seu sabor dos barris.

QUEIMA DO BARRIL

Os tanoeiros (fabricantes de barris) costumam queimar a superfície interna dos barris antes que o destilador o preencha com o destilado. A queima forma uma fina camada de carvão dentro que filtra e o suaviza o destilado, removendo os compostos sulfúricos. Além disso, essa camada permite que o destilado penetre mais facilmente na madeira, onde mais coisas boas podem acontecer.

AÇÚCAR E ESPECIARIAS

A temperatura da bebida no barril varia de acordo com os ciclos do e das estações. Durante o processo, a bebida entra e sai da madeira, quase como se o barril respirasse (ver página ao lado). À medida que a bebida se infiltra na subsuperfície da madeira, ela absorve alguns dos açúcares naturais dali, o que pode resultar em sabores doces como baunilha ou coco. A madeira também pode transferir sabores de especiarias doces, como cravo, canela e noz-moscada.

FANTASMAS DE OUTRAS BEBIDAS

A maioria dos barris é reutilizada várias vezes. Ou seja, os sabores de uma bebida podem ser transferidos para a próxima que será armazenada nele. Muitos cervejeiros fazem disso uma rotina, e as cervejas são envelhecidas em barris que antes contiveram xerez, uísque ou bourbon, para infundir essas características na bebida. Embora seja menos comum no gin, quando bem executado, pode resultar em bebidas muito interessantes.

TEMPO E SABORES

Quanto mais tempo a bebida permanece no barril, mais pronunciadas as mudanças no sabor. As mudanças discutidas acima — a queima, o açúcar, as especiarias — se intensificam com o envelhecimento prolongado. Além disso, o tempo de maturação no barril gera outros efeitos. Os barris não são herméticos, o que permite a entrada de oxigênio e a saída de alguns vapores de álcool. À medida que o líquido evapora lentamente, a porção que fica no barril se torna mais concentrada. Com o tempo, sabores oxidados se desenvolverão, o que pode levar a sabores que lembram o xerez.

BARRIL OU TONEL?

"Tonel" é o termo geral para se referir aos recipientes de madeira em geral chamados de barris. Tecnicamente, porém, um barril tem tamanho e formato específicos. Todo barril é um tonel, mas nem todos os tonéis são barris.

600 LITROS (132 GALÕES)

PORT PIPE

500 LITROS (110 GALÕES)

SHERRY BUTT

250 LITROS (55 GALÕES)

BOURBON HOGSHEAD

200 LITROS (44 GALÕES)

BARRIL PADRÃO AMERICANO (ASB)

O QUE ACONTECE
NO BARRIL?

Vários processos ocorrem
quando a bebida é armazenada
em um barril, o que impacta
no sabor final da bebida.

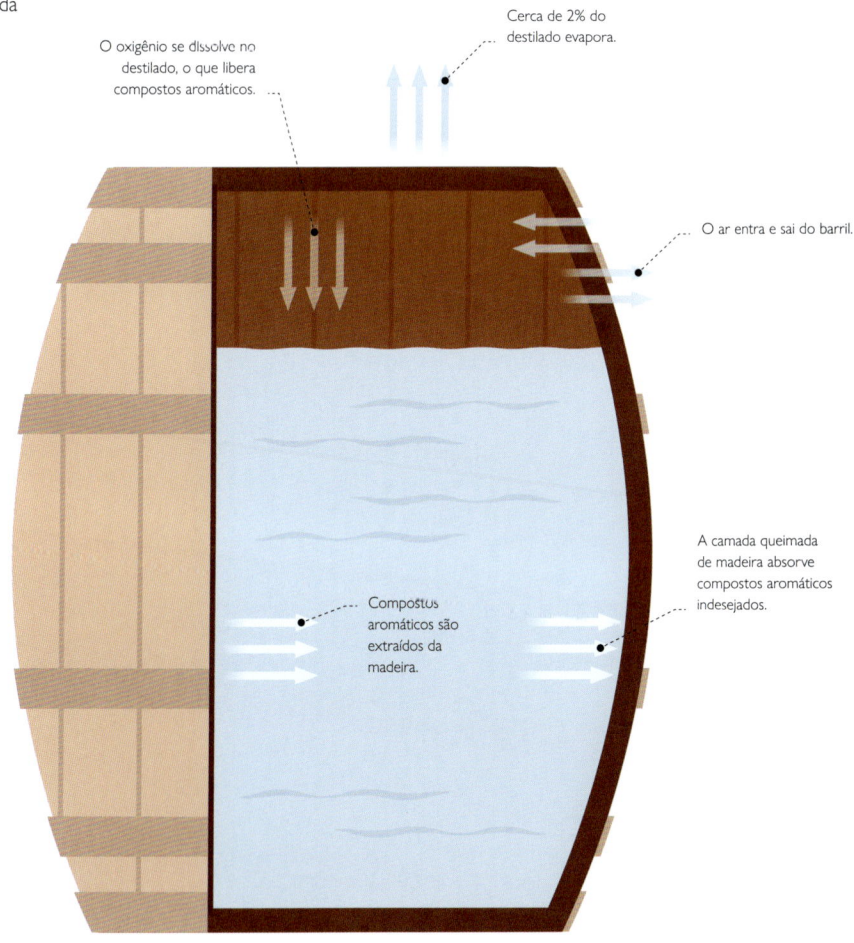

O oxigênio se dissolve no
destilado, o que libera
compostos aromáticos.

Cerca de 2% do
destilado evapora.

O ar entra e sai do barril.

A camada queimada
de madeira absorve
compostos aromáticos
indesejados.

Compostus
aromáticos são
extraídos da
madeira.

QUANTO MAIS TEMPO A BEBIDA PERMANECE
EM UM BARRIL, MAIS PRONUNCIADAS
AS MUDANÇAS NO SABOR.

COMO O SABOR FUNCIONA

Vale a pena dedicar um momento para entender como percebemos o sabor. Ao observar a maneira como nossos sentidos e o cérebro trabalham juntos, podemos aprofundar nossa compreensão do que acontece quando experimentamos gin.

É COMPLICADO

O sabor é o que acontece quando nossa língua, nariz e cérebro cooperam para dar sentido ao que acabamos de colocar na boca. Nossos sentidos de visão, audição e tato também entram em ação, junto com nosso humor, expectativas, lembranças e ambiente. Tudo isso se combina para modificar nossa percepção sabor, tornando a experiência de cada pessoa verdadeiramente única.

SABOREAR É PRINCIPALMENTE CHEIRAR

A maior parte do que entendemos como sabor é, na verdade, aroma. A língua só consegue captar alguns sabores básicos: doce, ácido, salgado, amargo e umami. Pelo menos, é o que diz o conhecimento atual. Pesquisas sugerem que talvez possamos adicionar gordura como um sexto sabor básico (ou "oleogustus", para ser mais chique). Pode haver outro, o *kokumi*, ou "riqueza", mas os cientistas ainda não entraram em consenso sobre ele.

Tudo além desses sabores básicos depende do nosso olfato, que está conectado ao sistema límbico do cérebro, incluindo a amígdala e o hipocampo, regiões associadas à emoção e à memória. É por isso que podemos reconhecer ou nos lembrar mais facilmente de cheiros ligados a sentimentos ou memórias fortes, e também explica por que nossas experiências de sabor acabam sendo tão pessoais.

ESTÁ TUDO NA SUA CABEÇA

A maioria das pessoas pensa no olfato como algo que só acontece fora da cabeça, geralmente na região à frente dos dentes e debaixo das narinas. Isso não é verdade. O olfato acontece no cérebro e também na cabeça, na área logo abaixo e atrás dos olhos. É onde os receptores olfativos estão, e os aromas captados lá podem, com igual facilidade, vir tanto de dentro quanto de fora da boca. Quando o cheiro vem de dentro, é chamado de degustação retronasal. A degustação ortonasal ocorre quando o cheiro vem do nosso entorno.

VOLATILIDADE

O olfato e o paladar são diferentes dos outros sentidos, pois funcionam por meio de quimiorrecepção. Em outras palavras, eles dependem de fragmentos microscópicos da substância que estamos cheirando ou provando entrando em nosso corpo e interagindo diretamente com nosso sistema nervoso. Quando cheiramos um pedaço de fruta, por exemplo, o que de fato acontece é que os compostos voláteis, que se evaporam da superfície da fruta, entram pelo nariz. Lembre-se disso da próxima vez que sentir o cheiro de algo de verdade nojento.

UMA SENSAÇÃO DE SABOR ÚNICA

O sabor é uma experiência complexa e multissensorial.
É fruto de muito mais do que apenas o que está no copo.
Tanto os aspectos físicos quanto os mentais se
combinam para produzir uma sensação verdadeiramente
única para cada um de nós.

OLFATO E PALADAR
Os sinais nervosos dos receptores
olfativos e da língua são
processados pelo cérebro,
constituindo a maior parte (mas
não toda) daquilo que percebemos
como sabor.

EXPERIÊNCIA
O que sabemos sobre o
gin, experiências prévias de
sabor, outras memórias e
até mesmo nosso humor
podem influenciar como
percebemos o gin — até o
mesmo gin pode mudar
em ocasiões diferentes.

VISÃO
Ao ver uma bebida, rapidamente,
muitas vezes de modo inconsciente,
fazemos considerações sobre a cor e
a clareza, o copo, a guarnição etc.
Formamos uma expectativa a partir
disso, o que pode afetar nossa
apreciação da bebida.

SOM
O que ouvimos, como
alguém nos dizendo para
esperar uma certa
característica ou sabor,
pode moldar nossa
experiência com o gin.

CHEIRO
À medida que levantamos o copo,
compostos aromáticos são
captados pelos nossos receptores
olfativos. O nariz dá seu veredito
sobre o gin ∩ que ele fará, repelir
ou acolher!

FLUXO DE AR
À medida que bebemos nosso
gin, alguns compostos
aromáticos se liberam na nossa
boca e chegam aos nossos
receptores olfativos,
aumentando nossa percepção
do sabor.

TOQUE
Sentimos a temperatura e
a viscosidade do gin na
boca, e às vezes a
queimação alcoólica.

SABOR
Nossa língua detecta os
sabores básicos (doce,
ácido, salgado, amargo,
umami, gorduroso) à
medida que o gin entra
em contato com ela.

PENSANDO SOBRE SABOR

O sabor é um excelente componente para desvendar o gin. Se você o entender melhor, entenderá o gin melhor. Você achará mais fácil saber quais ingredientes líquidos escolher para misturar, ou por que você gosta de um gin em particular em algum coquetel.

CONSTRUA UMA BIBLIOTECA DE AROMAS

Uma das melhores formas para se aprimorar na degustação de gin é se familiarizando com os sabores em geral. Ao provar uma variedade de sabores, você adquire mais experiência para identificar e descrever o gosto do gin. Mais importante ainda é cheirar, porque o sabor vem principalmente do aroma (ver p. 94-95). Apenas cheirar um aroma já é um bom começo, mas se quiser fixá-lo na memória, há alguns truques que você pode experimentar — desde que esteja disposto a parecer um pouco peculiar. A chave está em envolver outros sentidos enquanto você cheira, ajudando a criar memórias mais fortes de cada odor.

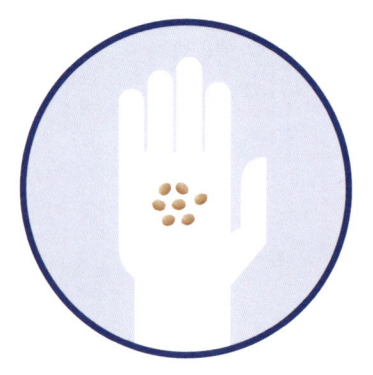

DIGA MEU NOME

Ao sentir o cheiro de algo, repita o nome algumas vezes. Feche os olhos e se concentre de verdade no aroma, no som do nome e nas memórias que vierem à mente. Ao criar conexões multissensoriais no cérebro, você aumenta suas chances de reconhecer aquele aroma na próxima vez que o encontrar.

ENVOLVA SENTIMENTOS

Você também pode explorar os fortes vínculos entre cheiro e emoção no cérebro tentando criar um estado emocional elevado ao sentir algum aroma. Um método simples é associar aromas a memórias de forte apelo emocional. Tente vincular um cheiro a uma um lugar ou pessoa.

FOQUE SUA DEGUSTAÇÃO

Muitos dos sabores do gin vêm de ingredientes que podem ser facilmente identificados. Para reconhecê-los melhor no gin, procure por sementes de coentro, alcaçuz e angélica. Toque nelas e experimente-as puras, aprenda a reconhecê-las em um contexto que faça sentido para você. Construa seu próprio banco de memórias de sabores do gin.

EQUILIBRANDO SABORES

Os sabores básicos que podemos detectar com a língua não existem de forma isolada — eles se misturam e interagem com a nossa boca. Sabores diferentes podem realçar uns aos outros. Doce e salgado são amigos, cada um amplifica nossa percepção do outro. Já provou sorvete de caramelo salgado? A acidez intensifica os sabores umami e salgado. Imagine aquele limão-siciliano sobre seu peixe com batatas fritas, ou o limão nas comidas mexicanas.

Se um dos sabores básicos for muito dominante, você pode utilizar outros para reequilibrá-lo:

- doce equilibra ácido ou amargo (e também picante)
- ácido equilibra doce ou amargo (e também picante)
- amargo equilibra doce ou salgado
- salgado equilibra amargo
- calor picante equilibra doce

Em bebidas, a presença de álcool também pode ser pensada como um sabor básico. Basta lembrar aquele primeiro gole que o fez pensar: "Uau, isso é forte!". A boa notícia é que você pode trazê-la de volta ao equilíbrio adicionando sabores doces ou amargos. (Mais diluição também serve.)

O SABOR DO GIN

Existem muitos compostos voláteis de sabor que entram no gin durante a destilação, todos solúveis em etanol e água, mas em graus diferentes. Em outras palavras, quanto mais forte for um gin, mais ele retém certos sabores e libera outros. Ao adicionar água (ou qualquer outro ingrediente líquido), o equilíbrio é alterado, uma combinação diferente de compostos voláteis é liberada, alterando o sabor do gin.

A doçura não está apenas associada ao sabor — também afeta a textura do gin, tornando-o mais espesso e pegajoso. Tente detectar a presença de açúcar. Se não houver doçura, chamamos o destilado de seco. Se for sutil, dizemos meio seco ou médio. Se a doçura for evidente, o destilado é classificado como doce.

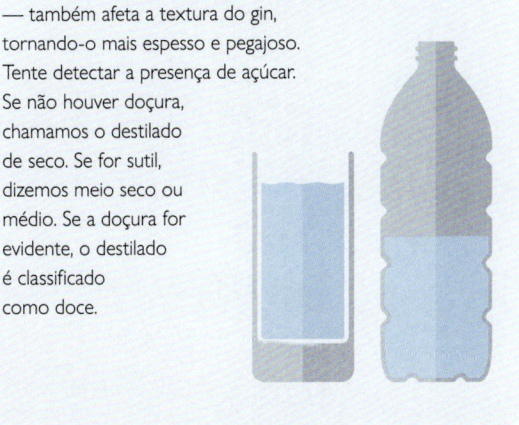

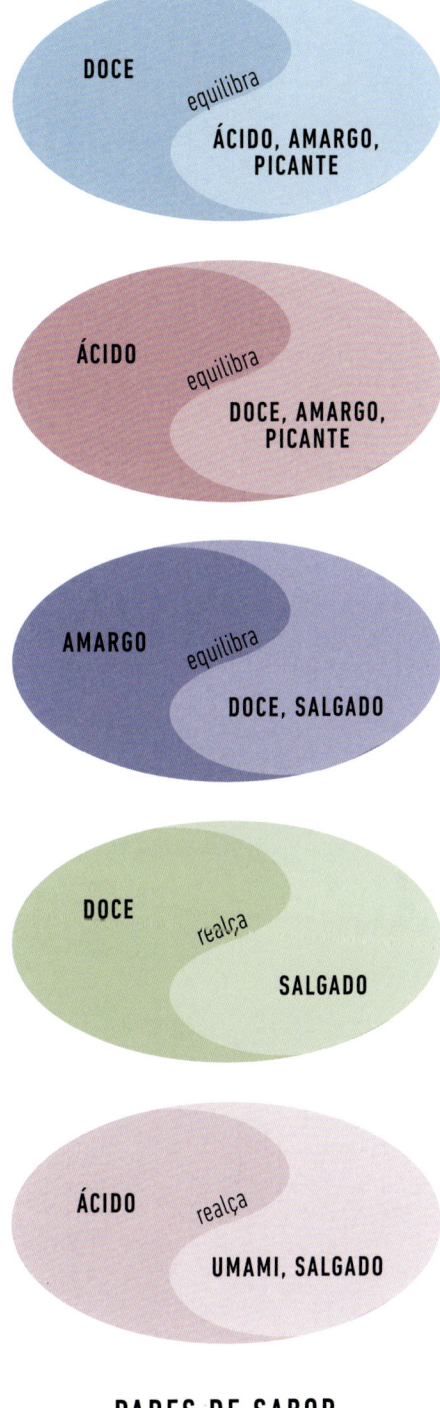

PARES DE SABOR

Certos sabores neutralizam outros sabores, enquanto alguns incrementam outros.

PREPARE-SE PARA DEGUSTAR SEU GIN

Relaxar com um gin-tônica, seja com amigos ou na frente da TV, é uma experiência maravilhosa, mas não é disso que falaremos aqui. Se seu objetivo for de fato saborear o gin — talvez você queira avaliar a qualidade, se tornar um degustador melhor ou, mais provavelmente, um pouco dos dois ao mesmo tempo —, você precisa adotar uma abordagem diferente.

SEM DISTRAÇÕES

Nas páginas a seguir, vamos explorar como degustar seu gin de forma sistemática com base nos métodos usados pelos profissionais. Também veremos como escrever notas de degustação memoráveis e reflexivas (ver p. 102-103). No entanto, antes de começar, você precisa ter certeza de que tem tudo de que precisa.

Não tem jeito — é necessário se concentrar no gin e em suas reações a ele. Não dá para fazer isso se houver interrupções a cada cinco minutos ou distrações, como ruídos. O pior de tudo são cheiros fortes que interferem de forma direta na sua capacidade de degustação. Escolha um horário e um lugar onde possa se concentrar exclusivamente ao gin, mesmo que seja apenas por um curto período.

OS DETALHES PRÁTICOS

Após preparar tudo, é hora dos detalhes práticos, como a quantidade de gin a ser usada e se ele deve ser diluído ou não.

QUANTO?

Limite-se a uma única dose. Sirva-se mais se precisar, mas geralmente um gole ou dois são suficientes.

TUDO À MÃO

Não dá para se concentrar de verdade se você tiver que ficar levantando para procurar algo. Deixe tudo preparado antes de começar. Você vai precisar dos seus gins, obviamente. Se isso for novidade para você, eu desistiria agora e escolheria outro hobby. Além disso, pense em reunir os itens mostrados aqui.

TAÇA DE DEGUSTAÇÃO
Uma taça com uma borda afunilada vai ajudar a concentrar o aroma.

ÁGUA OU TÔNICA PARA DILUIÇÃO
Se for usar tônica, evite aquelas com sabores fortes ou adoçantes artificiais, pois podem mascarar o sabor do gin (ver p. 112).

QUAL TEMPERATURA?

Temperatura ambiente é a ideal. Se o gin estiver muito frio, você não identificará tão bem os sabores.

PURO OU DILUÍDO?

Comece sempre com gin puro. Ter um pouco de água ou tônica à disposição é bom para experimentar como o gin muda quando diluído, mas deixe isso para depois de saborear o destilado em sua forma original.

DEVO CUSPIR?

Se você estiver experimentando apenas alguns gins, não há necessidade de cuspir. Mas, se você tiver compromissos depois ou estiver provando vários, cuspir pode ser uma boa ideia. Minimiza a absorção de álcool e evita que você se embriague. Se precisar manter seu nível de concentração alto por muito tempo, cuspa.

QUE COPO?

Honestamente, qualquer copo limpo serve. Os profissionais usam copos de 200ml da Organização Internacional para Padronização (ISO). Se você tiver um copo cuja borda seja mais estreita, como uma taça de vinho, os aromas ficarão concentrados no topo da taça e seu trabalho se tornará um pouco mais fácil (ver também p. 104-105).

ESCARRADEIRA

Se desejar reduzir sua ingestão de álcool, tenha algo à mão para usar como escarradeira.

LIMPADOR DE PALADAR

Se estiver experimentando vários gins, um limpador de paladar é útil — biscoitos simples tipo *cream cracker* são os melhores.

BLOCO DE NOTAS, TELEFONE OU LAPTOP

Faça anotações com caderno e caneta, ou use seu telefone ou laptop.

UMA ABORDAGEM SISTEMÁTICA PARA DEGUSTAR GIN

Degustar de modo consistente é o caminho mais rápido para apreciar melhor o gin (ou qualquer outra bebida). Este método é inspirado em táticas profissionais. Trata-se basicamente de uma lista de verificação que vai garantir que você avalie cada aspecto do gin na sua frente, a cada nova degustação.

A APARÊNCIA

O primeiro passo é sempre observar a clareza e a cor do gin. Na maioria das vezes, ele será límpido e incolor e você pode seguir em frente. No entanto, em alguns casos, notará que seu gin exibe um brilho quase prateado e parece mais brilhante no copo. Isso indica que ele foi filtrado a frio, o que o torna mais estável e menos propenso a ficar turvo (ver p. 62-63), mas também pode remover alguns elementos de sabor e textura.

Alguns gins são coloridos, o que pode dar pistas dos sabores que você encontrará; os gins rosados tendem a ser frutados, enquanto os laranja talvez tenham fortes sabores cítricos. Outros têm uma tonalidade que indica seu processo de produção, talvez com envelhecimento em barril (ver p. 92-93) ou por composição a frio (ver p. 70-71). Essas pistas podem ajudar a guiar a avaliação do aroma e sabor à medida que você avança.

O NARIZ

Para avaliar a intensidade do aroma, comece segurando o copo na altura do peito. Se der para sentir o cheiro do destilado a essa distância, o aroma é intenso. Mova o copo para a altura do queixo, caso sinta o aroma neste ponto, a intensidade do aroma é média. Depois, segure-o na frente do nariz. Se só aí começar a sentir o cheiro, a intensidade é leve. Se ainda assim não sentir cheiro algum, então é neutro.

Em seguida, avalie o aroma em si. Procure distinguir as matérias-primas, que no caso do gin são os botânicos. O zimbro deve sempre estar presente, e muitas vezes, há uma nota marcante de coentro. Mas isso é apenas o começo. Não tenha pressa e tente identificar os aromas separados (ver p. 80-91 para mais informações sobre botânicos no gin).

SUA REAÇÃO PESSOAL AO GIN NÃO É NECESSARIAMENTE IGUAL A SUA OPINIÃO SOBRE A QUALIDADE — O GIN PODE SER EXCELENTE, MAS NÃO SER DO SEU GOSTO.

O PALADAR

Tome um gole e mantenha o gin na boca por alguns segundos. Deixe que ele se mova um pouco. Isso é importante pois as papilas gustativas estão por toda a boca, não só na língua. Estão também nas laterais das bochechas, no céu da boca e no fundo da garganta. Veja o que você consegue saborear e como os sabores se harmonizam com os aromas identificados.

Concentre-se também na sensação do gin na boca: ele arde e queima ou é suave? A textura é fina e leve ou oleosa e reveste a boca?

Por fim, reserve um momento para observar o que acontece depois de engolir (ou cuspir). Os sabores persistem por um tempo? Evoluem? Esse sabor residual também é conhecido como o final do gin, e um bom gin terá uma complexidade agradável.

O VEREDITO

Reúna tudo o que você anotou e use isso para formar sua avaliação sobre a qualidade do gin. Como ele se compara a outros que você provou? Os componentes estavam em equilíbrio ou algum aspecto se destacou? Se sim, isso foi positivo ou negativo?

Esse também é um bom momento para considerar sua reação pessoal ao gin, que não é necessariamente igual a sua opinião sobre a qualidade — o gin pode ser excelente, mas não do seu gosto. Se você estiver anotando suas impressões (ver p. 102-103), chegou o momento de registrar suas reações emocionais (ver p. 96 para saber por que essa é uma boa ideia). Você pode querer atribuir a cada gin uma pontuação ou uma classificação. Alguns profissionais, inclusive eu, utilizam uma escala de avaliação que vai de defeituoso, ruim e aceitável a bom, muito bom e excelente.

ANOTAÇÕES DE DEGUSTAÇÃO

Nós sentimos gostos todos os dias, mas muitos de nós acreditam não ser bons nisso, principalmente quando nos comparamos com os outros. Como algumas pessoas conseguem falar sem parar sobre os sabores de uma bebida depois de apenas alguns goles, enquanto o melhor que conseguimos dizer é "gostei"?

CONFIE NO SEU NARIZ

Cada um sente o sabor de forma ligeiramente diferente. É normal procurar orientação dos outros, mas, no fim das contas, você precisa aprender a confiar na sua própria experiência.

QUAL É O SEGREDO?

O segredo é que as pessoas que falam sem parar não são necessariamente melhores degustadoras do que você. Elas apenas têm mais prática em descrever os sabores que experimentam. Quanto mais você faz isso, melhor fica em descobrir o que está acontecendo no seu nariz quando cheira e na sua boca quando prova.

O VALOR EM FAZER ANOTAÇÕES DE DEGUSTAÇÃO

Colocar o sabor em palavras é uma habilidade que, se você permitir, enriquecerá a sua vida. A boa notícia é que você não precisa de equipamentos especiais. Embora existam kits extravagantes de treinamento de aromas, um simples caderno vai ser muito melhor.

Não pense nisso como treinar seu paladar. O que você está fazendo é treinar seu cérebro. A verdade é que o paladar de algumas pessoas é mais sensível do que o de outras, mas isso não importa. Isso só significa que o sinal que chega ao cérebro delas é mais alto. O que realmente conta é a sua capacidade em interpretar esse sinal.

Escrever anotações enquanto degusta ajuda a entender o sabor e fixa impressões sensoriais na sua mente. Isso é especialmente válido se você anotar suas impressões à mão. Pesquisas indicam que isso faz bem para a memória, além de fazer você desacelerar e permitir que se concentre adequadamente no que está provando.

ESCREVENDO ANOTAÇÕES DE DEGUSTAÇÃO MEMORÁVEIS

Para criar anotações memoráveis, você só precisa prestar atenção à sua bebida e registrar o que captar. Não se preocupe se não for muita coisa no começo. Para melhorar, você só precisa praticar. A repetição é fundamental.

Pense nas diferentes formas de descrever o sabor. Isso começa com reações básicas, como "Amei" ou "Odiei". Depois, vêm a percepção de sabores individuais, como zimbro, coentro, ou cítrico, além de modificadores como suave, ousado ou intenso. Você pode usar linguagem figurativa, como: "Esse gin é rico e cremoso"; ou uma metáfora: "É como um domingo chuvoso no meu copo"; ou a linguagem técnica: "O álcool está bem integrado", o que significa que não queima ou arde; ou focar em sabores básicos como doce ou amargo.

É bom destacar sabores individuais, mas tente ir além. Reserve um tempo para refletir sobre como você se sente em relação à bebida. O aspecto emocional agrega profundidade à sua experiência. Devido à forma como nosso cérebro funciona, o aroma está intimamente conectado às nossas emoções. Se conseguir traduzir em palavras, será mais fácil se lembrar dos aromas depois (ver p. 96).

Escrever anotações, em conjunto com uma abordagem sistemática para degustação (ver p. 100-101), são as duas ferramentas mais poderosas para se aprimorar na degustação.

ESCREVER ANOTAÇÕES ENQUANTO VOCÊ PROVA AJUDA A ENTENDER O SABOR.

FICHA DE DEGUSTAÇÃO

Use esta ficha como um guia para aperfeiçoar suas anotações de degustação explorando as diferentes facetas do sabor de um gin. Depois, use suas notas para classificar o gin.

NOME DO GIN

☐ PURO   ☐ TÔNICA

APARÊNCIA	CLASSIFICAÇÃO
	★ ★ ★ ★ ★

NARIZ

PALATO

AROMA

NEUTRO · LEVE · MÉDIO · FORTE

INTENSIDADE DO SABOR

NEUTRO · LEVE · MÉDIO · FORTE

ZIMBRO

FRUTADO

SABOROSO

PICANTE

CÍTRICO

HERBAL

UMAMI

FLORAL

O COPO IMPORTA?

Qual é o melhor copo para servir seu gin? O formato dele realmente influencia o sabor ou é apenas uma questão de estética?

FORMA E SABOR

Existe uma razão para que diversos tipos de copos tenham sido desenvolvidos para diferentes bebidas ao longo do tempo. O formato e o estilo do copo afetam a degustação do gin. Às vezes, de modo direto, e às vezes mais sutil e indiretamente.

Os efeitos diretos incluem como a borda impacta os aromas e a temperatura de um copo com haste. Já os indiretos envolvem nossa avaliação do copo como "apropriado" ou não (seja essa avaliação consciente ou inconsciente) e a influência do peso do copo.

A preferência pessoal também tem um papel relevante, mas levanta a questão do ovo e da galinha: eu prefiro um copo alto para meu gin-tônica porque o formato combina melhor com a bebida, ou minha preferência pela bebida servida dessa forma afeta minha percepção enquanto eu bebo?

EFEITOS DIRETOS

O formato de um copo tem efeitos diretos no modo como saboreamos:

- A borda afunilada concentra o aroma no topo do copo.

- A borda alargada solta a bebida para o ar, deixando todos os aromas voláteis escaparem.

- O copo alto e estreito retém melhor a carbonatação — fãs de gin-tônica, anotem.

- A haste mantém suas mãos quentes longe do bojo do copo, mantendo a bebida gelada por mais tempo; bebidas mais frias liberam menos aroma.

BORDA AFUNILADA
O aroma se concentra no topo da taça que tem borda afunilada.

EFEITOS INDIRETOS

Pesquisas psicológicas revelaram diversos fatores que influenciam o paladar indiretamente:

- Bebidas em copos considerados "adequados" são mais apreciadas do que aquelas em copos "inadequados".

- Comidas e bebidas de sabor doce são associadas a formas redondas, e as ácidas ou amargas a formas angulares. Você pode acentuar ou suavizar sabores básicos em sua bebida dependendo de como você a serve. Um Negroni pode parecer mais suave em um copo redondo, mas ter um toque mais forte e amargo em um copo angular.

- Existe uma associação entre peso e qualidade. O gin será mais saboroso se servido em um copo de fundo grosso do que em um copo de plástico.

COPOS ADEQUADOS
Champanhe parece mais saboroso quando apreciado em um flute do que em uma xícara lascada.

O FORMATO DO COPO AFETA A MANEIRA COMO VOCÊ SABOREIA O GIN DIRETA E INDIRETAMENTE.

BORDA ALARGADA

Aromas voláteis escapam de um copo com borda alargada.

COPO ALTO E ESTREITO

A carbonatação é melhor preservada em um copo alto e estreito — perfeito para um gin-tônica.

COPO COM HASTE

Ao segurar pela haste, não pelo copo, a bebida permanecerá mais gelada e fresca por mais tempo.

FORMATO ARREDONDADO

Comidas e bebidas de sabor doce são associadas a formas mais redondas. Bebidas agridoces podem parecer mais suaves em copos arredondados.

FORMATO ANGULAR

Comidas e bebidas ácidas ou amargas são associadas a formas angulares. Bebidas agridoces podem ter um impacto mais forte em um copo angular.

GANHO DE PESO

O peso está associado à qualidade. O mesmo gin parecerá mais saboroso em um copo de fundo grosso do que em um copo de plástico.

TIPOS DE COPOS

COPOS TIPO TUMBLER

Se sua bebida pede gelo, esse é o copo ideal. Ele tem espaço para acomodar os cubos. Copos baixos também têm espaço para um bom giro, enquanto, para misturas, um copo mais alto e estreito ajudar a manter a carbonatação da bebida. A base pesada confere estética e estabilidade ao copo.

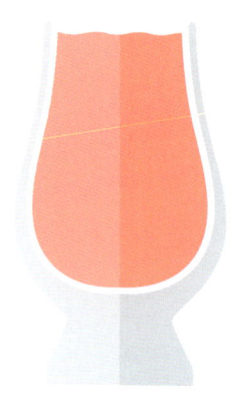

GLENCAIRN

Originalmente feito para uísque, são excelentes para pequenas doses de outras bebidas. A cavidade oferece espaço para um belo rodopio, enquanto a borda concentra o aroma.

ROCKS, OLD FASHIONED OU LOWBALL

O modelo mais simples para servir gin, principalmente se você quiser apreciá-lo puro ou com gelo, sem misturas. Embora poucas pessoas bebam gin dessa forma, não há motivo para não experimentar de vez em quando.

TAÇAS COM HASTE

Quando a receita do drinque pede para servir a bebida "no alto", isso significa em uma taça com haste. A vantagem é que esse modelo mantém a bebida gelada, mesmo sem gelo, pois a mão quente fica longe da bebida (desde que você segure corretamente, ou seja, pela haste). Elas também têm uma aparência muito glamourosa.

NICK E NORA

A taça Nick e Nora é perfeita para coquetéis quando você quer um adicionar um toque de elegância e manter a bebida gelada sem precisar inserir gelo no copo. A bebida fica acima de uma haste, mas permanece equilibrada.

COUPE OU COUPETTE

Segue a mesma ideia da Nick e Nora, mas tem uma tigela mais generosa e mais larga. Fica lindíssima para coquetéis que envolvam espuma de clara de ovo como o Clover Club (ver p. 128).

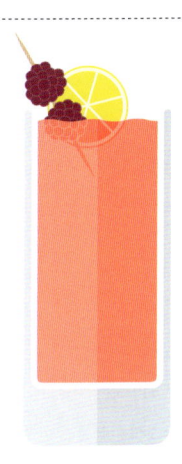

TULIPA SEM HASTE

Esses copos combinam a base pesada de um tumbler com a cavidade espaçosa e a borda cônica de uma taça de vinho ou cerveja. São boas opções para todos os gostos, oferecendo estabilidade, espaço para gelo e uma borda que concentra os aromas.

HIGHBALL

A maioria dos gins é servida com tônica, e esse é o copo para isso. Um copo longo para uma bebida longa, há espaço para muito gelo e mantém tudo equilibrado por uma base pesada para o prazer sem frescuras de uma bebida refrescante.

COLLINS

Um Collins é basicamente um Highball, mais alto e estreito. Se está se perguntando para que ele serve quando você já tem um Highball, observe que um Collins geralmente contém mais líquido no geral.

ELEGANTE, MAS HORRÍVEL!

MARTÍNI

São lindas, mas terríveis na prática. Além de serem difíceis de limpar, quebram facilmente, ocupam muito espaço nas prateleiras, tombam com facilidade, e o pior de tudo, é horrível beber nela.

COPA OU BALON

Algumas pessoas gostam, mas eu não me dou bem com esses aquários horríveis. Como a taça de martíni, acho que o equilíbrio está todo errado. Além disso, os bartenders parecem incapazes de resistir a exagerar nos enfeites ao usá-las.

A IMPORTÂNCIA DO GELO

Chegou o momento de eu bater no tambor de gelo. *Use! Mais! Gelo!* Um gin-tônica em temperatura ambiente é uma farsa, uma tarde chuvosa de domingo servida em copo. E por acaso estamos num jantar chato do clube de golfe? Não! Jogue gelo nessa bebida!

TEMPERATURA E DILUIÇÃO

Aqui está o básico que todos sabemos: o gelo esfria sua bebida, tornando-a refrescante, com uma textura gelada que sacia a sede. Só que o gelo faz muito mais do que apenas gelar.

Comer e beber são duas das experiências sensoriais mais ricas em nossas vidas. Adicionar gelo à bebida coloca em jogo os sentidos — visão, audição e tato, além de paladar e olfato.

O gelo também suaviza a bebida ao diluí-la — idealmente, só o suficiente para aliviar qualquer ardência do álcool e nada mais. Diluído demais, o gin fica fraco e perde o sabor. Pode parecer contraintuitivo, mas para evitar uma bebida diluída em excesso, adicione mais gelo, não menos. Isso faz sua bebida gelar mais rápido e o gelo derreter de modo mais lento, dando a você mais tempo para saborear e aproveitar.

QUE TIPO DE GELO USAR

Para melhores resultados, opte por cubos de gelo frescos e "secos" — ou seja, gelo que ainda não começou a derreter. Gelo "molhado" vai diluir a bebida mais rapidamente. O ideal é que os cubos tenham um tamanho considerável, talvez de 3cm ou grandes o suficiente para que caibam no copo. Cubos maiores derretem mais devagar. Os transparentes têm aparência mais atraente, por isso recomendo comprar gelo em saquinho em vez de fazer em casa. Você pode obter gelo "premium" a um valor acessível. Três desses cubos volumosos são perfeitos para um Highball. Para mim, vale muito a pena.

GELO TRANSPARENTE

Para fazer gelo transparente em casa, é necessário que ele congele lentamente e de maneira uniforme. Encha um cooler que tenha isolamento com água e deixe-o no congelador com a tampa aberta até congelar. Qualquer turbidez que surgir será confinada ao lado que estava no fundo. Para dividir o gelo, marque-o com uma faca serrilhada e, em seguida, bata na parte de trás da faca com um martelo. (Ajuda deixar o gelo fora do congelador por um tempo para temperá-lo antes.) Divida a parte transparente em tamanhos e formatos adequados para suas bebidas e, em seguida, guarde-os em um saco no congelador até a hora de usar. Ou você pode simplesmente comprar gelo.

GELO PICADO E TRITURADO

Gelo picado é ideal para bebidas longas, como um Red Snapper (ver p. 144). Se você tiver cubos grandes, pode quebrá-los manualmente com uma colher de bar. Mas isso exige certo talento e você corre o risco de espalhar lascas de gelo por todos os lados. Uma maneira mais eficiente é envolver o gelo em um pano de prato limpo, pegar algo grande e pesado, como um rolo de macarrão, e quebrar.

Gelo triturado é complicado. A menos que você esteja preparando um Bramble (ver p. 126), nem se dê ao trabalho. Mas, se precisar, você pode triturar o gelo dentro de um saco plástico com um rolo de macarrão, ou usar um liquidificador ou processador de alimentos.

GELANDO COPOS

Resfriar copos é ótimo. Basta deixá-los no congelador por volta de cinco a dez minutos e retirá-los assim que for a hora de servir a bebida. Como alternativa, encha o copo com gelo antes de preparar sua bebida. Gelo picado é mais eficiente, pois tem mais contato com o copo. Se estiver usando cubos, adicione um pouco de água para acelerar o processo de resfriamento. Quando for servir a bebida, descarte o gelo.

COMO FAZER GELO PICADO

Envolva o gelo em um pano de prato limpo e bata nele com um rolo de macarrão.

ROLO DE MACARRÃO

CUBOS DE GELO

PANO DE PRATO LIMPO

ACRESCENTAR GELO À BEBIDA COLOCA EM JOGO TODOS OS SENTIDOS.

FORMAS DE SERVIR GIN

Você pode muito bem beber gin puro. Não há melhor maneira de conhecer verdadeiramente seus sabores. No entanto, a maioria de nós acaba adicionando ingredientes, e nesse caso existe mais do que água tônica.

ÁGUA

O escritor inglês Kingsley Amis gostava de beber gin dessa forma. Para ele, adicionar tônica a um gin era como colocar ketchup no caviar. Amis gostava de sentir o gosto do gin, não o da tônica, e chegou a aconselhar que não fossem adicionados nem uma rodela de limão-siciliano (aromático demais) nem gelo (era melhor resfriar a garrafa).

Adicionar água a um gin não altera muito seu sabor, mas suaviza a textura e amortece a queimadura de álcool. Isso torna o gin mais acessível, mas muitos provavelmente acharão essa uma maneira bem rústica de bebê-lo.

LIMÃO-AMARGO

Misturar limão-siciliano com gin é uma tarefa fácil porque muitos dos botânicos incluídos no gin já carregam um toque cítrico, especialmente o coentro (ver p. 80). Isso sem mencionar o fato de que há casca de limão-siciliano na mistura. O limão-amargo dá um toque de equilíbrio.

Experimente com sloe gin (ver p. 76-77). O gin é ácido e frutado com tons terrosos, e o limão-amargo realça e equilibra tudo isso. Você também pode tentar adicioná-lo a gins que não tenham muita nota cítrica, o que vai completar o perfil de sabor da bebida como um todo.

GINGER BEER

Muitos gins têm um lado terroso, aromático e picante (ver p. 198-205) que combina de maneira suave com a ginger beer quente e picante. Os Old Toms (ver p. 74-75), com sua textura um pouco mais espessa e doce, resistem bem ao sabor porque a doçura geralmente equilibra o calor picante. (Ver "Como o sabor funciona" nas p. 94-95.)

Se achar a ginger beer um pouco doce, procure um gin bem seco para combinar com ela. Se o gin também tiver um toque amargo, ele funcionará ainda melhor para equilibrar a doçura.

BITTERS (GIN ROSA)

Não, eu não estou falando de gin de morango ou de framboesa, mas de um clássico que, assim como o Gimlet (ver p. 135), tem fortes laços com a Marinha Britânica.

A preparação é simples: passe três gotas generosas de bitter Angostura pelo interior de um copo Old-Fashioned, jogue fora o excesso e sirva o gin. Cerca de duas doses devem ser suficientes. O gin Plymouth é a escolha tradicional (Navy Strength, é claro). Se preferir, adicione gelo.

Esse drinque está um pouco ultrapassado, então pode dificultar sua pesquisa on-line. A maioria dos resultados de mecanismos de busca mostra gins modernos e frutados. Mas ele é tão rápido e simples de fazer que vale a pena tentar pelo menos uma vez.

VERMUTE (GIN & IT)

Misture partes iguais de gin e vermute doce (e talvez uma dose de bitter de laranja), agite com gelo e coe em um copo Old-Fashioned cheio de gelo. Decore com uma rodela de laranja.

Para essa bebida, escolha um gin seco e um vermute decente como Cocchi Vermouth di Torino. Essa combinação funciona tão bem porque muitos dos botânicos do gin também estão presentes no vermute.

Houve um tempo em que o drinque foi chamado de Martíni Doce, mas o nome mais curto "Gin & It" acabou se consolidando durante a Lei Seca (1920-1933) nos Estados Unidos. O "It" é uma abreviação de "italiano" e se refere ao vermute doce, que às vezes também é chamado de vermute italiano.

DUBONNET

Dubonnet é outra bebida antiga que recentemente voltou a ganhar popularidade graças à sua associação com a falecida rainha Elizabeth II, que gostava de misturar duas doses de Dubonnet a uma dose de gin, mexido e coado em um copo Lowball com gelo e uma guarnição de limão-siciliano.

Dubonnet é um *apéritif* doce francês feito com ervas, cascas amargas e especiarias. Tecnicamente, é uma quinquina à base de vinho, o que significa que contém quinino. Também é envelhecido em tonéis de carvalho. Parece um pouco com Campari, mas mais doce.

O Dubonnet encontrado nos Estados Unidos não é exatamente o mesmo, mas é feito de vinho da Califórnia fortificado com conhaque de uva.

VAMOS FALAR SOBRE ÁGUA TÔNICA

Assim como o gin, a tônica evoluiu muito nas últimas duas décadas. Antes, os consumidores tinham duas opções: de marca (que significava Schweppes) ou da casa (normal ou sem açúcar). Hoje em dia, temos uma enorme variedade de tônicas para acompanhar nossos gins. A água tônica se divide em três grandes grupos: indiana (as clássicas com gosto de quinino), light e saborizada.

ÁGUA TÔNICA INDIANA

Durante boa parte do século XX, a Schweppes era quase sinônimo de água tônica, mas sua supremacia foi desafiada com o lançamento da Fever-Tree Premium Indian Tonic Water no início dos anos 2000. A Fever-Tree contém cerca de 20% menos açúcar do que a Schweppes e introduziu a nova ideia de que a água tônica não precisa ser algo simples.

A maioria dessas águas tônicas clássicas tem cerca de 7g a 9g de açúcar por 100ml (ver p. 214-215), mas algumas, como a London Essence Original Indian Tonic Water, se aproximam mais das tônicas light, que tem apenas 4,3g de açúcar por 100ml.

ÁGUA TÔNICA LIGHT

Menos açúcar significa que os botânicos do gin se destacam mais, excelente motivo para escolher esse tipo. Algumas tônicas light substituem o açúcar por adoçantes como aspartame ou estévia, que podem mascarar o gin tanto quanto o açúcar. Em geral, não são tão boas quanto as tônicas que usam um toque a menos de açúcar.

SCHWEPPES SOFISTICADA
Anúncio da década de 1920 que convidava os jovens e sofisticados a adicionar água tônica Schweppes às suas bebidas.

ÁGUAS TÔNICAS SABORIZADAS

Os ingredientes mais comuns em tônicas saborizadas são flor de sabugueiro, toranja, laranja, pepino e alecrim, embora você também encontre sabores como cranberry, ruibarbo rosa, gengibre, yuzu e azeitona preta.

FLOR DE SABUGUEIRO

TORANJA E LARANJA

PEPINO

ALECRIM

UMA PALAVRA SOBRE EMBALAGEM

Seja qual for a tônica escolhida, ela deve ser fresca e efervescente. Não há nada mais triste do que uma tônica sem gás e sem vida. Prefira tônicas em latas ou garrafas pequenas. Algo entre 150 ml e 200 ml é perfeito. De acordo com a quantidade de tônica que você prefere no seu gin-tônica — espero que não seja muito; ver p. 114-115 para dicas sobre a dosagem ideal —, você pode consumir tudo em apenas um ou dois drinques. Caso escolha uma garrafa maior, a tônica permanecerá aberta e perderá o gás. Após um ou dois dias na geladeira, não será a mesma em comparação à que você acabou de abrir.

XAROPE DE TÔNICA

O xarope de tônica é uma opção que não se vê com muita frequência, mas que ainda assim é interessante. Trata-se de um concentrado feito com extratos de quinino e outros botânicos que é misturado em água com gás para se adequar ao seu gosto. Também pode ser adicionado diretamente aos coquetéis. A Bermondsey Mixer Co. tem uma versão que usa extrato natural de cinchona, que confere à bebida uma cor âmbar, como o pôr do sol.

ÁGUA TÔNICA SABORIZADA

As tônicas saborizadas se tornaram incrivelmente populares e oferecem uma gama infinita de opções para combinar tônica e gin. Você pode optar por similares que complementem o perfil de sabor do drinque ou por combinações que aumentarão sua complexidade — por exemplo, juntar tônica herbal e um gin com toque cítrico. Alguns sabores que costumam aparecer são flor de sabugueiro, toranja, laranja, pepino e alecrim.

ÁGUA TÔNICA FEVER-TREE NATURALLY LIGHT

Essa água tônica oferece um bom equilíbrio entre quinino e o sabor cítrico, permitindo que o caráter do gin se destaque sem que fique muito rala. É versátil e fácil de ser encontrada em latas de 150ml, o que também é importante.

Eu usei essa tônica ao provar os gins deste livro (ver p. 154-213). Provei todos eles puros primeiro, mas também os misturei com tônica já que é assim que a maioria das pessoas bebe gin. Eu usei partes mais ou menos iguais de tônica e gin — não vou afirmar que fui muito preciso. Se quiser recriar as degustações neste livro, use essa tônica.

FAZENDO UM ÍCONE: O GIN-TÔNICA

Existe algo mais adorável e convidativo do que um gin-tônica? O alegre som de gelo batendo no copo, o toque de limão-siciliano fresco liberando seus óleos cítricos e picantes, o chiado das bolhas efervescentes subindo à superfície e o brilho do sol capturando as gotículas dançando na borda — que delícia!

OS DETALHES

E nós ainda não tomamos nem um gole. A única coisa melhor do que preparar um gin-tônica por conta própria é receber um feito por outra pessoa — desde que ela saiba o que está fazendo.

Um gin-tônica é uma bebida tão simples que vale a pena acertar os detalhes porque, dessa forma, pode trazer muito prazer.

OUTROS DESTILADOS?

A água tônica pode ser a melhor amiga do gin, mas também harmoniza com outras bebidas. Se não desejar sentir sabor algum, a vodca é uma boa opção; se quiser, conhaque funciona melhor. Tequila e mezcal abrem um universo de possibilidades, mas, se realmente busca ir ainda mais fundo, comece a explorar amari (singular, amaro), os licores amargos italianos, com tônica.

AMARO E TÔNICA

QUAL TEMPERATURA?

Um gin-tônica deve ser revigorante e refrescante, o que significa que deve ser servido gelado. Quanto mais gelado, melhor, para você ter mais tempo para apreciá-lo antes que ele fique quente e fraco. Você não precisa gelar o copo, e pode até mesmo decidir não gelar seu gin, mas se puder, vai valer a pena.

QUAL COPO?

Highball. Fim de papo. Ele tem espaço para todo o gelo que você precisa, tem uma base pesada para garantir equilíbrio e é estreito o suficiente para impedir que a água tônica perca o gás muito depressa, combina bem com a lava-louça e não ocupa espaço demais no seu armário.

QUANTO GELO?

Use gelo, e bastante. Encha o copo até o topo. Se o gelo estiver flutuando a um ou mais centímetros acima do fundo do seu copo depois de a bebida ter sido servida, algo está errado. Não há nada mais triste do que um gin-tônica com dois míseros cubos de gelo turvos boiando na superfície como patos em um lago. O gelo vai derreter antes que você perceba. Mais gelo significa um derretimento mais lento e menos diluição.

ESCOLHA SUA TÔNICA

A seleção da tônica vai depender do gin que você escolheu. Mas, não economize. Ela é o principal componente de sua bebida, então é desejável que tenha um bom sabor. Procure algo sem muito açúcar — você quer complementar o gin, não escondê-lo. Tônicas em latas ou garrafas pequenas são melhores. As de garrafas maiores vão perdendo o sabor e o gás antes de você terminar de beber.

ENCONTRE A PROPORÇÃO

Eu gosto de uma proporção de tônica para gin de 1,5:1, embora isso possa ser um pouco forte para alguns. Muitas marcas recomendam 3:1. Um bom meio-termo é usar 2:1 como ponto de partida. Se ainda estiver muito forte, você sempre pode adicionar mais tônica, mas, se começar muito fraco, não dá para tirar a tônica.

FINALMENTE, A GUARNIÇÃO

Uma bebida é sempre um pouco mais agradável com uma guarnição. No caso de uma bebida tão simples quanto um gin-tônica, a guarnição certa pode fazer toda a diferença. Você pode se aprofundar no assunto (ver p. 150-153), mas uma simples rodela de limão-siciliano ou fatia de pepino combina com quase qualquer gin.

A DOSE PERFEITA

Há uma série de variáveis para ajustar se você quiser elevar seu gin-tônica. Aqui está minha opinião sobre o que compõe uma dose perfeita.

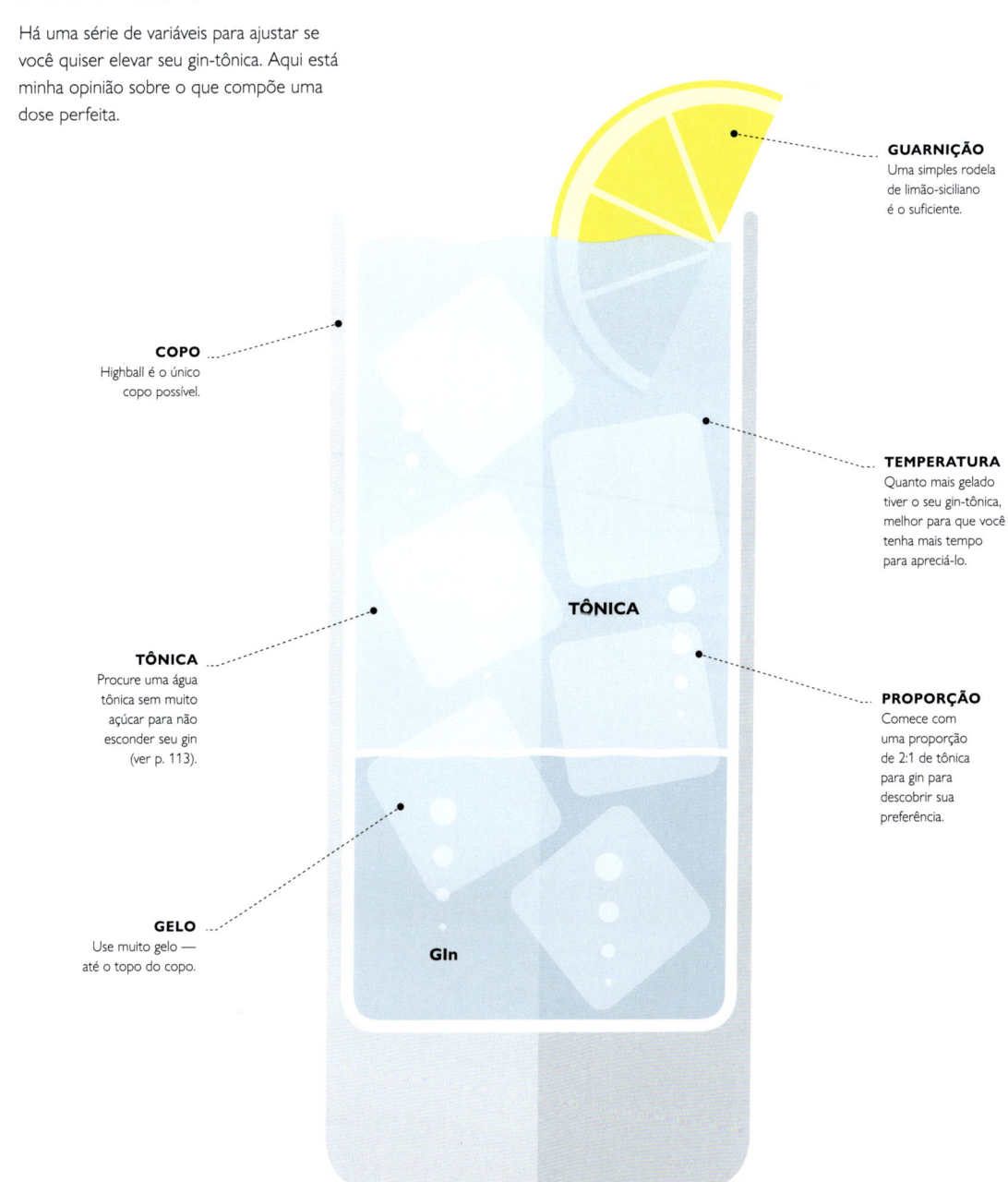

GUARNIÇÃO
Uma simples rodela de limão-siciliano é o suficiente.

COPO
Highball é o único copo possível.

TEMPERATURA
Quanto mais gelado tiver o seu gin-tônica, melhor para que você tenha mais tempo para apreciá-lo.

TÔNICA

TÔNICA
Procure uma água tônica sem muito açúcar para não esconder seu gin (ver p. 113).

PROPORÇÃO
Comece com uma proporção de 2:1 de tônica para gin para descobrir sua preferência.

GELO
Use muito gelo — até o topo do copo.

Gin

COQUETÉIS
CLÁSSICOS
COM GIN

EXISTEM DIVERSOS livros sobre o assunto. Por isso, em vez de me aprofundar demais aqui, selecionei algumas receitas clássicas que dão certo com uma ampla gama de gins. Todas as receitas nas próximas páginas têm 30ml como medida (uma dose) padrão, mas sinta-se à vontade para ajustar as quantidades conforme necessário. Seja qual for o tamanho da medida que optar usar, certifique-se de ajustar também as proporções. Preste atenção às poucas que recomendam colheres de chá de alguns ingredientes; elas equivalem a um oitavo de dose se sua medida padrão for 30ml.

EQUIPAMENTO PARA FAZER COQUETÉIS

Você não precisa de nenhum equipamento especial para fazer coquetéis em casa. É possível usar um porta-ovo quente como medida, um jarro medidor como copo de mistura e qualquer recipiente com uma tampa bem fechada como coqueteleira. As garrafas de água reutilizáveis que muitos de nós temos hoje em dia são ótimas para isso.

UTENSÍLIOS DE BAR PARA COMPRAR

Se você quiser fazer coquetéis com um toque a mais de consistência — ou estilo —, comprar alguns utensílios de bar pode tornar a vida um pouco mais fácil. E mais agradável. E nem é preciso gastar muito. Aqui estão algumas ferramentas úteis em uma sugestão de ordem que você deve considerar comprá-las.

DESCASCADOR

Para usar nas guarnições. Você já deve ter um, mas eu o incluí aqui só por precaução.

FACA PARA LEGUMES

Também para usar nas guarnições. É ótima para cortar fatias, moldar espirais e assim por diante. Mantenha-a afiada.

ESPREMEDOR

Suco de fruta fresco é muito melhor do que o engarrafado, então invista em um bom espremedor.

VALE A PENA INVESTIR EM UTENSÍLIOS DE BAR PARA FAZER COQUETÉIS COM UM TOQUE A MAIS DE CONSISTÊNCIA.

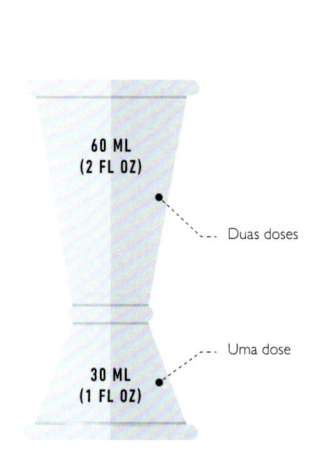

60 ML
(2 FL OZ)

Duas doses

30 ML
(1 FL OZ)

Uma dose

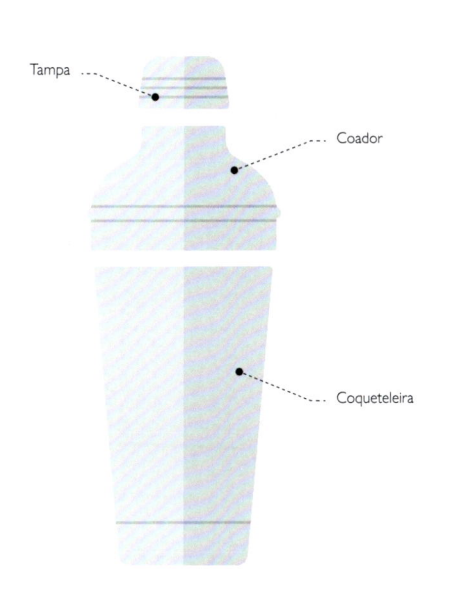

Tampa

Coador

Coqueteleira

DOSADOR

Uma palavra sobre medidas: use! Um bom coquetel depende do equilíbrio preciso de seus ingredientes. A maioria dos dosadores vem com dois lados para medir doses simples ou duplas. Os melhores exibem marcas gravadas dentro para medições de um quarto, meio e três quartos de dose. Alguns dosadores mais parecem pequenos copos de medição com gradações que indicam mililitros de um lado e onças do outro. Você pode encontrá-los em tamanhos de 25 ml/50 ml ou 30 ml/60 ml. Eu prefiro aqueles um pouco maiores, com dose única de 30 ml, pois resulta em uma bebida mais generosa.

COQUETELEIRA DE TRÊS PEÇAS

Agora estamos falando de utensílios de bar propriamente ditos. Também é conhecida como coqueteleira Cobbler, esse modelo bacana desempenha três funções: agitar as bebidas, é claro, mas também é possível usá-lo como copo de mistura para drinques mexidos, e ainda conta com um coador embutido na tampa. Sério, tem tudo de que você precisa. Você pode querer mais, mas isso é outra questão.

Ao agitar a coqueteleira, lembre-se de manter um dedo pressionando a parte de cima. A tampinha que cobre o filtro pode voar longe, e quem estiver atrás de você corre o risco de tomar um banho de coquetel em vez de bebê-lo. O problema com esse tipo de coqueteleira é que muitas vezes as partes ficam presas e nem sempre é fácil separá-las. Por isso, eu costumo preferir uma coqueteleira de duas peças (ver p. 121).

Contrapeso

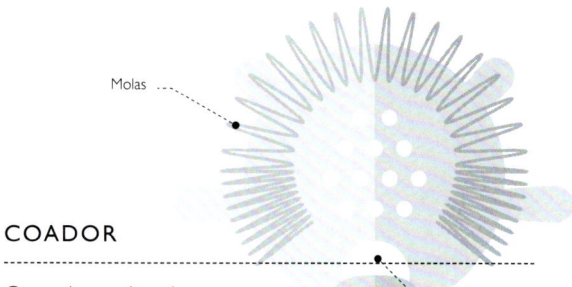

Molas

COLHER DE BAR

Sim, é só uma colher. Não, ela não executa nenhuma função especial além de mexer. Mas é barata, e o cabo longo torna um pouco mais fácil mexer bem e rápido um martíni até que ele atinja a temperatura perfeita abaixo de zero. Ela também é ótima para alcançar o fundo do pote e pegar aquela última cereja do coquetel. Procure uma colher com um disco na ponta do cabo; serve de contrapeso e também para macerar (amassar) ingredientes.

COADOR

Passagem

O coador embutido na coqueteleira de três partes é bom, mas não é o melhor. Mais cedo ou mais tarde, você vai precisar de um adequado. Compre um coador Hawthorne. Evite modelos muito baratos com molas de má qualidade. O ideal é um que tenha espirais bem compactadas para pegar todos os pedaços de gelo e de frutas ou ervas amassadas que têm que ficar na coqueteleira, e não no seu copo. Esses coadores têm uma "passagem" em cima das espirais que você pode deixar aberta para um despejo mais rápido ou empurrar para fechar, resultando em uma coagem mais fina.

XAROPE SIMPLES

Algumas receitas de coquetéis pedem xarope simples na mistura. Ele dura cerca de um mês na geladeira. O xarope simples "rico" usa duas partes de açúcar para uma parte de água.

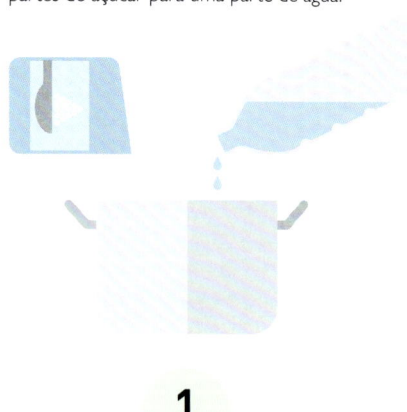

1

Coloque partes iguais de água e açúcar em uma panela.

2

Mexa em fogo médio até o açúcar se dissolver completamente.

XAROPE SIMPLES

3

Deixe esfriar, coloque em um frasco e tampe, depois refrigere.

COQUETELEIRA DE DUAS PEÇAS

Também conhecida como coqueteleira Boston. Se você agita mais do que mexe, pode valer a pena ter uma dessas, mesmo que já tenha uma de três peças. É menos trabalhosa, permite agitar com mais intensidade. Também é um pouco mais eficiente, e resfriará sua bebida mais rapidamente sem diluí-la tanto. As duas peças às vezes podem formar uma vedação difícil de separar após certa agitação. O truque é dar à parte inferior um aperto suave.

MIXING GLASS

Se você mexe mais do que agita, definitivamente vale a pena equipar seu bar com isso. A base pesada mantém o copo estável, facilitando que você se concentre em preparar a bebida sem se preocupar em derramá-la por toda a mesa. Além disso, passam uma impressão elegante, e os coquetéis são mais divertidos quando são assim.

USAR UM MIXING GLASS PASSA UMA IMPRESSÃO ELEGANTE, E OS COQUETÉIS SÃO MAIS DIVERTIDOS QUANDO SÃO ASSIM.

COAR DUAS VEZES

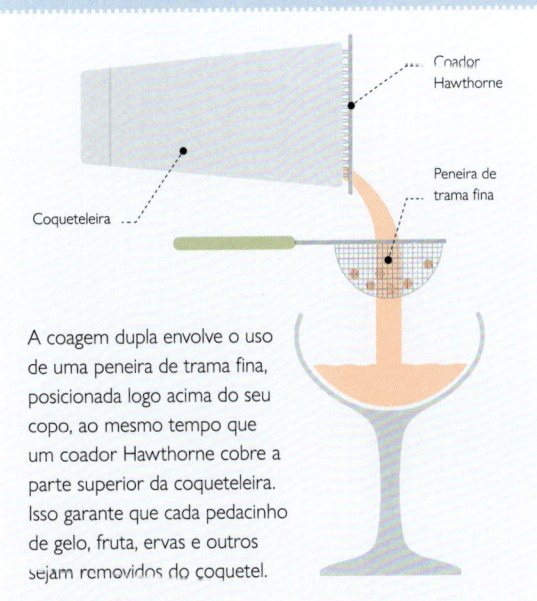

Coador Hawthorne

Peneira de trama fina

Coqueteleira

A coagem dupla envolve o uso de uma peneira de trama fina, posicionada logo acima do seu copo, ao mesmo tempo que um coador Hawthorne cobre a parte superior da coqueteleira. Isso garante que cada pedacinho de gelo, fruta, ervas e outros sejam removidos do coquetel.

ARMY AND NAVY

É basicamente um gin sour, mas em vez de xarope simples, usa xarope de amêndoa doce, conhecido como orgeat. O Army and Navy tem a fama de ser difícil de equilibrar, então tome cuidado com as medidas.

OUTRAS GUARNIÇÕES PARA EXPERIMENTAR

CEREJA LUXARDO

FLORES COMESTÍVEIS

Casca de limão-siciliano para decorar

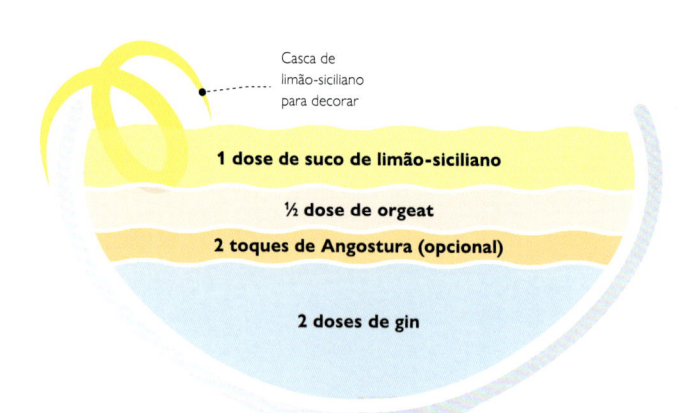

1 dose de suco de limão-siciliano

½ dose de orgeat

2 toques de Angostura (opcional)

2 doses de gin

QUAL GIN?

MELIFERA

NO. 3 LONDON DRY

HIGHCLERE CASTLE

RECEITA

1. Coloque os líquidos na coqueteleira.

2. Acrescente algumas gotas de Angostura para adicionar um pouco mais de profundidade e ousadia à sua bebida.

3. Adicione gelo e agite tudo junto até que esteja completamente gelado.

4. Coe duas vezes (ver quadro p. 121) em uma taça Coupe gelada e decore com uma espiral de casca de limão-siciliano.

AVIATION

O Aviation é um clássico pré-Lei Seca. Há controvérsias se é melhor batido ou mexido. Batido, adquire uma textura um pouco mais leve. Mexido, os sabores se tornam mais robustos e a cor violeta se preserva melhor. Eu sugiro que você mexa, mas a decisão é sua.

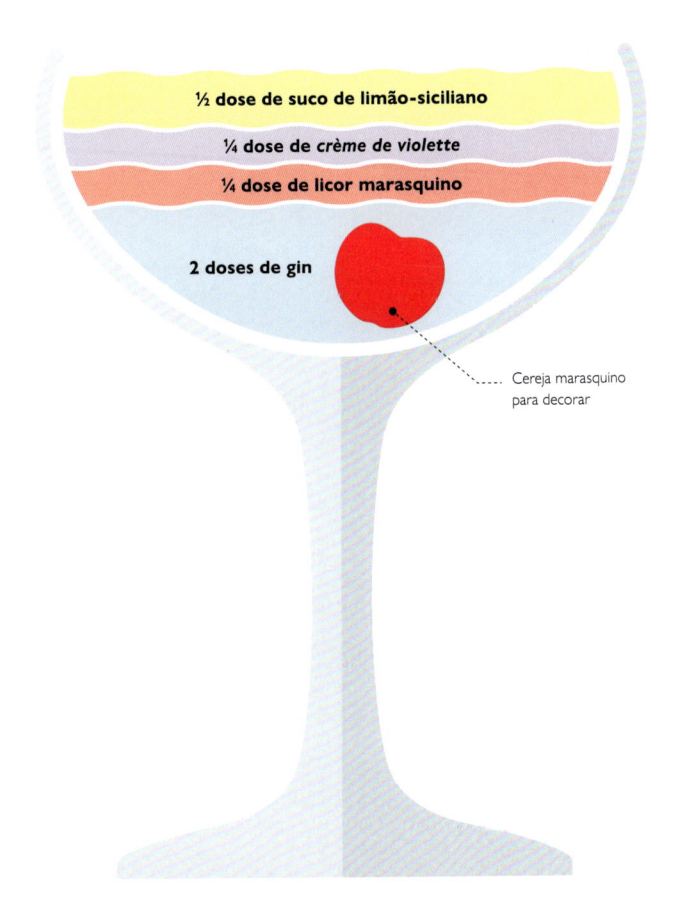

½ dose de suco de limão-siciliano

¼ dose de *crème de violette*

¼ dose de licor marasquino

2 doses de gin

Cereja marasquino para decorar

QUAL GIN?

AVIATION

BROCKMANS

THE BOTANIST ISLAY DRY

RECEITA

1. Coloque uma cereja marasquino em um copo Coupe gelado.

2. Junte todos os ingredientes líquidos em um Mixing Glass ou uma coqueteleira.

3. Adicione gelo e mexa ou agite.

4. Coe a bebida no copo. Coe duas vezes se você optou por agitar.

Dica: Se quiser, você pode espremer os óleos de uma casca de limão siciliano por cima e talvez limpar ao redor da borda antes de descartar.

BEE'S KNEES

Leve e refrescante, este era um dos favoritos da era da Lei Seca e teria, segundo dizem, conseguido esconder o sabor de todos aqueles gins de banheira terríveis. Você pode substituir o mel por xarope de mel (três partes de mel para uma parte de água) se quiser ser mais refinado.

OUTRAS GUARNIÇÕES PARA EXPERIMENTAR

RAMO DE TOMILHO

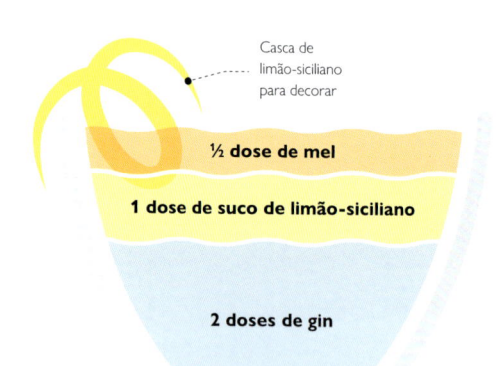

Casca de limão-siciliano para decorar

½ dose de mel

1 dose de suco de limão-siciliano

2 doses de gin

QUAL GIN?

HEIGHT OF ARROWS

TANQUERAY

LONDON DRY

MERMAID

RECEITA

1. Coloque o suco de limão-siciliano e o mel (ou xarope de mel) em uma coqueteleira e mexa até o mel dissolver. (Não precisa mexer se você escolher usar xarope.)

2. Acrescente o gin e um pouco de gelo.

3. Agite até ficar bem gelado, depois coe em uma taça Nick e Nora gelada.

4. Decore com casca de limão-siciliano.

BIJOU

Bijou significa "joia" em francês, e este coquetel é chamado assim, ao que parece, porque os destilados usados nele são das cores de diamante, esmeralda e rubi. Algumas receitas sugerem reduzir pela metade a quantidade de chartreuse verde, mas há algo atraente na simplicidade de um coquetel de partes iguais.

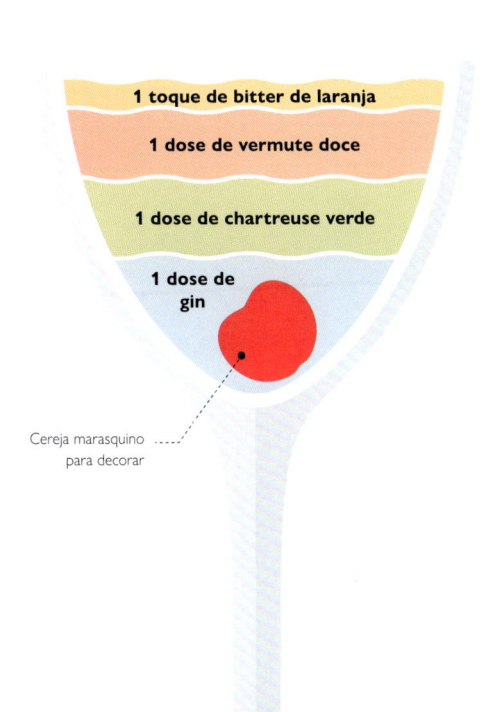

- 1 toque de bitter de laranja
- 1 dose de vermute doce
- 1 dose de chartreuse verde
- 1 dose de gin

Cereja marasquino para decorar

QUAL GIN?

PLYMOUTH GIN

DEATH'S DOOR

PENRHOS

LONDON DRY

RECEITA

1. Junte todos os ingredientes em um Mixing Glass e misture com gelo.

2. Em seguida, coe em uma taça gelada Nick e Nora ou Coupe.

3. Espete uma cereja marasquino em um palito para decorar ou coloque-a no copo antes de servir a bebida.

BRAMBLE

O *barman* inglês Dick Bradsell inventou o Bramble na década de 1980. O drinque leva crème de mûre, um licor de amora, mas qualquer licor de frutas vermelhas pode substituí-lo se a guarnição de frutas vermelhas frescas for trocada para harmonizar. Também é necessário gelo picado, então reserve-o com antecedência. Escolha um gin com ingredientes botânicos intensos o suficiente para se destacarem na base doce e azeda do coquetel.

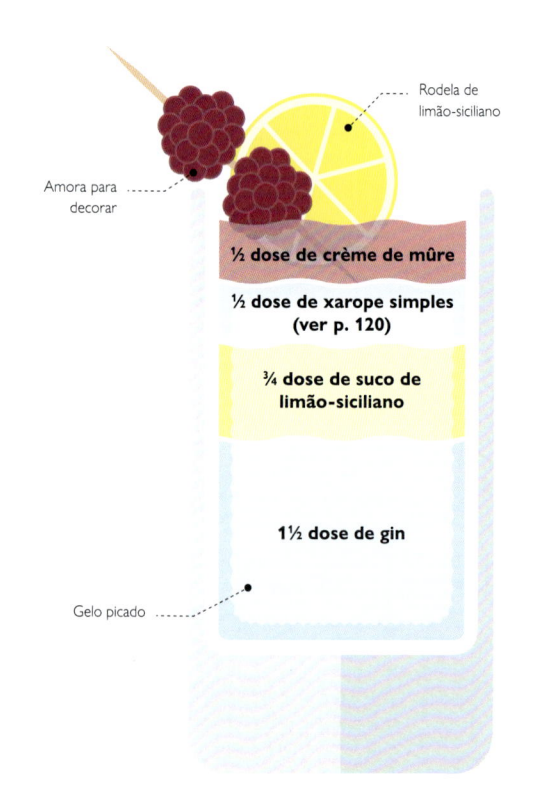

Amora para decorar

Rodela de limão-siciliano

½ dose de crème de mûre

½ dose de xarope simples (ver p. 120)

¾ dose de suco de limão-siciliano

1½ dose de gin

Gelo picado

QUAL GIN?

COTSWOLDS DRY

FORDS GIN LONDON DRY

CONKER SPIRIT NAVY STRENGTH

RECEITA

1. Encha um copo Lowball com gelo picado.

2. Agite o gin, o suco de limão-siciliano e o xarope simples com gelo, e coe no copo. Dê uma mexida rápida para misturar, depois complete com um pouco mais de gelo picado.

3. Coloque o licor de frutas vermelhas por cima e decore com algumas amoras frescas em um palito. Se quiser dar um toque de elegância, adicione uma rodela de limão-siciliano também.

BRONX

As receitas do Bronx variam bastante em proporções, então aqui está uma básica para começar. Você pode prepará-lo como um coquetel perfeito (usando medidas iguais de vermute doce e seco) ou diminuindo o vermute seco, aumentando o gin, variando a quantidade de suco de laranja e assim por diante.

Casca de laranja
para decorar

1 toque de bitter de laranja

½ dose de suco de laranja

⅓ dose de vermute seco

½ dose de vermute

1 dose de gin

QUAL GIN?

BROOKLYN GIN

CONNIPTION AMERICAN DRY

HAYMAN'S EXOTIC CITRUS

RECEITA

1. Agite tudo com gelo e coe em uma taça Coupe gelada.

2. Decore com uma rodela de laranja.

3. Avalie se você acertou as proporções. Faça mais um drinque. Peça para alguém provar os dois.

CLOVER CLUB

Outro clássico anterior à Lei Seca. É ao mesmo tempo leve, frutado e suave. A clara de ovo confere ao drinque uma maravilhosa textura suave e sedosa, além de uma espuma branca densa de aparência incrível.

OUTRAS GUARNIÇÕES PARA EXPERIMENTAR

RAMO DE HORTELÃ

Framboesas para decorar

½ dose de clara de ovo (ou aquafaba)

¾ dose de xarope simples (ver p. 120)

¾ dose de suco de limão-siciliano

2 doses de gin
5 framboesas frescas

QUAL GIN?

BEEFEATER LONDON DRY

LIND & LIME

PERRY'S TOT NAVY STRENGTH

RECEITA

1. Coloque todos os ingredientes em uma coqueteleira, lembrando-se de reservar algumas framboesas para decorar, e bata (agite sem gelo) contando até dez.

2. Em seguida, adicione gelo à coqueteleira e agite de novo até resfriar adequadamente.

3. Coe em uma taça Coupe gelada. Se puder coar duas vezes (ver quadro p. 121), melhor ainda.

4. Enfeite com as framboesas reservadas em um palito de coquetel e, se quiser, um raminho de hortelã.

CORPSE REVIVER Nº 2

Originalmente criado como um estimulante rápido para a manhã seguinte. A receita original levava Kina Lillet, que não existe mais. Você pode substituir por Lillet Blanc, Cocchi Americano ou até mesmo vermute seco.

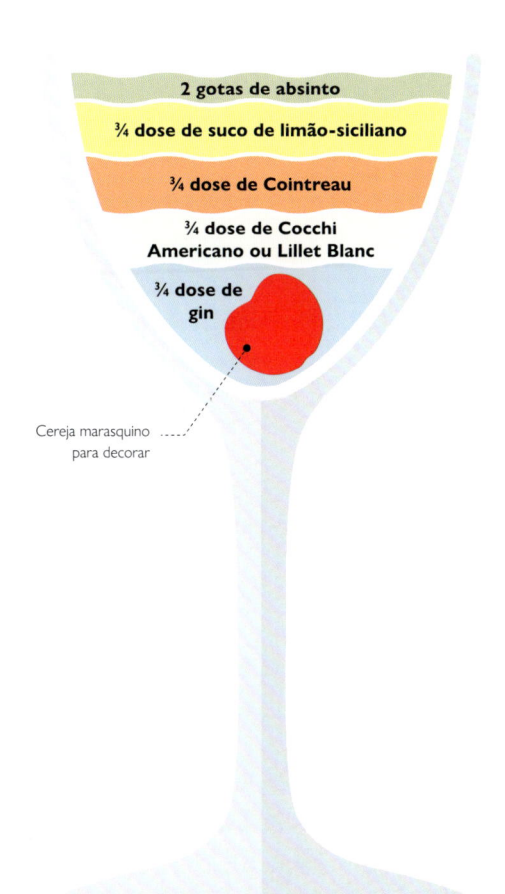

2 gotas de absinto

¾ dose de suco de limão-siciliano

¾ dose de Cointreau

¾ dose de Cocchi Americano ou Lillet Blanc

¾ dose de gin

Cereja marasquino para decorar

QUAL GIN?

HENDRICK'S

MARTIN MILLER'S

BOBBY'S

SCHIEDAM DRY

RECEITA

1. Coloque todos os ingredientes, menos o absinto, em uma coqueteleira com gelo e agite.

2. Role duas gotas de absinto em uma taça Nick e Nora gelada para cobri-la. Você pode jogar fora o excesso.

3. Coloque uma cereja marasquino no copo para decorar e, em seguida, coe a bebida por cima. Adicionar a cereja primeiro evita respingos desnecessários.

DIRTY MARTÍNI

É como um martíni, mas melhor — ou pior, vai depender da sua opinião sobre beber a salmoura umami salgada de um pote de azeitonas. Um drinque seco, forte e, no geral, para paladares maduros. Sirva com um jazz suave ao fundo.

Azeitonas para decorar

¼ dose de água de azeitona (ou mais, a gosto)

½ dose de vermute seco

2½ doses de gin

QUAL GIN?

ISLE OF HARRIS

AN DÚLAMÁN IRISH MARITIME

THE BOTANIST ISLAY DRY

RECEITA

1. Junte os ingredientes em um Mixing Glass. Adicione a medida de água de azeitona a gosto; esta receita pede uma quantidade bem pequena.

2. Acrescente gelo e mexa até ficar bem gelado.

3. Coe em uma taça Coupe gelada e decore com uma ou três azeitonas em um palito.

DRY MARTINI

Esse é o coquetel mais simples que existe. O gin não tem onde se esconder. A bebida destaca a qualidade do gin e sua interação com o vermute. Idealmente, um deve se fundir ao outro de modo elegante para que ambos se realcem e a bebida ganhe todo o destaque.

OUTRAS GUARNIÇÕES PARA EXPERIMENTAR

AZEITONA

MISTURA PARA COQUETEL

Tomate, azeitona e muçarela

FATIA DE PEPINO

Enrole fatias finas de pepino em formato de rosa

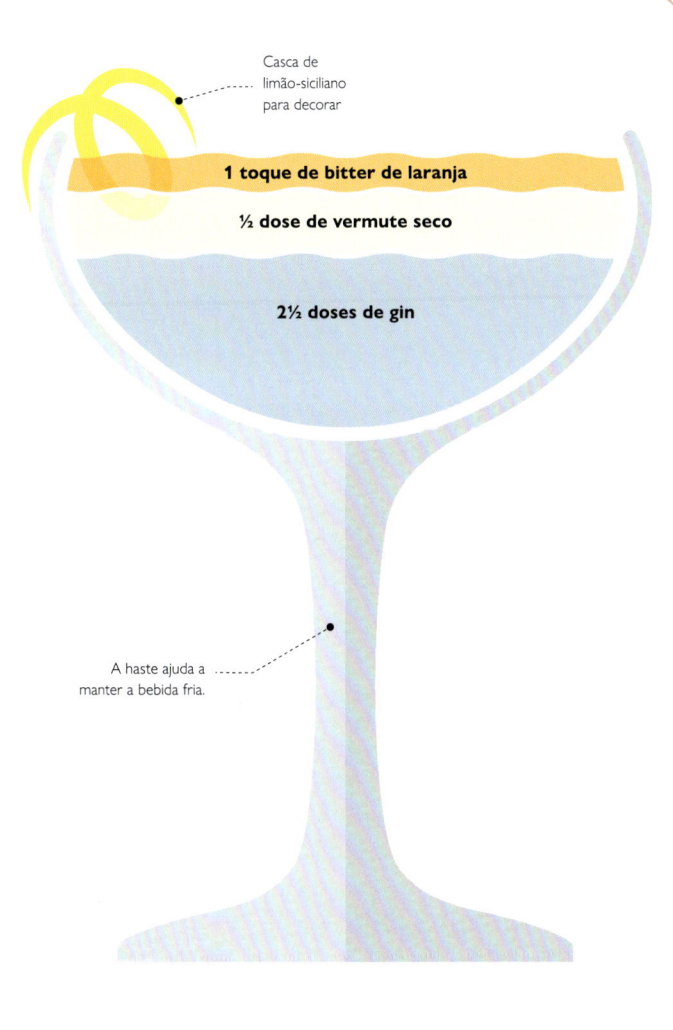

Casca de limão-siciliano para decorar

1 toque de bitter de laranja

½ dose de vermute seco

2½ doses de gin

A haste ajuda a manter a bebida fria.

QUAL GIN?

TANQUERAY NO. TEN

MANGUIN OLI'GIN

HEPPLE

RECEITA

Existem muitos modos de preparar um martíni. Use esta receita como um ponto de partida em vez de como versão definitiva.

1. Junte os ingredientes em um Mixing Glass com gelo e mexa até que o exterior esteja embaçado devido à condensação. O copo deve estar frio o suficiente para ser desconfortável segurar por muito tempo.

2. Coe em um copo gelado e decore à sua preferência.

ENGLISH GARDEN

Drinque refrescante que lembra uma tarde de verão em um pomar inglês. Algumas receitas apresentam um licor de flor de sabugueiro como St. Germain em vez do cordial, ou suco de limão no lugar do limão-siciliano. As proporções também variam muito. Aqui está uma versão para você começar.

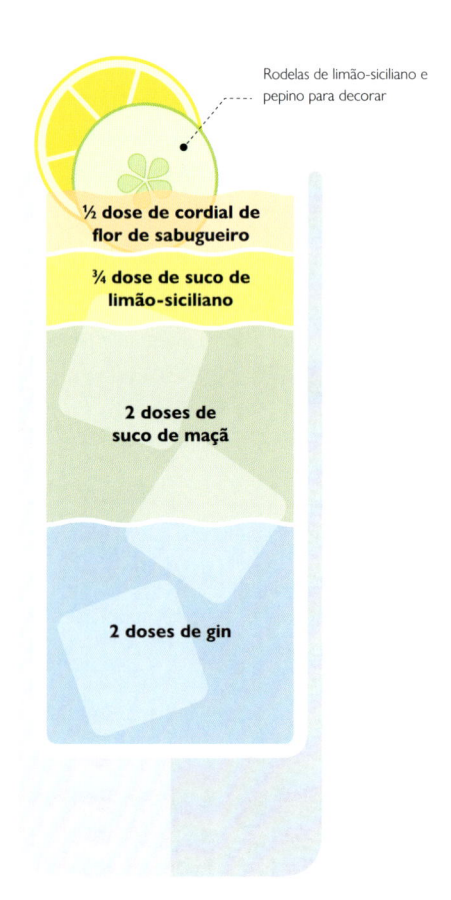

Rodelas de limão-siciliano e pepino para decorar

½ dose de cordial de flor de sabugueiro

¾ dose de suco de limão-siciliano

2 doses de suco de maçã

2 doses de gin

QUAL GIN?

KI NO TEA

LE GIN DE CHRISTIAN DROUIN

BOMBAY SAPPHIRE

RECEITA

1. Encha um copo Highball com gelo.

2. Agite tudo, exceto a guarnição, com gelo e coe para o copo.

3. Enfeite com rodelas de limão-siciliano e pepino. Se preenchido com água com gás, fica com uma boa efervescência.

FRENCH 75

Um clássico do início dos anos 1900 do Harry's New York Bar em Paris, é muito parecido com o Tom Collins, porém é mais chique, graças ao champanhe — que obviamente não precisa ser champanhe. Você pode pode substituir por várias bebidas: prosecco, crémant, perry, sidra seca ou kombucha.

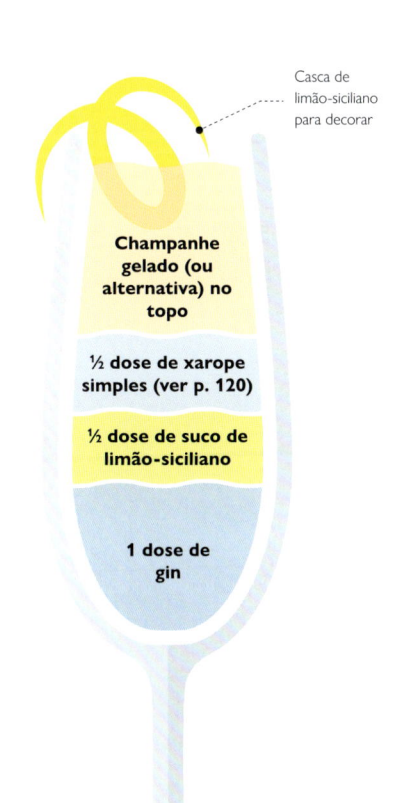

Casca de limão-siciliano para decorar

Champanhe gelado (ou alternativa) no topo

½ dose de xarope simples (ver p. 120)

½ dose de suco de limão-siciliano

1 dose de gin

QUAL GIN?

SILENT POOL

BARRA ATLANTIC GIN

SANTA ANA

RECEITA

1. Junte o gin, o suco de limão-siciliano e o xarope em uma coqueteleira com gelo e agite bem.

2. Quando a coqueteleira estiver fria a ponto de começar a incomodar seus dedos, coe em uma taça de champanhe gelada.

3. Complete com o efervescente escolhido e decore com uma rodela de limão-siciliano.

GIBSON

O Gibson é uma variação do Dry Martini, mas com uma minicebola como guarnição. Ela adiciona uma nota umami agradável junto à acidez. Em uma época em que a maioria dos martínis levava bitters, o Gibson não incluía nenhum. As proporções não são imutáveis, então comece com esta receita e depois faça experimentações.

Minicebola no palito para decorar

½ dose de vermute seco

2½ doses de gin
(algumas receitas usam
vodca, mas não queremos
saber disso aqui)

QUAL GIN?

LUSSA

FOUR PILLARS
OLIVE LEAF

HEIGHT OF ARROWS

RECEITA

1. Misture o gin e o vermute sobre gelo em um Mixing Glass.

2. Coe em uma taça Coupe gelada.

3. Espete uma minicebola em um palito para decorar.

GIMLET

Antigo coquetel naval feito com o que os marinheiros tinham em mãos: gin Navy Strength e cordial de limão. Precisa levar cordial de limão. Não dê ouvidos a quem diz que você pode fazer com suco de limão fresco e um pouco de xarope simples. Não será a mesma coisa.

Casca de limão
para decorar

½ dose de suco de limão

½ dose de cordial de limão

2½ doses gin
(Navy Strength)

QUAL GIN?

**PLYMOUTH NAVY
STRENGTH**

OXLEY

PROCERA

GREEN DOT

RECEITA

1. Coloque tudo na coqueteleira com gelo e agite.

2. Coe em uma taça Coupe gelada e decore com casca de limão.

GIN BASIL SMASH

Bebida frutada e herbal que é a cara do verão. Desfrute-a em um jardim ensolarado antes de um almoço tardio e preguiçoso com amigos. É um coquetel ótimo porque só precisa de uma garrafa de bebida e seus ingredientes são fáceis de encontrar.

Folhas de manjericão para decorar

½ dose de xarope simples (ver p. 120)

1 dose de suco de limão-siciliano

2 doses de gin

Folhas de manjericão

QUAL GIN?

GIN MARE

HENDRICK'S

KNUT HANSEN DRY

RECEITA

1. Macere algumas folhas de manjericão na coqueteleira, adicione os outros ingredientes com gelo e agite bem.

2. Coe duas vezes (ver quadro p. 121) em um copo Rocks com gelo e decore com mais algumas folhas de manjericão.

GIN FIZZ

Este coquetel costuma ser esquecido porque é simples demais, mas vale cada segundo de seu tempo. Equilibra o doce e o ácido em uma textura leve e fofa, é uma vitrine deliciosa para qualquer gin. Sloe gins são ótimos em um Fizz também.

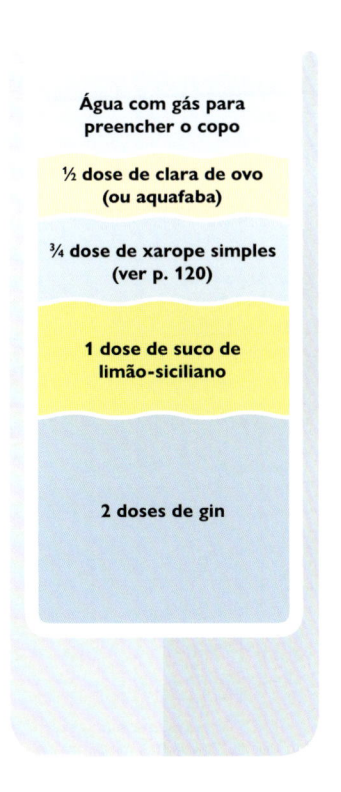

Água com gás para preencher o copo

½ dose de clara de ovo (ou aquafaba)

¾ dose de xarope simples (ver p. 120)

1 dose de suco de limão-siciliano

2 doses de gin

QUAL GIN?

ROKU

SACRED PINK GRAPEFRUIT

MEDITERRANEAN GIN BY LÉOUBE

RECEITA

1. Junte todos os ingredientes, exceto a água com gás, em uma coqueteleira e bata (agite em seco, sem gelo) por alguns segundos.

2. Em seguida, adicione gelo e agite novamente com vigor.

3. Coe em um copo Highball gelado e complete com a água com gás. Não adicione gelo ao copo e nao o decore. Ele se basta como é.

HANKY PANKY

Criado no Savoy Hotel, em Londres, no início dos anos 1900, ele é basicamente uma adaptação do Martinez (ver p. 141). Uma pequena quantidade do licor de ervas italiano intensamente amargo Fernet-Branca corta o vermute doce.

OUTRAS
GUARNIÇÕES
PARA
EXPERIMENTAR

RAMO DE
HORTELÃ

Casca de laranja
para decorar

1 toque de suco de laranja (opcional)

1 colher de chá de Fernet-Branca

1 dose de vermute doce

2 doses de gin

QUAL GIN?

TARQUIN'S CORNISH DRY

**GREATER THAN
LONDON DRY**

EAST LONDON

KEW GIN

RECEITA

1. Misture os ingredientes com gelo em um Mixing Glass.

2. Coe em uma taça Nick e Nora gelada.

3. Você pode refrescá-lo com um toque de suco de laranja.

Dica: Algumas receitas levam duas medidas de gin para uma de vermute, enquanto outras levam medidas iguais. Experimente das duas maneiras e veja de qual você gosta mais.

JULIET AND ROMEO

Criado em 2007 para comemorar a abertura do bar The Violet Hour, em Chicago. Seu criador, Toby Maloney, o descreveu como um coquetel de gin para quem acredita que não gosta de coquetéis de gin.

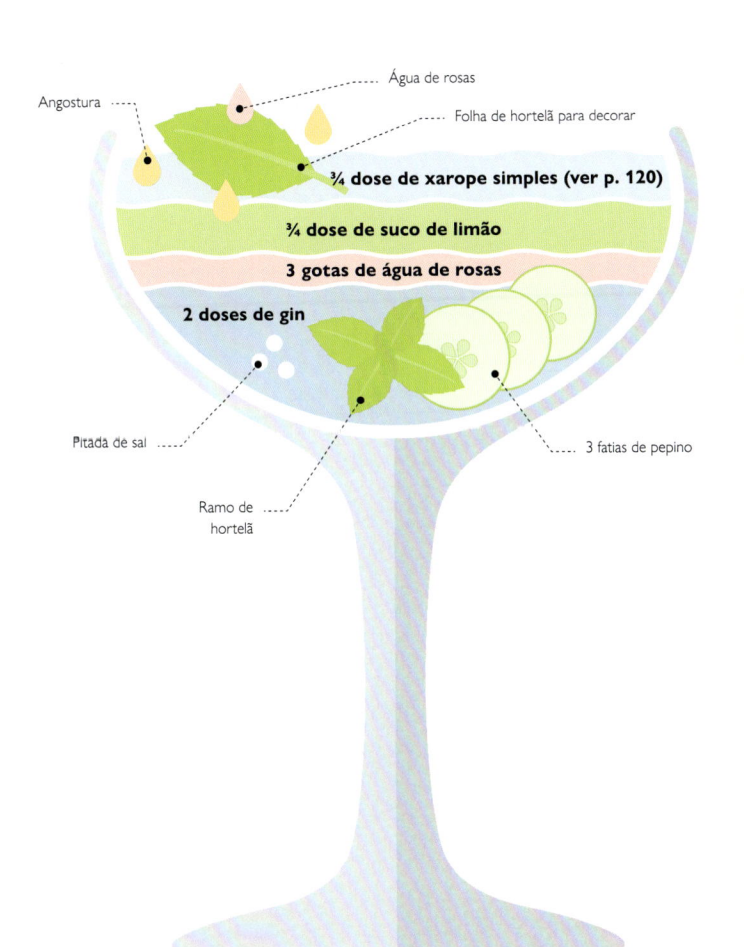

Angostura

Água de rosas

Folha de hortelã para decorar

¾ dose de xarope simples (ver p. 120)

¾ dose de suco de limão

3 gotas de água de rosas

2 doses de gin

Pitada de sal

Ramo de hortelã

3 fatias de pepino

QUAL GIN?

WA BI

ARC ARCHIPELAGO BOTANICAL

FOUR PILLARS RARE DRY

RECEITA

1. Coloque três fatias de pepino na coqueteleira com uma pitadinha de sal e misture tudo.

2. Em seguida, acrescente gin, xarope simples, suco de limão, três gotas de água de rosas e um raminho de hortelã. Adicione gelo, agite e coe duas vezes (ver quadro p. 121) em uma taça Coupe gelada.

3. Agora vamos para a parte sofisticada: coloque no topo da bebida uma única folha de hortelã e apenas uma gota de água de rosas.

4. Pingue três gotas de Angostura na superfície ao redor da folha. Tire uma foto. Faça um post na internet. Ganhe curtidas.

LAST WORD

Eu quase deixei este de fora devido aos ingredientes um pouco exagerados que ele requer, mas no fim das contas, era bom demais para ignorar. É ácido, mas equilibrado. Você pode substituir o chartreuse verde por St. Germain se desejar.

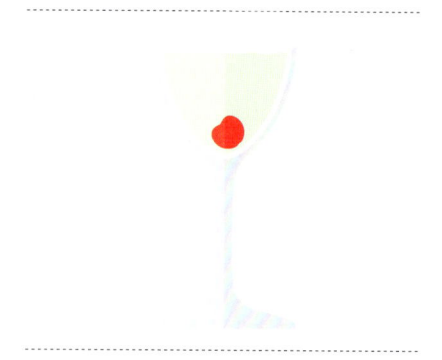

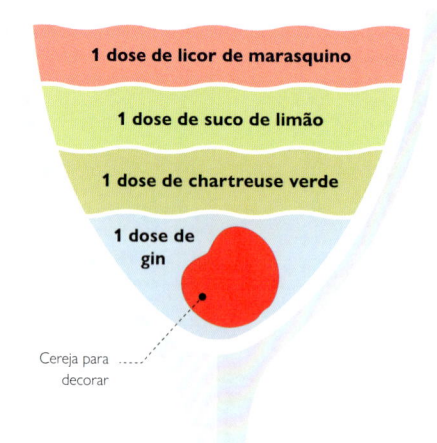

1 dose de licor de marasquino

1 dose de suco de limão

1 dose de chartreuse verde

1 dose de gin

Cereja para decorar

QUAL GIN?

NO. 3 LONDON DRY

SILENT POOL

XORIGUER MAHÓN

RECEITA

1. Agite tudo com gelo e coe em uma taça gelada — uma Nick e Nora é uma boa opção.

2. Coloque uma cereja de coquetel para decorar. Mas escolha uma decente, como a Luxardo, em vez de uma dessas monstruosidades vermelhas brilhantes.

MARTINEZ

Precursor do martíni, este coquetel é mais complexo e um pouco mais doce, mas igualmente delicioso. Use um gin Old Tom se puder, para dar um pouco mais de vigor.

Casca de laranja para decorar

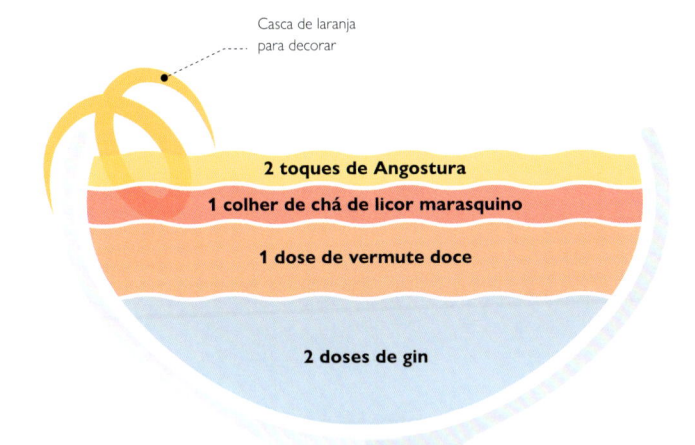

2 toques de Angostura

1 colher de chá de licor marasquino

1 dose de vermute doce

2 doses de gin

QUAL GIN?

YORK GIN OLD TOM

HERNÖ NAVY STRENGTH

ROCK ROSE PINK GRAPEFRUIT OLD TOM

RECEITA

1. Misture tudo em uma coqueteleira ou Mixing Glass sobre gelo até ficar bem gelado e coe em uma taça Coupe gelada.

2. Decore com uma rodela de laranja.

NEGRONI

A interação do gin e do vermute é intensa neste coquetel, além de haver um toque amargo do Campari. Tem uma peculiaridade deliciosa, mas o gin pode se perder se você não tomar cuidado. Gins com notas robustas de zimbro e laranja são apostas seguras, mas vale a pena experimentar outros perfis de sabor para ver o que funciona bem na mistura.

Rodela de laranja para decorar

1 dose de Campari

1 dose de vermute doce

1 dose de gin

QUAL GIN?

SIPSMITH VJOP

O'NDINA

DOROTHY PARKER

RECEITA

Você pode fazer esse coquetel em duas etapas, como abaixo, ou prepará-lo diretamente no copo.

1. Junte os ingredientes e mexa sobre gelo para resfriar e diluir.

2. Coe em um copo gelado sobre mais gelo e decore com uma rodela ou casca de laranja.

OLD FRIEND

Bem quando o gin e o licor de flor de sabugueiro ameaçam brilharem sozinhos, chega o Campari para dar ao coquetel um pouco de amargor, enquanto a toranja-rosa acrescenta uma complexidade azeda que torna o drinque um verdadeiro deleite.

OUTRAS GUARNIÇÕES PARA EXPERIMENTAR

CASCA DE LARANJA

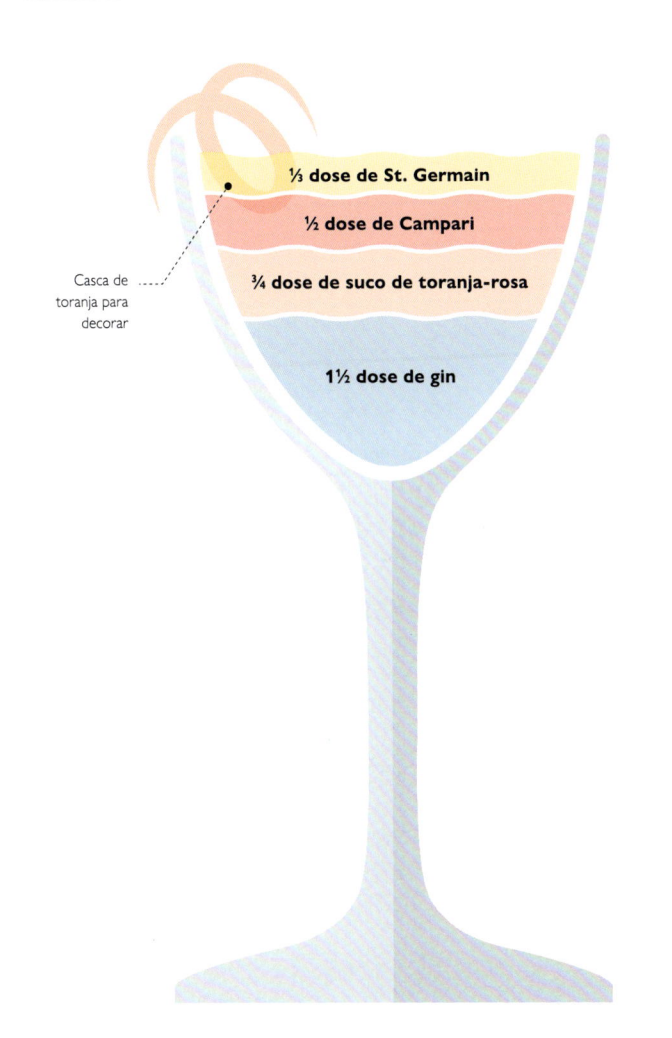

⅓ dose de St. Germain

½ dose de Campari

¾ dose de suco de toranja-rosa

1½ dose de gin

Casca de toranja para decorar

QUAL GIN?

ROCK ROSE PINK
GRAPEFRUIT OLD TOM

HAPUSĀ HIMALAYAN DRY

JENSEN'S
BERMONDSEY DRY

RECEITA

1. Coloque tudo em uma coqueteleira, adicione gelo e agite.

2. Coe duas vezes (ver quadro p. 121) em uma taça Nick e Nora gelada.

3. Decore com casca de toranja.

RED SNAPPER

É fim de semana? Você está de ressaca de novo? É hora do *brunch*? Quer sentir o gosto de alguns botânicos na sua bebida revigorante? Afaste-se, Bloody Mary. Ele pede um Red Snapper! Aviso: este é um pouco complicado. Talvez peça para outra pessoa preparar para você.

OUTRAS GUARNIÇÕES PARA EXPERIMENTAR

AZEITONAS

MINICEBOLA

ALECRIM

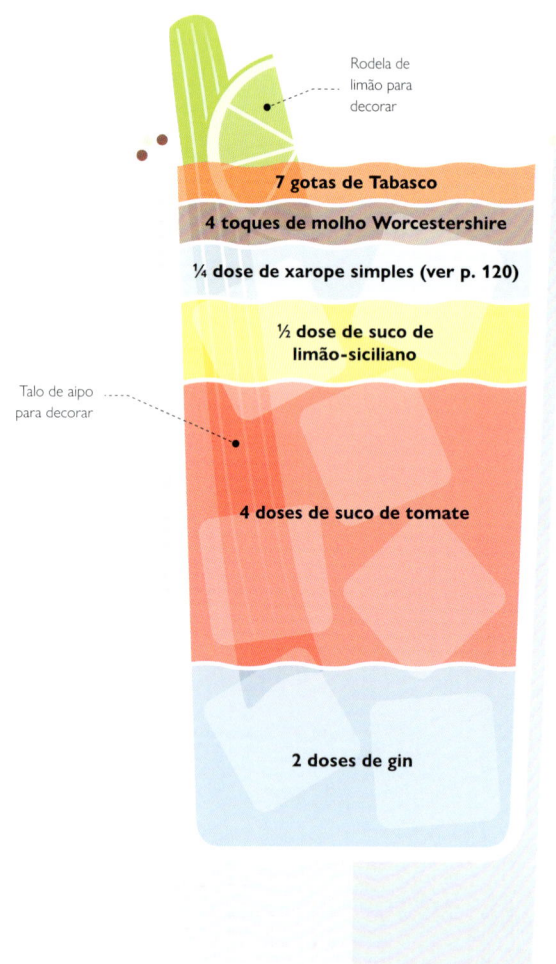

Rodela de limão para decorar

Pimenta-do-reino moída e duas pitadas de sal de aipo na borda

7 gotas de Tabasco

4 toques de molho Worcestershire

¼ dose de xarope simples (ver p. 120)

½ dose de suco de limão-siciliano

Talo de aipo para decorar

4 doses de suco de tomate

2 doses de gin

QUAL GIN?

AUDEMUS UMAMI

BARRA ATLANTIC GIN

SEVEN HILLS VII ITALIAN DRY

RECEITA

1. Prepare seu copo primeiro. Coloque a pimenta-do-reino e o sal de aipo em um prato pequeno e passe o lado cortado da rodela de limão na borda de um copo alto.

2. Passe o copo no sal e na pimenta para que grudem na borda e, em seguida, encha-o com gelo.

3. Agora a bebida: adicione gin, suco de tomate, suco de limão-siciliano, xarope simples e molhos Worcestershire e Tabasco em uma coqueteleira. Agite até ficar bem gelado e coe no copo. (Alguns dizem que uma agitação mais suave é melhor aqui.)

4. Enfeite com um talo de aipo e a rodela de limão.

SATAN'S WHISKERS

Clássico antigo do livro *The Savoy Cocktail Book*, de Harry Craddock. Há duas versões: a simples leva Grand Marnier e tem um toque de laranja; a incrementada pede curaçao e enfatiza um pouco mais o vermute.

Casca de laranja para decorar

1 toque de bitter de laranja

½ dose de Grand Marnier ou curaçao

¾ dose de vermute doce

¾ dose de vermute seco

¾ dose de gin

QUAL GIN?

CITADELLE

AUDEMUS PINK PEPPER

BROOKIE'S

BYRON DRY

RECEITA

1. Coloque todos os ingredientes em uma coqueteleira com gelo e faça o natural nessa situação.

2. Depois de ter agitado o suficiente, coe em uma taça Coupe gelada e decore com uma rodela de laranja.

SOUTHSIDE RICKEY

Este coquetel vai parecer bem familiar para qualquer amante de Mojito. É leve e refrescante e ótimo para longas e quentes noites de verão. Se você deixar de fora o gelo picado, esse Rickey se transforma em um Fizz. Coquetéis têm essa magia.

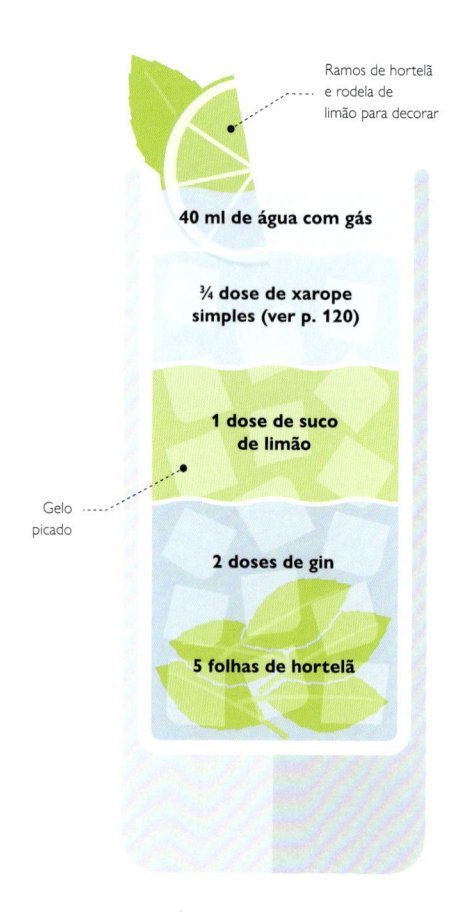

Ramos de hortelã e rodela de limão para decorar

40 ml de água com gás

¾ dose de xarope simples (ver p. 120)

1 dose de suco de limão

Gelo picado

2 doses de gin

5 folhas de hortelã

QUAL GIN?

G'VINE FLORAISON

INVERROCHE CLASSIC

MANLY SPIRITS

COASTAL CITRUS

RECEITA

1. Encha um copo Highball com gelo picado.

2. Adicione gin, suco de limão, xarope simples e folhas de hortelã ao gelo na coqueteleira e agite.

3. Coe no copo. Complete com água com gás e decore com uma rodela de limão e raminhos de hortelã.

20TH CENTURY

Este coquetel lembra o Corpse Reviver No. 2, mas aposta na combinação de limão-siciliano e chocolate. Leva crème de cacao branco, mas se você também tiver a versão escura, pode incrementar a bebida congelando uma colher de chá no fundo do copo.

Casca de limão-siciliano para decorar

¾ **dose de suco de limão-siciliano**

¾ **dose de crème de cacao branco**

¾ **dose de Cocchi Americano (ou Lillet Blanc)**

¾ **dose de gin**

QUAL GIN?

HEPPLE

PALMA

NIKKA COFFEY

RECEITA

1. Misture todos os ingredientes com gelo na coqueteleira. Agite. O objetivo é que o conteúdo ricocheteie nas extremidades da coqueteleira, não apenas se espalhe pelo fundo.

2. Coe em um copo gelado e decore com casca de limão-siciliano.

WHITE LADY

Esta receita passou por algumas grandes mudanças antes de se estabelecer como o coquetel que conhecemos hoje. Quando foi inventada, ela não levava gin, e era feita com crème de menthe.

Casca de limão-siciliano
para decorar

½ dose de clara de ovo (ou aquafaba; opcional)

¾ dose de suco de limão-siciliano

1 dose de Cointreau (ou triple sec)

1½ dose gin

QUAL GIN?

MARTIN MILLER'S
DRUMSHANBO GUNPOWDER
IRISH GIN
LONDON TO LIMA

RECEITA

1. Misture tudo em uma coqueteleira. Se estiver usando clara de ovo, agite-a seca antes de acrescentar gelo. Se não estiver, pule direto para a próxima etapa.

2. Acrescente gelo, agite, coe duas vezes (ver quadro p. 121) em uma taça Coupe gelada e decore com casca de limão-siciliano.

Dica: Se achar muito forte, reduza o Cointreau para três quartos de dose e adicione um quarto de dose de xarope simples (ver p. 120).

WHITE NEGRONI

Versão totalmente francesa de uma bebida italiana clássica, o White Negroni substitui o Campari por Suze, que tem sabor amargo mais forte graças à genciana. O coquetel tem acabamento agradavelmente seco, então é um ótimo aperitivo antes da refeição. Como o Negroni, esta versão é feita com proporções iguais, mas se aumentar o gin para uma dose e meia e diminuir o Suze e o Lillet Blanc para três quartos de dose cada, você pode achar mais equilibrado.

Casca de toranja para decorar

1 dose de Suze

1 dose de Lillet Blanc

1 dose de gin

QUAL GIN?

HAPUSÃ

HIMALAYAN DRY

ACHROOUS

GEOMETRIC

RECEITA

1. Junte os ingredientes em um Mixing Glass, adicione gelo e mexa.

2. Coe em um copo Rocks duplo com gelo.

3. Passe a casca de toranja na borda do copo para dar um toque extra de sabor, depois coloque-a na bebida como enfeite.

Dica: Também é possível fazer isso direto no copo.

AS GUARNIÇÕES

Um drinque sem enfeite é como uma piada sem a frase de efeito final. Pode parecer bobagem e exagero quando o que se quer é ir logo saborear a bebida, mas vale a pena dar esse passo a mais.

SABOR ACENTUADO

Uma boa bebida é um acontecimento, não apenas algo que desce pela goela. Nós saboreamos primeiro com os olhos. A expectativa, a excitação e o prazer fazem mais do que você imagina para incrementar o sabor de uma bebida quando ela chega aos seus lábios.

QUAL GUARNIÇÃO?

Existem três abordagens principais para escolher a guarnição ideal para o seu gin: complementar, contrastar e harmonizar. Falando de modo geral, aumentar a complexidade da sua bebida a torna mais interessante. Portanto, se o gin for rico em zimbro e cítricos, com notas de fundo herbais mais sutis, você pode escolher uma guarnição de ervas como alecrim ou uma fatia de pepino, para ressaltar essas notas de fundo no coquetel.

Se sua bebida tem um sabor específico proeminente, escolha uma guarnição para contrastar com ele. Por exemplo, uma guarnição de frutas adiciona profundidade a um gin floral, enquanto os cítricos podem iluminar um gin terroso e aromático. Pense

também em como os sabores básicos interagem (ver "Como o sabor funciona", p. 94-95).

Sua terceira opção é identificar o que o gin oferece e se alinhar a isso. Uma guarnição harmonizadora acentua o sabor predominante do gin, mas de uma forma que também adiciona complexidade. Por exemplo, uma casca de limão-siciliano intensifica a acidez de um sloe gin.

GUARNIÇÕES CÍTRICAS

Limão, laranja e outras frutas cítricas têm presença forte no mundo dos coquetéis. As cascas contêm compostos como limoneno (também encontrado em muitos ingredientes do gin), que afetam o sabor da bebida pronta.

Para dar um toque a mais, corte uma tira da casca da fruta. Não vá

MISTURE E COMBINE
Uma variedade de guarnições diferentes é uma boa alternativa para todas as categorias de gin.

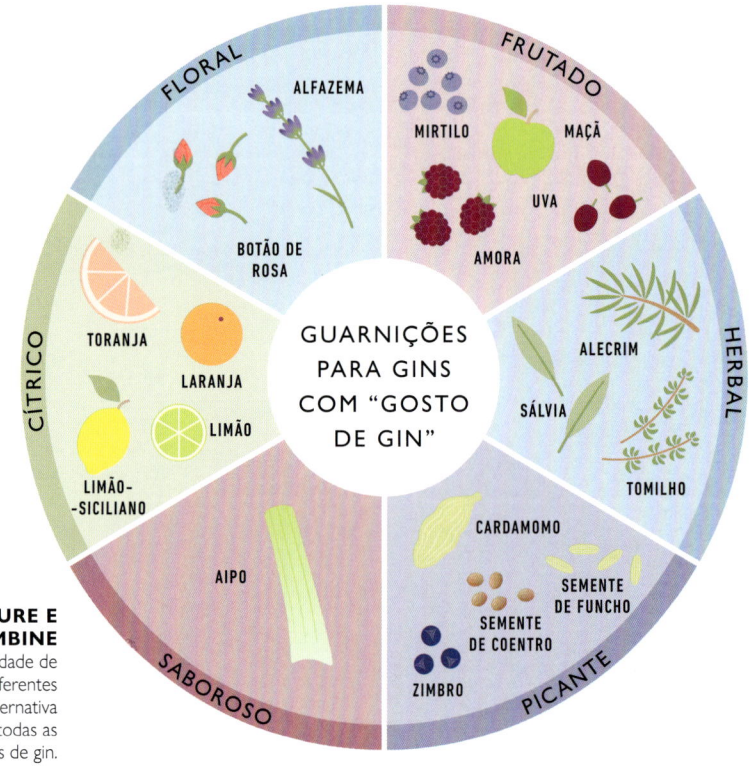

FLORAL — ALFAZEMA — BOTÃO DE ROSA

FRUTADO — MIRTILO — MAÇÃ — UVA — AMORA

HERBAL — ALECRIM — SÁLVIA — TOMILHO

PICANTE — CARDAMOMO — SEMENTE DE FUNCHO — SEMENTE DE COENTRO — ZIMBRO

SABOROSO — AIPO

CÍTRICO — TORANJA — LARANJA — LIMÃO — LIMÃO-SICILIANO

GUARNIÇÕES PARA GINS COM "GOSTO DE GIN"

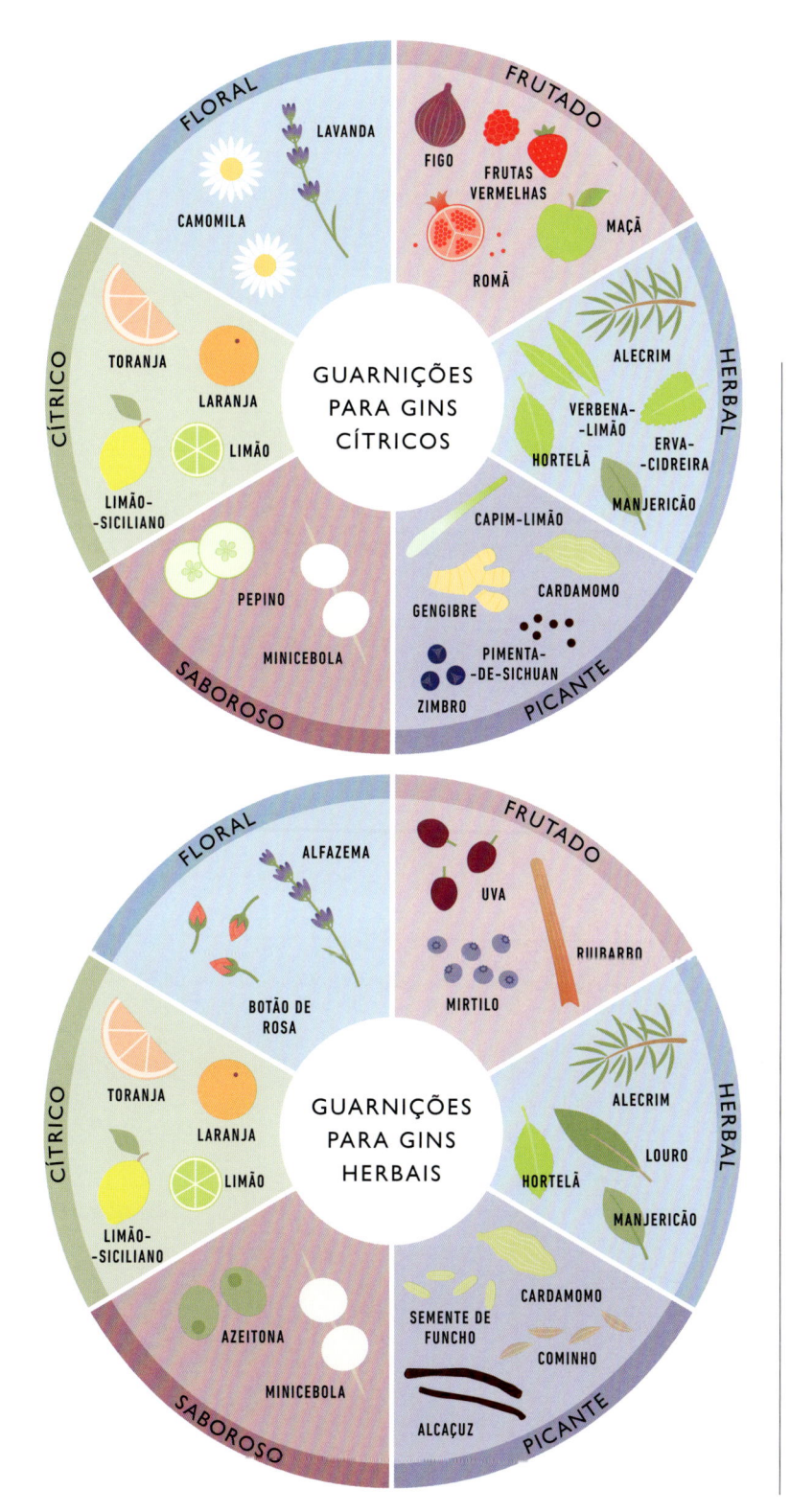

muito fundo, já que não quer a parte branca amarga no copo. Você pode dobrar esse lado da casca para jogar uma camada de óleos na bebida ou esfregá-la na borda do copo para dar um toque de sabor. Também é possível colocar a casca toda na bebida, aparando-a primeiro se quiser que fique elegante.

Você também pode cortar rodelas, fatias ou pedaços da fruta para colocar na bebida. Se fizer isso, espremer algumas gotas de suco da fruta na bebida tornará a experiência de sabor ainda mais intensa.

GUARNIÇÕES DE ERVAS

A hortelã é a guarnição herbal clássica. Um raminho fresco de folhas verdes brilhantes fica lindo e dá uma dimensão extra à bebida. É ótimo com um coquetel Clover Club (ver p. 128), por exemplo.

Um raminho de alecrim é outra boa opção que harmoniza bem com as notas de zimbro do gin. Tomilho e tomilho-limão também funcionam bem, mas o alecrim tem um pouco menos de chance de soltar fragmentos na bebida.

Eu sou muito fã de uma fatia de pepino no gin-tônica. Embora seja um sabor herbal, é um pouco mais suave do que alecrim ou hortelã, mais leve. A popularidade das tônicas de pepino mostra que não estou sozinho nessa.

GUARNIÇÕES AMADEIRADAS E PICANTES

Uma opção óbvia para acentuar o gin do seu gin-tônica é colocar algumas bagas de zimbro por último. Fica bonito e obviamente com um bom sabor, mas, ainda assim, nem todo mundo é fã. As bagas flutuam, acabam indo para os lábios quando você bebe e podem incomodar. Funcionam melhor com um canudo, e muitas pessoas preferem evitar o uso.

Outra alternativa flutuante, porém menos incômoda, é o anis-estrelado. Ele adiciona um toque aromático profundo e terroso à bebida. Canela também pode ser boa uma boa escolha, assim como pimenta-do-reino e grãos de café.

GUARNIÇÕES ÁCIDAS, SALGADAS E UMAMI

Esses sabores compõem algumas das guarnições clássicas de coquetéis de gin. Veja a humilde azeitona, que reina no nobre Dry Martini (ver p. 131). Talvez você até pense: "Ela não tinha nada que estar no meu copo". Mas, ao provar, você nunca mais vai questionar a presença dela.

INCREMENTE O SABOR
Use guarnições para complementar ou contrastar os sabores de cada gin ou para acrescentar complexidade.

FLORAL — HIBISCO, CALÊNDULA, CAMOMILA
FRUTADO — MELÃO, ROMÃ, PÊSSEGO, FIGO, FRUTAS VERMELHAS
HERBAL — ALECRIM, VERBENA-LIMÃO, MANJERICÃO, HORTELÃ
PICANTE — PIMENTA-ROSA, ZIMBRO, PIMENTA, ANGÉLICA
SABOROSO — PEPINO, FOLHA DE COENTRO
CÍTRICO — TORANJA, LARANJA, LIMÃO, LIMÃO-SICILIANO

GUARNIÇÕES PARA GINS FLORAIS

FLORAL — ALFAZEMA, HIBISCO
FRUTADO — ROMÃ, PERA
HERBAL — TOMILHO, LOURO, SÁLVIA, MANJERICÃO
PICANTE — CAPIM-LIMÃO, SEMENTE DE FUNCHO, SEMENTE DE COMINHO, ANIS-ESTRELADO, CARDAMOMO
SABOROSO — TOMATE, AIPO, AZEITONA, FOLHA DE COENTRO, MINICEBOLA
CÍTRICO — TORANJA, LARANJA, LIMÃO, LIMÃO-SICILIANO

GUARNIÇÕES PARA GINS MARÍTIMOS/UMAMI

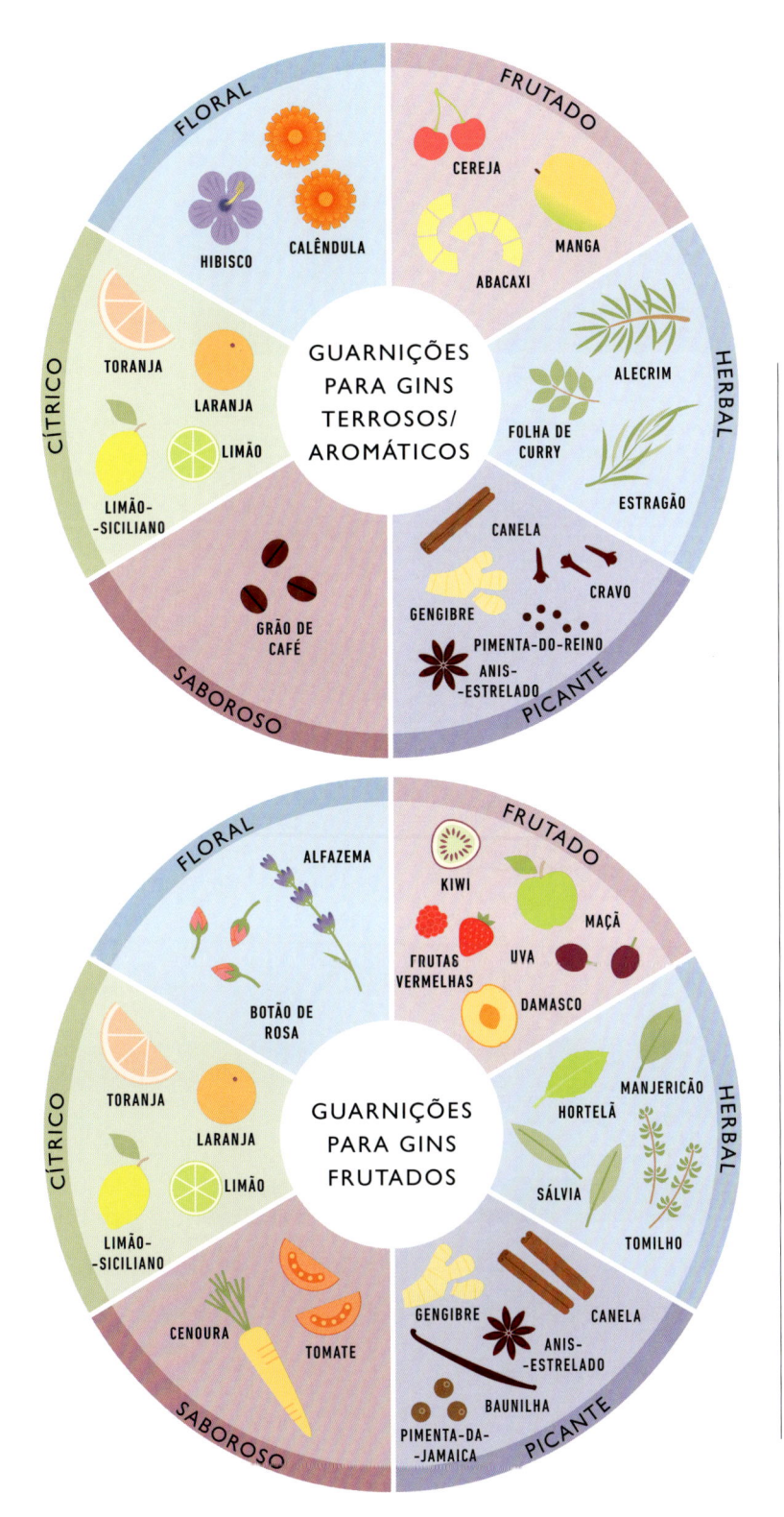

Substitua a azeitona por uma minicebola-pérola, e você terá substituído o salgado e o umami pelo picante e intenso, com talvez um pequeno toque de umami. Seu martíni se transforma em um Gibson (ver p. 134), mas as regras permanecem as mesmas: parece estranho, mas o gosto é glorioso. Uma borda salgada, uma fatia de picles, aipo ou de tomate também podem funcionar.

GUARNIÇÕES FRUTADAS

Um viva para a poderosa cereja marasquino, uma gotinha do céu aqui na terra. Aqui estão as adequadas: Luxardo e Hotel Starlino — joias escuras e brilhantes imersas em um xarope mais viciante. Esqueça o coquetel, vamos beber direto da jarra!

Outras frutas vermelhas, como framboesa, morango e similares também são deliciosas se combinadas ao gin ou ao coquetel certo. A amora fica deliciona no gin-tônica feito com Hepple Gin (ver p. 160), que é destilado com cassis. São frutas diferentes, é claro, mas os sabores funcionam bem juntos, e amoras são mais fáceis de encontrar. Uma fatia de maçã ou pera ou algumas uvas também combinam.

EXPLORANDO OS
GINS
POR
SABOR

ESTA SEÇÃO USA o sabor como a chave para explorar a grande variedade de gins disponíveis atualmente. Com notas de degustação para mais de cem rótulos, você encontrará gins com "gosto de gin" — com sabor marcante de zimbro e botânicos clássicos —, assim como gins cítricos, herbais, florais, frutados, terrosos e aromáticos, além dos marítimos e umami. Para cada um desses perfis, você descobrirá botânicos mais comuns, a origem dos sabores que unem os gins em cada categoria e sugestões de guarnições, misturadores e coquetéis que realçam sua experiência a cada degustação. Pegue um copo, um pouco de tônica ou outra bebida para misturar e prepare-se para explorar o delicioso mundo do gin.

GINS COM "GOSTO DE GIN"

Estes são tanto os clássicos quanto os mais modernos que seguem a mesma tradição. Eles têm uma nítida inclinação ao zimbro, mas, além disso, costumam ser bem suaves e equilibrados.

OS BOTÂNICOS

Não há surpresa aqui. Estamos falando de zimbro, coentro, angélica, orris, limão-siciliano e alcaçuz. Não é incomum ver alguns incorporando cubeba ou pimenta-da-guiné para adicionar um toque apimentado. Assim como foi com o zimbro tradicional, algumas destilarias estão começando a experimentar outras espécies (ver p.21).

COENTRO

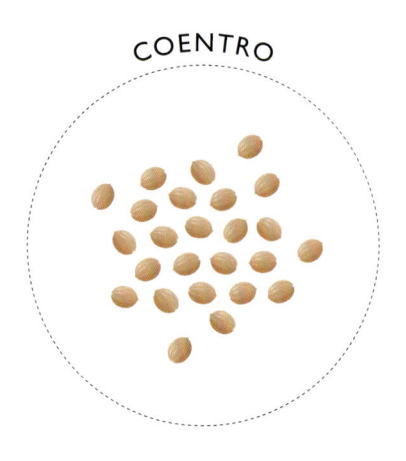

ANGÉLICA

ORRIS

LIMÃO-SICILIANO

ALCAÇUZ

MIXERS	GUARNIÇÕES	COQUETÉIS	OUTROS GINS PARA PROVAR
FEVER-TREE Premium Indian Tonic Water	**LIMÃO-SICILIANO**	**GIN AND IT** ver p. 111	**HAYMAN'S OLD TOM**
Q SPECTACULAR Tonic Water	**ALFAZEMA**	**DRY MARTINI** ver p. 131	**JAWBOX CLASSIC DRY**
STRANGELOVE No. 8 Indian Tonic Water	**ALECRIM**	**NEGRONI** ver p. 142	**WILDJUNE WESTERN STYLE**

BEEFEATER LONDON DRY

APV 40% (47% APV PARA EXPORTAÇÃO)

LONDRES, INGLATERRA

SABOR

ZIMBRO · CÍTRICO · HERBAL · FLORAL · PICANTE · FRUTADO

Talvez o arquétipo do gin London Dry, o Beefeater mantém forte ligação com a cidade de Londres até hoje, cuja receita permanece inalterada desde 1876. Ele mistura nove botânicos clássicos, incluindo semente e raiz de angélica. No olfato, é limpo. Começa com o zimbro e a casca de laranja oleosa, desenvolvendo. Em seguida, um sutil tom floral. No paladar, o zimbro domina, como era de se esperar, mas por baixo há um equilíbrio reconfortante de cítricos e especiarias.

Existem outras variações para experimentar, como Beefeater 24 (feito com chá) e Beefeater Crown Jewel (forte, muita toranja), mas o clássico London Dry continua sendo uma base confiável para coquetéis.

BLUECOAT AMERICAN DRY

APV 47%

FILADÉLFIA, EUA

SABOR

ZIMBRO · CÍTRICO · HERBAL · FLORAL · PICANTE · FRUTADO

Quando foi lançado em 2006, se destacou pelo uso de "cascas cítricas não encontradas na maioria dos gins". Hoje em dia, seu sabor parece bastante clássico. Isso mostra como os gostos mudam. Mas não se engane: esse gin continua sendo muito bom e vale a pena experimentá-lo.

No olfato, há zimbro suave, combinado a laranja amarga. No paladar, eles se unem a uma especiaria suave e terrosa, cardamomo (ou algo parecido) no centro da boca e toranja vermelha picante e frutada. O final é marcado por um pouco de angélica e toques almiscarado, amadeirado e seco. Fica muito bom com tônica.

BOMBAY SAPPHIRE LONDON DRY

APV 40%

LAVERSTOKE, INGLATERRA

SABOR

ZIMBRO
CÍTRICO
FRUTADO
HERBAL
PICANTE
FLORAL

O gin talvez jamais tivesse renascido sem o Bombay Sapphire. Mas, apesar de ter redefinido a categoria, ele na atualidade tem um sabor bastante clássico. Se o gin fosse uma cidade, o aroma do Bombay Sapphire colocaria você bem no centro da praça principal e não em qualquer ruela estranha.

O limão-siciliano se destaca de imediato, mas o zimbro e especiarias suaves também estão presentes. Seu paladar mantém a leveza que atraiu os consumidores de volta do mundo da vodca, mas, se prestar atenção, você perceberá notas sutis de zimbro e íris. Há um toque vegetal intrigante, talvez o lado almiscarado da angélica, que evolui para um final apimentado, de especiarias e amadeirado, envolto em cítricos.

FORDS GIN LONDON DRY

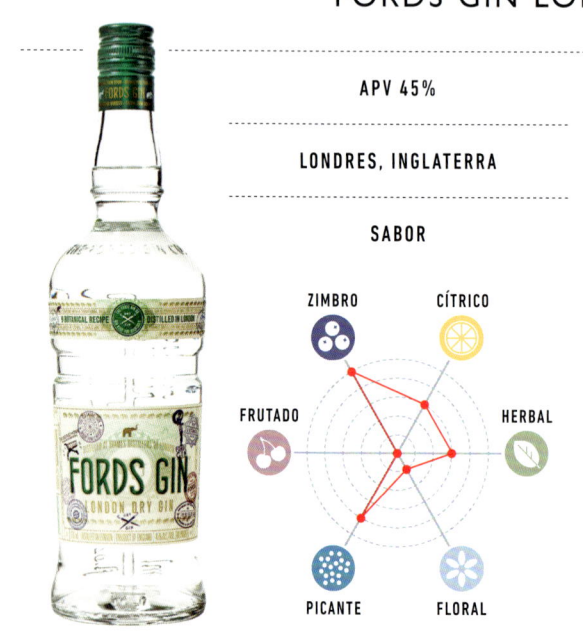

APV 45%

LONDRES, INGLATERRA

SABOR

ZIMBRO
CÍTRICO
FRUTADO
HERBAL
PICANTE
FLORAL

Este é um gin para verdadeiros amantes de gin, criado por duas lendas: Simon Ford, antigo embaixador das marcas Beefeater e Plymouth Gin nos Estados Unidos, e o mestre destilador Charles Maxwell, cuja família produz gin desde os anos 1680.

O zimbro assume protagonismo com seu caráter floral e canfórico em vez do perfil usual de pinho e terpenos. Talvez isso se deva à longa maceração de quinze horas, ou ao fato de ele ser destilado muito lentamente por mais cinco horas. Um gin equilibrado e complexo, onde o zimbro e o cítrico se expandem sobre a cássia amadeirada, conduzindo a um final longo e aconchegante com notas ricas e profundas de toranja. Com tônica, o zimbro se suaviza, evocando uma caminhada na floresta úmida inglesa durante as chuvas de abril, iluminadas pelo sol cítrico.

GREATER THAN LONDON DRY

APV 40%

NOVA DELHI, ÍNDIA

SABOR

ZIMBRO · CÍTRICO · HERBAL · FLORAL · PICANTE · FRUTADO

Enquanto trabalhavam como bartenders em Nova Delhi, Índia, os cofundadores da NÃO Spirits, Anand Virmani e Viabhav Singh, se sentiam frustrados pela falta de gins locais. Eles queriam um gin London Dry forte, mas feito no país deles. Greater Than é exatamente isso.

Gengibre, funcho, capim-limão e camomila se harmonizam para mantê-lo interessante, enquanto ainda preserva a tradição necessária para que a essência do gin se conecte com suas origens indianas, voltadas para o mercado interno. E embora esse mercado seja potencialmente enorme, este gin merece ir ainda mais longe. É delicioso, equilibrado e clássico sem parecer antiquado — uma ótima opção para gin-tônica ou Dry Martini (ver p. 131).

HEIGHT OF ARROWS

APV 43%

EDIMBURGO, ESCÓCIA

SABOR

ZIMBRO · CÍTRICO · HERBAL · FLORAL · PICANTE · FRUTADO

Height of Arrows é um gin notável pelo pouco que tem, em vez de pelo excesso. Há apenas zimbro nele, modificado por sal marinho e cera de abelha para extrair todos os tipos de outros sabores. No nariz, é resinoso, tem uma nota suave de limão-siciliano e a leve sugestão de algo profundamente quente e adocicado. No paladar, há o zimbro novamente, mas ele se transforma em alecrim, alfazema e erva-doce, levando a um acabamento suave e herbal.

Sinceramente, não sei bem como conseguiram esse efeito, mas se há alguém que pode alegar que dá continuidade às raízes alquímicas da destilação, talvez seja esta destilaria. Experimente em um Gibson (ver p. 134).

HEPPLE

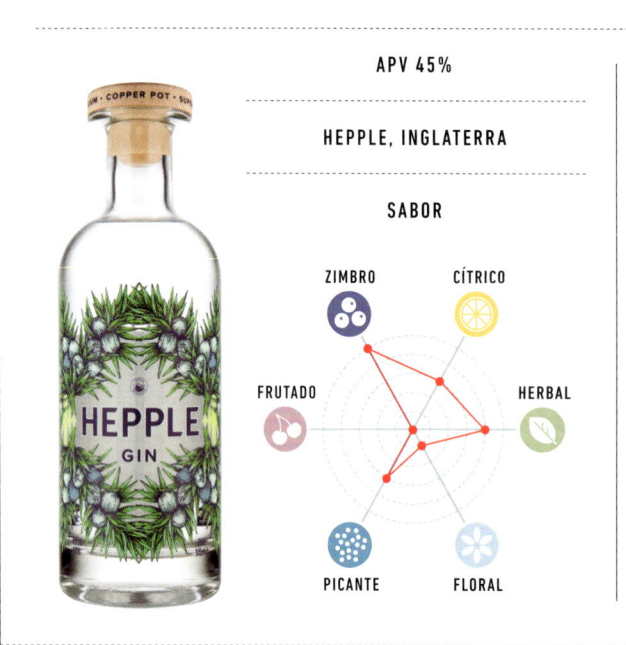

APV 45%

HEPPLE, INGLATERRA

SABOR

ZIMBRO · CÍTRICO · FRUTADO · HERBAL · PICANTE · FLORAL

Um dos melhores. O zimbro terroso domina o aroma, trazendo notas de grama e musgo dos pântanos de Northumberland. O saboroso e doce samouco-do-brabante dá lugar a cassis. No paladar, surgem funcho, abeto, coentro e levístico, que levam a um final repleto de cedro e sândalo dos zimbros frescos e verdes colhidos na propriedade Hepple.

O destilador Chris Garden (ex-Sipsmith) combina destilação tradicional, destilação a vácuo e extração supercrítica (ver p. 64-65) para capturar a essência de seus doze botânicos. O resultado é transmitir as terras altas direto para a sua alma. Estupendo. É ao mesmo tempo clássico e moderno, silenciosamente complexo e nada menos que delicioso, não importa como você o beba — embora em martínis (ver p. 130-131) faça qualquer um cair de joelhos.

HERNÖ NAVY STRENGTH

APV 57%

DALA, SUÉCIA

SABOR

ZIMBRO · CÍTRICO · FRUTADO · HERBAL · PICANTE · FLORAL

Esse gin Navy Strength da primeira destilaria de gin da Suécia é uma combinação deliciosa de zimbro ousado e intenso, pimenta terrosa e ulmaria fresca. Há baunilha também, que adiciona uma sutil doçura, assim como lingonberry. O limão-siciliano surge no ponto alto, iluminando a mistura com um toque cítrico e tornando esse um gin Navy Strength bastante contemporâneo em comparação a alguns de seus equivalentes.

Ele é uma pancada, como era de se esperar pelo teor alcoólico, mas isso logo se transforma em um calor agradável e aconchegante. Dome-o com um pouco de tônica para aproveitá-lo ao máximo.

HIGHCLERE CASTLE LONDON DRY

APV 43,5%

HIGHCLERE, INGLATERRA

SABOR

ZIMBRO · CÍTRICO · HERBAL · FLORAL · PICANTE · FRUTADO

Distante do antigo Ruína de Mãe, esse gin não é tão do estilo "beber para esquecer a pobreza" tem mais o perfil das classes altas inglesas (com o acréscimo de um empresário americano de bebidas destiladas, Adam von Gootkin). É originário da "verdadeira Downton Abbey", lar do Conde e Condessa de Carnarvon, e celebra sua reputação de entreter com os mais altos padrões.

É um pouco ardente puro, mas, misturado com tônica, ele realmente canta: tons de base terrosos e aromáticos, angélica e cardamomo suave em harmonia com alfazema no registro alto, e cítrico e zimbro na melodia.

JENSEN'S BERMONDSEY DRY

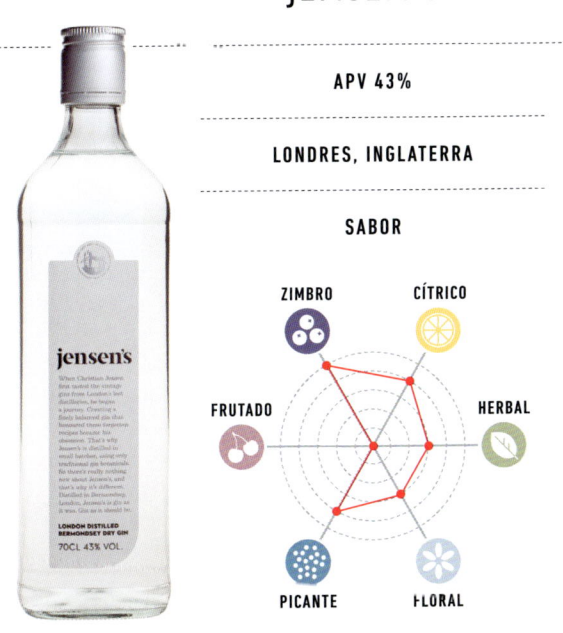

APV 43%

LONDRES, INGLATERRA

SABOR

ZIMBRO · CÍTRICO · HERBAL · FLORAL · PICANTE · FRUTADO

Bermondsey, localizada ao sudeste da Ponte de Londres e do Borough Market. Christian Jensen, criou seu gin como uma resposta aos gins básicos ruins dos anos 1980 e 1990. A receita veio dos anos 1920, com base em ingredientes disponíveis em Bermondsey na época, feita em parceria com Charles Maxwell, da Thames Distillers.

Ele abre com um equilíbrio clássico e terroso no nariz, impulsionado por um zimbro com toques de pinho levemente persistente. No paladar, há uma nota floral e terrosa que se torna enraizada e doce, e o zimbro e os cítricos elevam a experiência. Um gin autêntico que "tem gosto de gin", no melhor sentido da expressão.

JUNIPERO

APV 49,3%

SÃO FRANCISCO, EUA

SABOR

ZIMBRO — CÍTRICO — HERBAL — FLORAL — PICANTE — FRUTADO

Um dos pioneiros da destilação artesanal americana, esse gin está se aproximando de sua terceira década de vida. Muita coisa mudou no mundo do gin desde seu lançamento em 1996 e, hoje em dia, ele tem um gosto bem clássico comparado a outros que existem por aí — embora também não seja um London Dry padrão. O zimbro amadeirado tem presença mais marcante e as notas herbais são mais fortes.

Coentro e cardamomo dançam nesta bebida, evocando capim-limão, apesar de não haver este ingrediente na receita. É complexo no paladar e surpreendentemente suave dado seu teor alcoólico, mesmo quando degustado puro. É enérgico do jeito que deve ser.

MARTIN MILLER'S

APV 40%

LONDRES, INGLATERRA

SABOR

ZIMBRO — CÍTRICO — HERBAL — FLORAL — PICANTE — FRUTADO

Eu dou nota para cada gin que experimento. Se a nota é relativamente alta, me pergunto: como ele poderia se tornar ainda melhor? Se eu não consigo pensar em nada, o gin atinge a nota máxima. Pontuação perfeita. Esse gin é um desses casos.

É leve e equilibrado, mas, ao mesmo tempo, maravilhosamente complexo. O alcaçuz e o limão-siciliano dançam ao lado da noz-moscada e do orris, com um toque elevado de pepino, como o sol vindo de cima. É suave no paladar, doce e herbal no início, e então o toque caloroso de raiz se desvia para o floral de íris-orris antes de seguir caminho com um longo e complexo retrogosto de especiarias amadeiradas e secas, como pinho, angélica, alcaçuz e limão-siciliano novamente.
Um clássico moderno.

PLYMOUTH GIN

APV 41,2%

PLYMOUTH, INGLATERRA

SABOR

ZIMBRO · CÍTRICO · HERBAL · FLORAL · PICANTE · FRUTADO

Mais suave do que um London Dry, este gin foi impulsionado pelo equilíbrio agradável entre zimbro rígido, cardamomo e coentro terrosos e aromáticos ao olfato. No paladar é suave e cremoso. Há um rápido toque de laranja que dá lugar aos sabores delicados de raiz e ervas que retornam ao zimbro É um pouco doce. Ou meio seco, melhor dizendo: não é realmente doce, mas se afastou do seco e pegou essa direção.

O final é longo e seco, amadeirado e com toque de pinho da angélica e do zimbro, mas quando misturado com tônica, os sabores de coentro, limão-siciliano e laranja ganham destaque. É um clássico extremamente versátil e essencial para qualquer amante de coquetéis.

PROCERA GREEN DOT

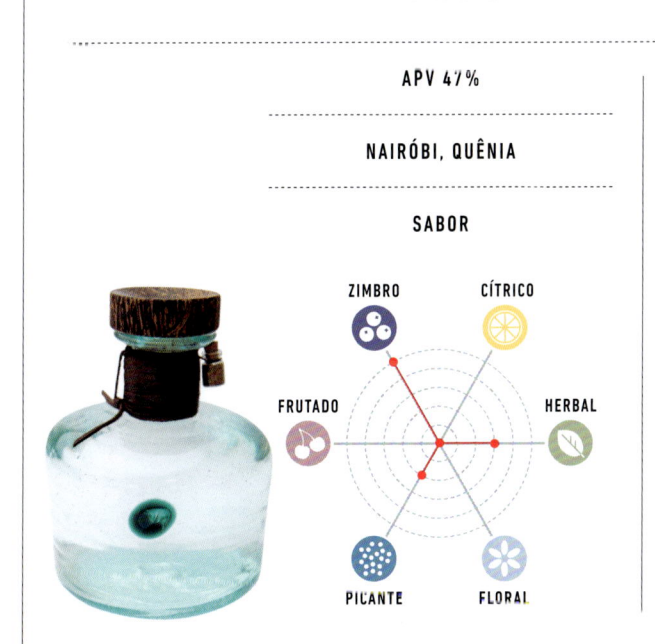

APV 47%

NAIRÓBI, QUÊNIA

SABOR

ZIMBRO · CÍTRICO · HERBAL · FLORAL · PICANTE · FRUTADO

Este gin é uma carta de amor ao zimbro e uma exploração de cada faceta de seus sabores. Ele contém um pouco de zimbro-comum, mas a estrela é o *Juniperus procera*, o zimbro-africano, o único nativo do hemisfério sul. Os fãs do uso integral de uma matéria-prima aprovarão como a destilaria faz uso dela, nos presenteando com sabores de folhas (somente pontas jovens) e bagas (frescas e secas) até o cerne tostado.

No nariz, a safra de 2022 revelou um zimbro suave e terroso, com traços de nozes, forte presença de chá herbal e base amadeirada. No paladar, pinho e grama seguido por madeira até revelar o acabamento resinoso e oleoso.

SIPSMITH VJOP

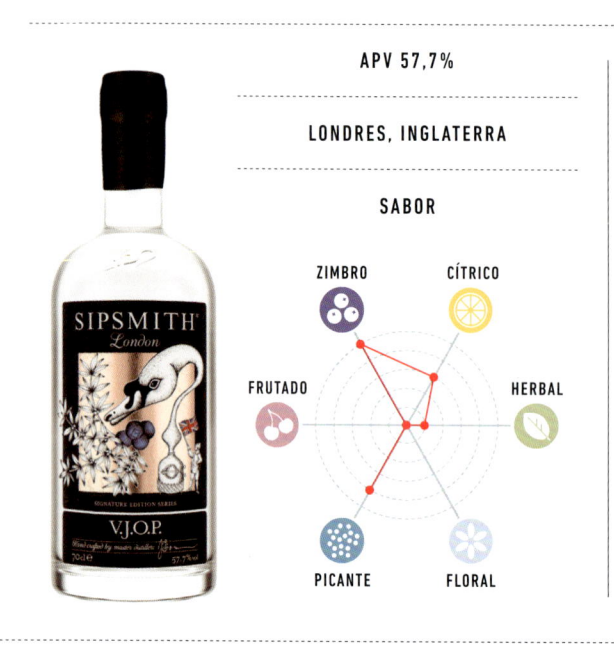

APV 57,7%

LONDRES, INGLATERRA

SABOR

ZIMBRO · CÍTRICO · HERBAL · FLORAL · PICANTE · FRUTADO

"VJOP" significa "Very Junipery Over Proof" (comprovadamente com muito zimbro), e esse gin cumpre o que promete. A Sipsmith usa o dobro de zimbro neste gin em comparação ao London Dry. O resultado é uma grande e ousada festa de zimbro na boca, mas há uma agradável complexidade de fundo, se você prestar atenção.

No aroma, notas de zimbro e amadeiradas se destacam sobre a casca de laranja e o coentro. Angélica e especiarias ricas se fazem presentes no paladar, e, quando misturado com tônica, surge uma sensação de torta de limão-siciliano e merengue. O final é longo, seco e amadeirado de novo, com o zimbro navegando em direção ao pôr do sol. Faz um Negroni realmente matador (ver p. 142).

TANQUERAY LONDON DRY

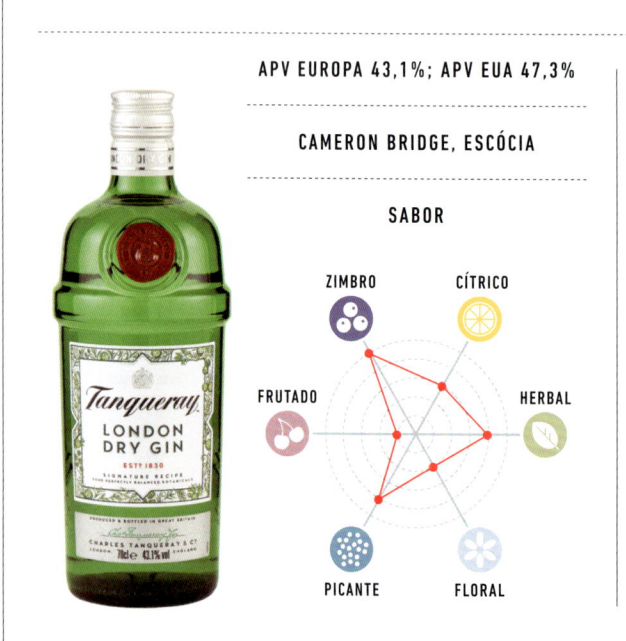

APV EUROPA 43,1%; APV EUA 47,3%

CAMERON BRIDGE, ESCÓCIA

SABOR

ZIMBRO · CÍTRICO · HERBAL · FLORAL · PICANTE · FRUTADO

A rocha que permanece firme, clássica, arredondada, equilibrada e deliciosa, enquanto as marés do gin giram ao seu redor. É a prova de que não é necessário gastar muito dinheiro para obter um gin que mereça um lugar em qualquer cozinha ou bar.

O zimbro em sua versão mais típica saúda seu nariz junto ao coentro cítrico. No paladar, a angélica se mistura quase perfeitamente com o zimbro, mas também adiciona sua própria nuance amadeirada e perfumada O alcaçuz traz profundidade com um toque de doçura. O final é longo e seco com coentro, pinho e o formigamento agradável do calor alcoólico. Soberbo em um gin-tônica, mas, para coquetéis, prefira o Tanqueray No. Ten (ver p. 173).

TARQUIN'S CORNISH DRY

APV 42%

ST. ERVAN, INGLATERRA

SABOR

ZIMBRO · CÍTRICO · HERBAL · FLORAL · PICANTE · FRUTADO

Este gin tem um perfil de sabor clássico do London Dry, com um toque de toranja e violeta, que se destacam ainda mais quando a tônica se junta a ele. É feito a partir de destilado neutro à base de trigo com doze botânicos, nenhum deles muito incomum além da toranja e da violeta.

O que é um pouco incomum, pelo menos hoje em dia, é que os destiladores aquecem seus três alambiques de cobre de 250 litros sobre uma chama aberta e selam as juntas com massa de pão. O impacto disso no sabor, eu não sei dizer, mas não pode ser nada ruim porque este é um gin saboroso.

YORK GIN OLD TOM

APV 42,5%

YORK, INGLATERRA

SABOR

ZIMBRO · CÍTRICO · HERBAL · FLORAL · PICANTE · FRUTADO

Que revelação. Este Old Tom é muito levemente adoçado com um xarope de açúcar infundido com rosa-alba, funcho, anis-estrelado, angélica e pimenta-rosa, que conferem ao gin uma textura sedosa e elegante.

Seu aroma se inicia com erva-doce e canela, que cedem espaço a uma nota floral terrosa. No paladar, o zimbro aparece com a canela mais uma vez. Notas herbáceas se entrelaçam com sabores florais, e o cardamomo surge em uma onda que é, por sua vez, substituída por um toque apimentado crescente. O final é longo e com sabor de especiaria terrosa. É ótimo com tônica, mas melhor ainda se você preparar um Martinez (ver p. 141).

GINS CÍTRICOS

Quase todos os gins apresentam uma nota cítrica para realçar os outros botânicos. Esta seção apresenta gins de caráter cítrico mais intenso que impulsiona seu perfil de sabor. Alguns são ácidos e picantes, enquanto outros seguem um caminho mais rico e frutado.

BOTÂNICOS

Laranja, limão, limão-siciliano e toranja predominam. Também é possível encontrar frutas cítricas mais exóticas, como cidra-mão-de-buda, dalandan, calamansi e laranjinha kinkan.
Do Japão, encontramos yuzu, cada vez mais popular no Ocidente, e também pomelo hirado buntan, kabosu, komikan e natsudaidai.

CIDRA-MÃO-DE-BUDA

DALANDAN

CALAMANSI

LARANJINHA KINKAN

YUZU

MIXERS	GUARNIÇÕES	COQUETÉIS	OUTROS GINS PARA PROVAR
FRANKLIN & SONS Rosemary Tonic Water with Black Olive	**TOMILHO**	**BRONX** ver p. 127	**BEEFEATER CROWN JEWEL**
LONG RAYS Premium Australian Pacific Tonic	**HORTELÃ**	**JULIET AND ROMEO** ver p. 139	**BOMBAY SAPPHIRE PREMIER CRU**
LONDON ESSENCE Grapefruit and Rosemary Tonic Water	**PEPINO**	**20TH CENTURY** ver p. 147	**KOMASA GIN SAKURAJIMA KOMIKAN**

ARC ARCHIPELAGO BOTANICAL

APV 45%

CALAMBA, FILIPINAS

SABOR

ZIMBRO
CÍTRICO
FRUTADO
HERBAL
PICANTE
FLORAL

É cítrico, mas não do jeito que estamos acostumados — pelo menos, para aqueles de nós que cresceram no Ocidente. Mas, lembre-se, este gin vem das Filipinas, então, para os locais, os sabores de dalandan e calamansi são mais comuns.

Os cítricos são a alma deste gin, acompanhados por notas florais de ilangue-ilangue, jasmim-árabe (sampaguita) e flores de camia. No paladar, notas de base amadeiradas impedem que o gin seja muito enjoativo e o tornam muito agradável. Há 28 botânicos no total, 22 deles coletados nas Filipinas. Alguns vão para a panela, outros são infundidos no vapor.

BRIGHTON GIN PAVILION STRENGTH

APV 40%

BRIGHTON, INGLATERRA

SABOR

ZIMBRO
CÍTRICO
FRUTADO
HERBAL
PICANTE
FLORAL

Este gin suave e equilibrado leva muitas notas cítricas e um toque de cardo-mariano doce e floral. Há uma pitada de especiarias para dar equilíbrio e zimbro na medida certa. No nariz, de primeira senti casca de limão, mas, misturado com tônica, migrou para laranja — ambos estão realmente perceptíveis.

Kathy Caton, fundadora do Brighton Gin, afirma que ele faz um ótimo gin-tônica decorado com uma fatia de laranja. Tenho que concordar, com uma ressalva: escolha sua tônica com sabedoria. Seria uma pena diluir este gin suave com algo muito doce ou intenso (ver p. 112-113 e 214-215).

BROOKLYN GIN

APV 40%

NOVA YORK, EUA

SABOR

ZIMBRO • CÍTRICO • FRUTADO • HERBAL • PICANTE • FLORAL

Os destiladores deste gin maceram manualmente bagas de zimbro frescas em vez de usar as secas, cortando quatro tipos de frutas cítricas frescas em vez de recorrer a cascas ou concentrados secos e coisas do tipo. O resultado é um gin picante, vibrante e complexo, em que camadas de frutas se sobrepõem a notas florais amadeiradas e canfóricas do zimbro e da alfazema. Nibs de cacau combatem a acidez de todas essas frutas cítricas.

No nariz, o milho na base alcoólica se destacou quando experimentei o gin puro, mas desapareceu assim que o diluí com um pouco de tônica. Experimente-o em um Bee's Knees (ver p. 124) ou em um martíni em partes iguais (ver p. 130-131).

DRUMSHANBO GUNPOWDER IRISH GIN

APV 43%

DRUMSHANBO, IRLANDA

SABOR

ZIMBRO • CÍTRICO • FRUTADO • HERBAL • PICANTE • FLORAL

Gin popular por um bom motivo. O adorável equilíbrio dos botânicos resulta em um destilado redondo e saboroso, ótimo para gin-tônica ou coquetel.

O aroma é limpo e leve, mas também complexo. Cítricos e pinho vêm primeiro, depois surgem as notas de chá verde terrosas e herbais do chá de pólvora — assim chamado porque as folhas, enroladas em bolinhas, lembram pólvora. Em seguida, vêm cominho e toranja acompanhadas pelo toque apimentado. O paladar acrescenta especiarias aromáticas e um calor sutil de cardamomo e angélica.

HAYMAN'S EXOTIC CITRUS

APV 41,1%

LONDRES, INGLATERRA

SABOR

ZIMBRO · CÍTRICO · HERBAL · FLORAL · PICANTE · FRUTADO

Deve haver algum truque de prestidigitação acontecendo aqui. De que outra forma o Hayman's consegue ter tanta profundidade e, ao mesmo tempo, essa vibração picante? Começa suculento, frutado e exuberante, mas então a laranjinha kinkan, a tangerina, o pomelo e o limão-taiti seguem dois caminhos ao mesmo tempo. Um lado vai para o ar, repleto de cascas, raspas e óleos. O outro se aprofunda, revelando uma delícia curtida, xaroposa e pegajosa.

O acabamento é suave e fresco, com notas longas, picantes e convidativas. O cítrico é a estrela, mas a base reconfortante de gin com cara de gin está lá o tempo todo. Um verdadeiro vencedor.

LIND & LIME

APV 40%

EDIMBURGO, ESCÓCIA

SABOR

ZIMBRO · CÍTRICO · HERBAL · FLORAL · PICANTE · FRUTADO

Há uma qualidade agradável e direta neste gin brilhante, fresco e moderno. Conta com apenas sete botânicos — modesto para os padrões atuais —, mas todos eles equilibrados, e os sabores ficam nítidos, limpos e definidos na boca. Zimbro, pimenta-rosa e limão fornecem as notas principais, com coentro, angélica, alcaçuz e orris de apoio. A pimenta-rosa e o limão em particular marcam presença do início ao fim, formando uma combinação realmente boa.

Enquanto alguns gins podem se perder um pouco com a adição de tônica, esse gin parece ganhar ainda mais destaque. Não sei como os destiladores fizeram isso, mas o resultado é ótimo.

NIKKA COFFEY

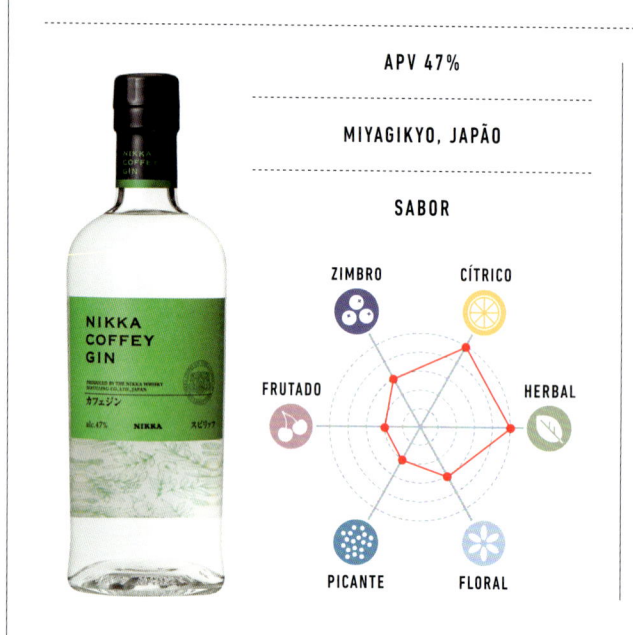

APV 47%

MIYAGIKYO, JAPÃO

SABOR

ZIMBRO · CÍTRICO · HERBAL · FLORAL · PICANTE · FRUTADO

Este gin pode parecer robusto devido o seu diagrama de sabor. Mas pense nele como bem definido — pontuações altas aqui denotam clareza, não intensidade. Este gin é único, delicado e delicioso. Combina botânicos tradicionais a ingredientes japoneses como amanatsu, kabosu e yuzu (todos tipos de frutas cítricas), além de shikuwasa (limão hirami) e pimenta-sansho.

O início apresenta notas cítricas e herbais, evoluindo para um leve toque de pimenta e uma nota quase floral de frutas, graças à inclusão de maçã. Tudo isso é envolto em uma textura sedosa que vem de sua destilação no alambique Coffey original (ver p. 52), importado para o Japão na década de 1960.

OXLEY LONDON DRY

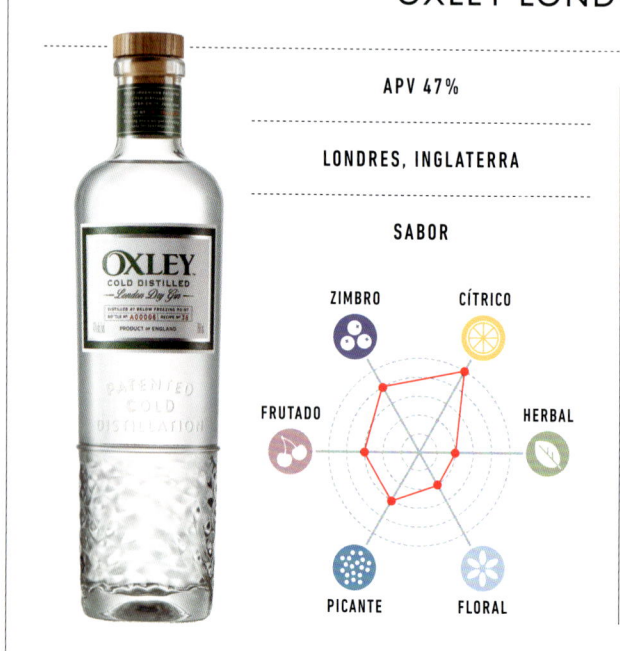

APV 47%

LONDRES, INGLATERRA

SABOR

ZIMBRO · CÍTRICO · HERBAL · FLORAL · PICANTE · FRUTADO

O primeiro gin (que eu conheço) a ser destilado sem uso de fonte de calor. Os destiladores o passam por um alambique a vácuo em temperaturas abaixo de zero, processo aparentemente trabalhoso, mas que evita qualquer risco de "cozinhar" os botânicos. Eles incluem cacau, noz-moscada, baunilha e ulmária. As verdadeiras estrelas são as cascas de laranja, limão-siciliano e toranja "congeladas frescas", que conduzem o aroma desde o início.

Há uma complexidade se tiver tempo para procurá-la, com um tom cremoso de baunilha e feno misturado a coentro e zimbro. No paladar, é mais terroso e enraizado, com notas apimentadas quentes formadas antes que os óleos cítricos picantes se espalhem novamente.

PALMA

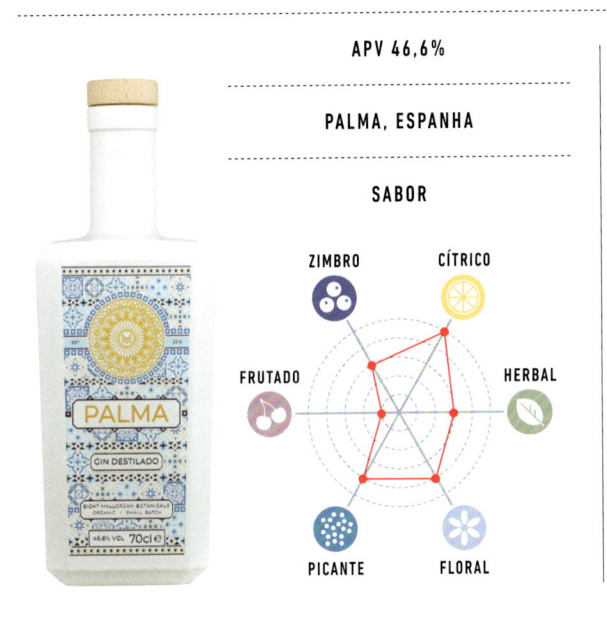

APV 46,6%

PALMA, ESPANHA

SABOR

ZIMBRO · CÍTRICO · HERBAL · FLORAL · PICANTE · FRUTADO

Este gin poderia se encaixar em vários grupos de sabores, mas sua profunda e picante nota de óleo cítrico foi o que mais se destacou para mim. Laranja, limão e limão-siciliano de Maiorca estão presentes nele, então nem deveria ser surpresa. Você também encontrará raiz de ruibarbo, flores de amêndoa, alfazema e — um toque de genialidade — ramos de tomate.

O aroma fresco e vibrante me leva a pátios ensolarados, iluminados com limão, zimbro e alfazema terrosa e amadeirada. Sinta seus ombros relaxando no calor do Mediterrâneo, tome um gole e descubra especiarias doces e suaves, notas florais com mel e um final prolongado com zimbro e especiarias terrosas. E o tempo todo, como o sol em seu rosto, esses óleos cítricos fazem sua mágica. Um deleite.

ROCK ROSE PINK GRAPEFRUIT OLD TOM

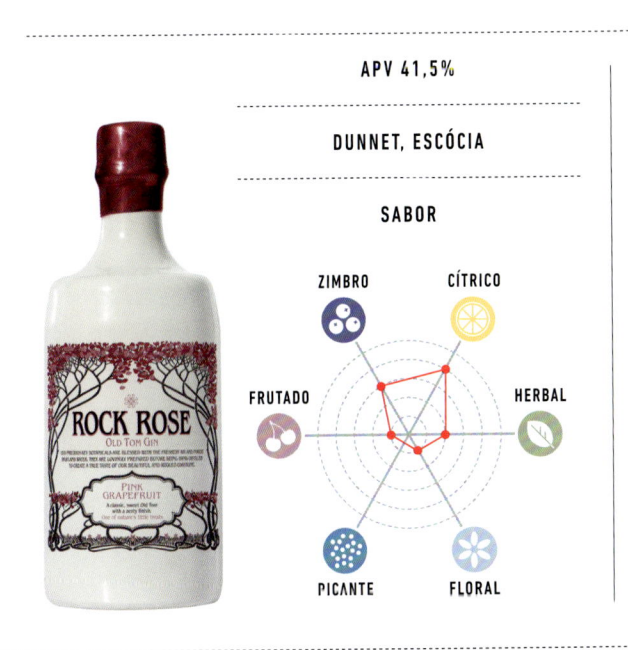

APV 41,5%

DUNNET, ESCÓCIA

SABOR

ZIMBRO · CÍTRICO · HERBAL · FLORAL · PICANTE · FRUTADO

Destilado em dois alambiques John Dore chamados Elizabeth e Margaret, este gin é uma lição de equilíbrio: um Old Tom, mas não muito doce, cheio de cítricos, mas não muito ácido, repleto de bagas e raízes, mas o zimbro ainda brilha em meio a tudo. Cada lote é limitado a apenas 500 litros, e as garrafas são preenchidas, seladas e assinadas à mão. Você verá a safra e o número de lote no rótulo. Eu experimentei o lote 9.

O aroma picante mantém a toranja rosa e o zimbro delicadamente equilibrados. O paladar adiciona profundidade e doçura antes de passar para um final quente com zimbro e cítricos picantes. A água tônica aprofunda e suaviza as notas de toranja.

SACRED PINK GRAPEFRUIT

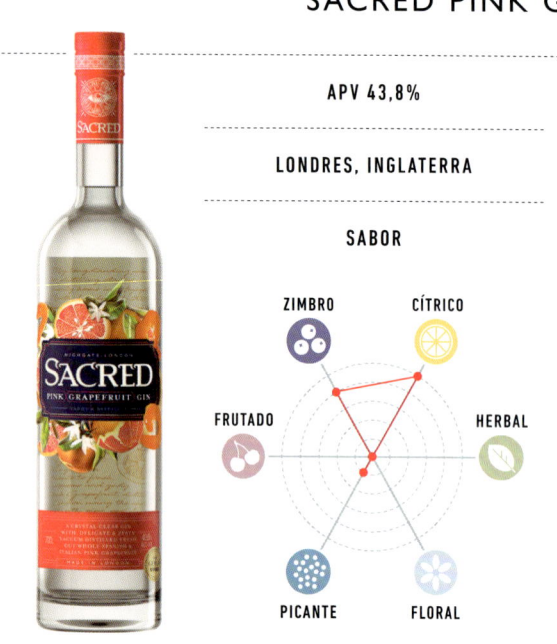

APV 43,8%

LONDRES, INGLATERRA

SABOR

Minha recomendação aqui é não experimentar este gin puro e colocá-lo diretamente em um coquetel — um Gin Fizz (ver p. 137) ou um Tom Collins seriam boas escolhas — ou misturar com um toque de tônica para despertar suas qualidades. Este é um gin feito para tônica.

Uma vez diluído (o que o deixará turvo; ver p. 62-63), ele explode com as notas vibrantes, oleosas e picantes de toranja-rosa tanto no nariz quanto no paladar. Os sabores guiam você da casca pelo âmago até a polpa rosa brilhante da fruta, com apenas um pouco de cardamomo e zimbro como sustentação. Existem outros botânicos por ali, como o olíbano, mas são meros coadjuvantes para a estrela pomposa, a toranja.

SILENT POOL RARE CITRUS

APV 43%

ALBURY, INGLATERRA

SABOR

Quando eu digo que há muita coisa acontecendo neste gin, eu quero dizer muita coisa mesmo. Há 21 botânicos, alguns adicionados na caldeira, outros na cesta para infusão de vapor. Mais quatro são destilados separadamente e depois misturados de novo: natsudaidai, pomelo hirado buntan e cidra-mão-de-buda são os cítricos raros que dão nome ao gin, e o quarto cítrico é a laranja-de-sevilha.

O cítrico é equilibrado pelo perfil apimentado de especiarias, inclusive pimenta-sansho, pimenta-Sichuan-indiana e pimenta-voatsiperifery. O resultado é delicioso: cítrico doce e picante, pimenta brilhante e quente, um toque de zimbro e um sopro de alfazema para amarrar tudo.

TANQUERAY NO. TEN

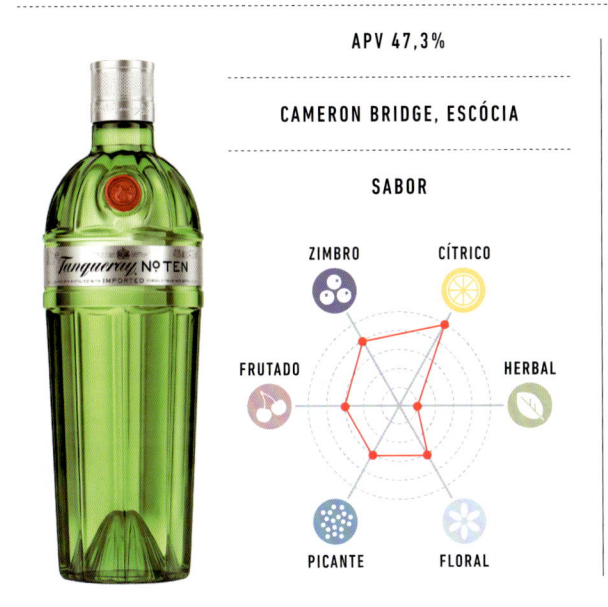

APV 47,3%

CAMERON BRIDGE, ESCÓCIA

SABOR

Se o London Dry da Tanqueray (ver p. 164) prova que você não precisa gastar muito dinheiro por um ótimo gin, o No. Ten mostra o que acontece quando o faz: obtém algo verdadeiramente glorioso.

Seu perfil cítrico é destilado a partir de laranjas, limões e toranjas frescas. Ele é redestilado com camomila, limões frescos cortados em quatro e a clássica mistura Tanqueray de zimbro, angélica, alcaçuz e coentro. Os destiladores cortam as caudas cedo para enfatizar a parte mais cítrica do destilado. Isso será imediatamente percebido no nariz: limão e toranja saltam sobre a camomila floral-terrosa e o zimbro amadeirado. Este gin é complexo, redondo, picante e vibrante. Difícil de superar em quase qualquer coquetel.

WA BI

APV 47%

MINAMISATSUMA, JAPÃO

SABOR

Este gin vem de Minamisatsuma, perto de Kagoshima, na ponta sudoeste da ilha de Kyushu, no Japão. Com exceção do zimbro (importado da Albânia e da Macedônia do Norte), é aqui que todos os seus botânicos são encontrados. Contém hetsuka daidai (um tipo de laranja amarga), yuzu e laranjinha kinkan, folha de canela, gengibre-concha, chá verde e shissô (também conhecido como perilla, da família da hortelã).

O gin resultante tem aroma cítrico floral e perfumado, sublinhado pelo zimbro suave e uma nota leve, herbácea, gramínea e mentolada do shissô. No paladar, há mais especiarias, com um toque de laranja-amarga e laranjinha kinkan, antes de o zimbro e o shissô se reafirmarem.

GINS HERBAIS

Esses gins me fazem viajar. Pode ser para um matagal mediterrâneo, com insetos zumbindo, uma casa de chá japonesa tomada pelo aroma suave e levemente esfumaçado do chá verde, ou uma praia varrida pelo vento nas Hébridas. As notas herbais nesses gins sempre se destacam.

BOTÂNICOS

Há muitas ervas que vão parar no alambique de um fabricante de gin: manjericão, folha de louro, murta--limão, manjerona, alecrim, shissô (um membro japonês da família da hortelã) e tomilho. Você também encontrará diferentes tipos de chá verde. E embora pepino e funcho não sejam tecnicamente ervas, eles têm um gosto como se fossem.

MANJERICÃO

LOURO

SHISSÔ

MURTA-LIMÃO

ALECRIM

MIXERS	GUARNIÇÕES	COQUETÉIS	OUTROS GINS PARA PROVAR
FEVER-TREE Aromatic Tonic Water	**MAÇÃ**	**BIJOU** ver p. 125	**KYRÖ**
FRANKLIN & SONS Rosemary and Black Olive	**FOLHA DE LOURO**	**ENGLISH GARDEN** ver p. 132	**VARA HIGH DESERT**
STRANGELOVE Dirty Tonic Water	**ALECRIM**	**GIN FIZZ** ver p. 137	**WYE VALLEY**

135° EAST HYŌGO DRY

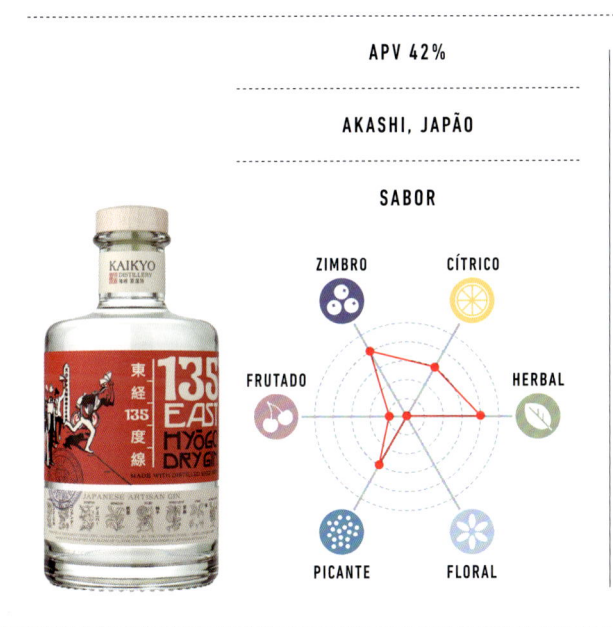

APV 42%

AKASHI, JAPÃO

SABOR

ZIMBRO • CÍTRICO • FRUTADO • HERBAL • PICANTE • FLORAL

Este gin combina botânicos tradicionais com alguns ingredientes exclusivos do Japão, incluindo umê, yuzu, shissô, pimenta-sansho e sencha, além de um toque de destilado de saquê. Alguns ou todos os ingredientes (não está totalmente claro) são destilados a vácuo, o que resulta em um gin brilhante, leve, folhoso e fresco.

Ele começa com uma mistura de frutas cítricas e especiarias, desenvolvendo-se para uma nota herbal de chá verde que constrói um clímax seguido por um final delicado. A diluição traz notas suaves e aromáticas de especiarias, com um ardor apimentado que anima o final. Há sabores exóticos, mas eles são habilmente tecidos em vez de pintados. É suave para seu teor alcoólico também.

CONNIPTION AMERICAN DRY

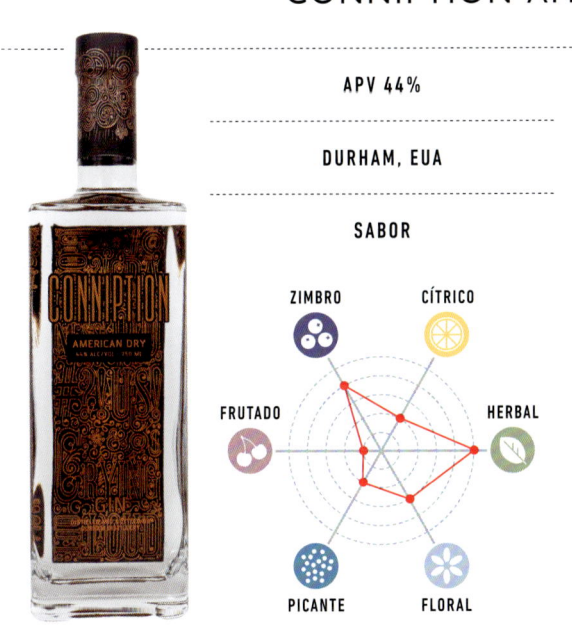

APV 44%

DURHAM, EUA

SABOR

ZIMBRO • CÍTRICO • FRUTADO • HERBAL • PICANTE • FLORAL

Eis um gin diferente. Para começar, ele é feito com destilado de milho em vez de trigo, centeio ou cevada. Além disso, tem um método também um tanto incomum. Os destiladores fazem uma infusão a vapor de zimbro, coentro, angélica, cominho e cardamomo. Depois, destilam individualmente, a vácuo, cascas de frutas cítricas, pepino, figo e madressilva. Nem os botânicos nem os métodos são extraordinários de forma isolada, mas esses leves desvios da norma se acumulam neste gin.

O resultado final é muito saboroso: um aroma herbal com zimbro e coentro sobre pepino, cardamomo e cominho. O paladar segue a mesma linha, com pepino e laranja sobre angélica amadeirada. Experimente em um Bee's Knees (ver p. 124).

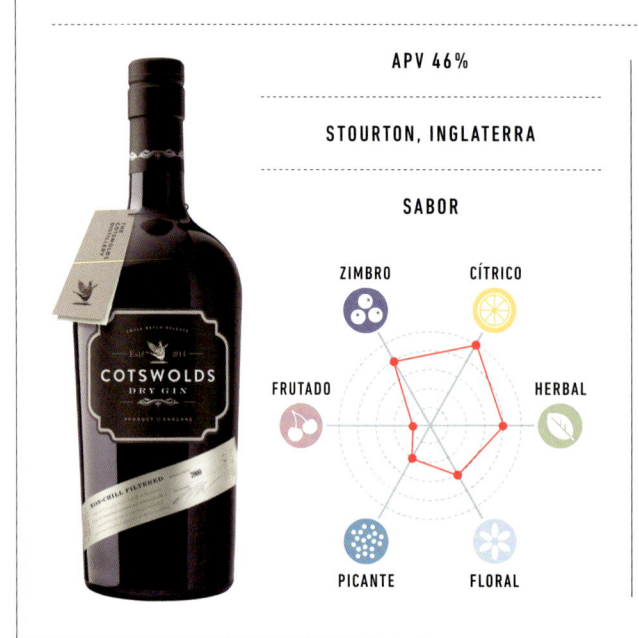

COTSWOLDS DRY

APV 46%

STOURTON, INGLATERRA

SABOR

Este gin é lotado de botânicos, a ponto de poder ficar turvo (ver p. 62-63) quando você o dilui. Isso não é ruim, significa apenas que há muitos óleos essenciais, responsáveis pelo sabor, circulando nele. Tome um gole e você entenderá o que quero dizer.

O zimbro lidera no nariz sobre pimenta-do-reino, cardamomo e toranja. No paladar, é suave com toranja e alfazema, seguido por calor de raiz pela folha de louro e pelo cardamomo. Ele termina com um zimbro persistente, alfazema e limão. No geral, há um bom equilíbrio e complexidade que fica no limite entre o herbal e o terroso aromático. É excelente com tônica. Experimente uma folha de louro e uma fatia de toranja como guarnição.

DEATH'S DOOR

APV 47%

CAMBRIDGE, EUA

SABOR

O Death's Door tem apenas três botânicos em sua receita: zimbro, coentro e funcho. Um pouco de cada um vai para a panela e para a cesta de infusão a vapor. No geral, o aroma é herbal, mas há uma amplitude real — cítrico do coentro, anis do funcho, zimbro amadeirado por baixo de tudo isso.

O calor do álcool está presente, mas, com esse teor alcoólico, era mesmo de se esperar. É picante no paladar, como se cada sabor estivesse ansioso para se apresentar e se tornar seu melhor amigo. Aí vêm eles, o toque de pinho do zimbro, o tempero herbal perfumado do funcho, o tempero cítrico e terroso do coentro. Esse gin é muito divertido sozinho, mas nasceu para fazer parte de coquetéis. Não prive-o de seu direito de nascença.

FOUR PILLARS OLIVE LEAF

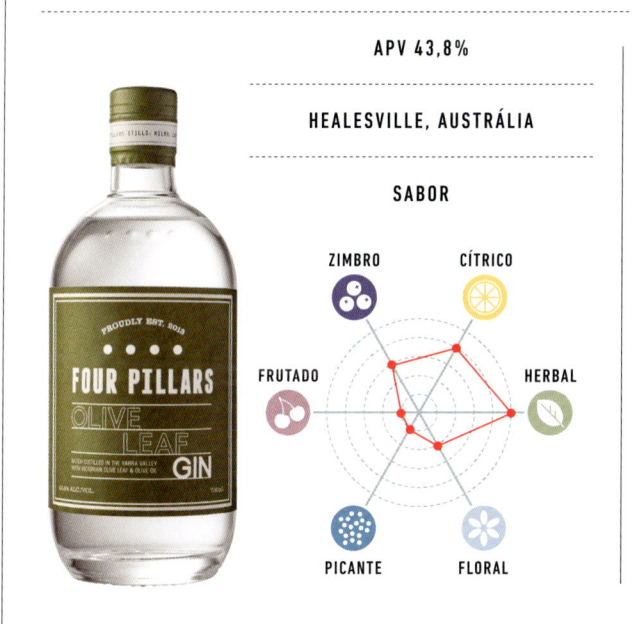

APV 43,8%

HEALESVILLE, AUSTRÁLIA

SABOR

ZIMBRO · CÍTRICO · HERBAL · FLORAL · PICANTE · FRUTADO

Quando um rótulo menciona folha de oliveira e Austrália, eu espero um gin brilhante, fresco, moderno e saboroso. Este oferece tudo isso e ainda mais. A presença de azeitona é marcante. As próprias folhas são infundidas como um chá, que permeiam o gin com notas verdes herbáceas e taninos leves. Além disso, há azeite de oliva extravirgem de três variedades diferentes: Picual, Hojiblanca e Coratina.

Isso resulta em um gin que apresenta azeitona no olfato, rapidamente seguida por notas herbais e cítricas da verbena-limão e tons doces de nozes e folha de louro. Toranja e alfazema elevam o paladar e impedem que fique muito pesado.

GIN MARE

APV 42,7%

VILLANOVA I LA GELTRÚ, ESPANHA

SABOR

ZIMBRO · CÍTRICO · HERBAL · FLORAL · PICANTE · FRUTADO

Aparentemente, os destiladores maceram tanto casca de laranja-amarga quanto a doce com limões-sicilianos cultivados na região por um ano em destilado neutro de trigo antes de destilar este gin. Com isso em mente, talvez você imagine que este gin seja liderado pelos cítricos, mas as ervas são as estrelas.

Manjericão, alecrim e tomilho se apresentam em uma dança do início ao fim, cada um assumindo a liderança em diferentes momentos. A tônica os separa e permite que o manjericão brilhe primeiro, enquanto as ervas mais amadeiradas ficam para o final. As azeitonas Arbequina aparecem com destaque no nariz e se reafirmam no final. O zimbro acaba ficando em segundo plano.

KI NO TEA KYOTO DRY

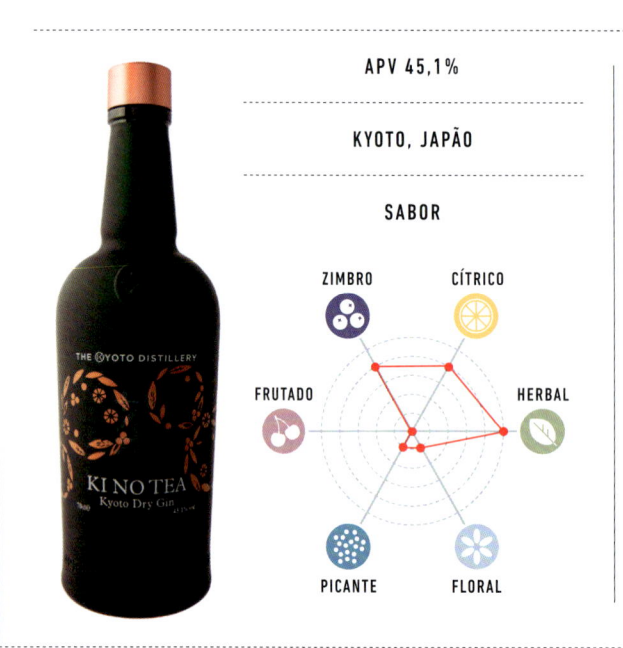

APV 45,1%

KYOTO, JAPÃO

SABOR

ZIMBRO · CÍTRICO · HERBAL · FLORAL · PICANTE · FRUTADO

A Kyoto Distillery faz este gin em colaboração com o produtor de chá Horii Shichimeien, utilizando dois chás colhidos do jardim de chá Okunoyama que remonta ao século XIV: o tencha, com sabores de matcha verde brilhante, e o gyokuro, que oferece notas mais profundas e intensas, com um toque saboroso. Eles se combinam com yuzu e akamatsu (pinheiro-vermelho japonês), criando um gin excelente.

O aroma é imediatamente herbal, mas, com o tempo, revela uma complexidade mais profunda com notas da base alcoólica de shōchū (ver p. 67) e yuzu. O paladar avança do suave, quase doce matcha, passando pelo perfumado e picante yuzu, até o akamatsu com tons de pinho e zimbro. O final é longo e persistente com notas de chá verde torrado. Um deleite total.

KOMASA GIN HOJICHA

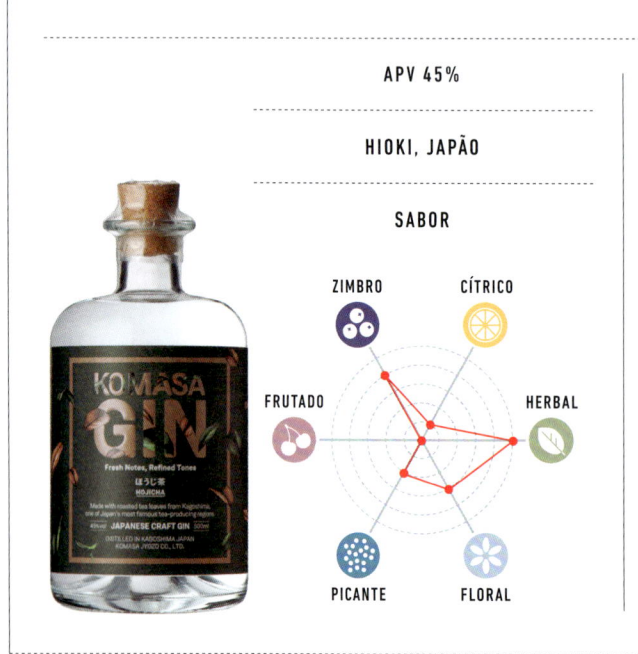

APV 45%

HIOKI, JAPÃO

SABOR

ZIMBRO · CÍTRICO · HERBAL · FLORAL · PICANTE · FRUTADO

Este é um gin e tanto. Complexo e até um pouco desafiador, mas que eu simplesmente adoro. O hojicha — chá verde torrado, utilizado para suavizar o amargor — domina o aroma vegetal, defumado e quase iodado. É parte chá verde e parte nori (a alga marinha usada para embrulhar rolinhos de sushi). Depois disso, vem o amadeirado pinho e zimbro.

A riqueza defumada do chá verde domina claramente o paladar, junto a notas de coentro e ervas. O final se alonga, revelando algumas notas de alcaçuz. Os destiladores usam shōchū feito na região (ver p. 67) para sua base alcoólica e infundem os botânicos separadamente para extrair o melhor sabor.

MEDITERRANEAN GIN BY LÉOUBE

APV 41,5%

BORMES-LES-MIMOSAS, FRANÇA

SABOR

ZIMBRO · CÍTRICO · FRUTADO · HERBAL · PICANTE · FLORAL

Se é isso que destilar botânicos separadamente pode proporcionar, eu sou a favor por completo. Os sabores profundos que aparecem tocam a alma de quem o bebe. E são distintos, não há choque de sabores aqui. O aroma canta com alecrim, azeitona e laranja, o que me transporta no mesmo instante para a vegetação garrigue aquecida pelo sol no sul da França. No paladar, é simplesmente delicioso. O alecrim e a laranja estão presentes, mas há notas florais e uma amplitude de calor suave e herbal que se desdobra em direção ao zimbro.

O final é prolongado, com funcho e um toque de alecrim e mentol. A tônica suaviza tudo e permite que notas cítricas e florais mais leves ganhem maior destaque. É incrivelmente bom.

O'NDINA

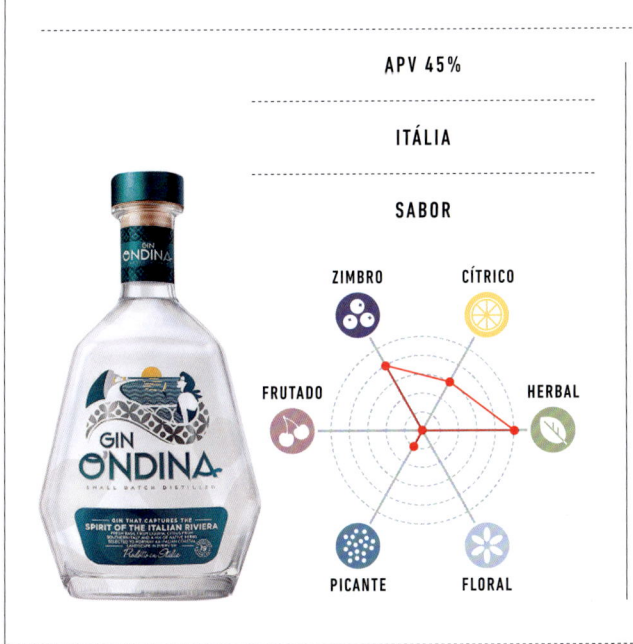

APV 45%

ITÁLIA

SABOR

ZIMBRO · CÍTRICO · FRUTADO · HERBAL · PICANTE · FLORAL

Um gin italiano premium do Grupo Campari, cuja produção e local de origem são mantidos em segredo. O que sabemos é que utilizam dezenove botânicos, incluindo zimbro, manjericão, sementes de funcho, manjerona, noz-moscada, laranja e limão-siciliano.

Leve e refrescante, possuiu um toque herbal de manjericão, funcho e, possivelmente, tomilho. Uma centelha forte e brilhante de acidez de laranja o percorre e deixa o sabor mais interessante. A base vibra com um calor terroso e aromático. Com a tônica, ele se abre bem, destacando as ervas. Há um bom equilíbrio no geral. As ervas não gritam, só insistem silenciosamente. Considerando os fabricantes, o óbvio é experimentá-lo em um Negroni (ver p. 142).

ROKU

APV 47%

OSAKA, JAPÃO

SABOR

"Roku" significa "seis" em japonês, portanto o nome deste gin é uma referência aos seis botânicos japoneses usados em sua produção: pimenta-sansho, casca de yuzu, flor de cerejeira, folha de cerejeira, além de dois tipos de chá verde (sencha e gyokuro).

Chá de ervas e cítricos aparecem no olfato, seguidos por pimenta defumada e um leve caráter floral. Tudo se apresenta em um belo equilíbrio. No paladar, uma onda de yuzu, zimbro e chá verde que culmina em um leve amargor herbal complementado por uma nota sutil de casca de toranja. (não tem toranja nele, meu palpite é que seja da laranja-amarga e do yuzu juntos). O zimbro e a flor de cerejeira perfumada finalizam bem.

SEVEN HILLS (VII) ITALIAN DRY

APV 43%

MONCALIERI, ITÁLIA

SABOR

Ah, pensei: "Sete colinas, deve significar Roma". Mas não, na verdade este gin é destilado perto de Turim, no Piemonte. Pelo menos, a camomila nele é romana. E são utilizados sete botânicos (estou percebendo um tema aqui), sendo os outros seis zimbro, aipo, rosa mosqueta, romã, laranja-sanguínea e alcachofra — todos destilados a vácuo a 65 °C.

Tem um perfil de sabor único, bastante rico e sofisticado. No nariz, é levemente herbal com cítricos e zimbro suave, complementado por uma profundidade intrigante proveniente da camomila e da rosa-mosqueta. Os primeiros lotes eram feitos com destilado de cana-de-açúcar, mas foram alterados para o de grãos neutros.

THE BOTANIST ISLAY DRY

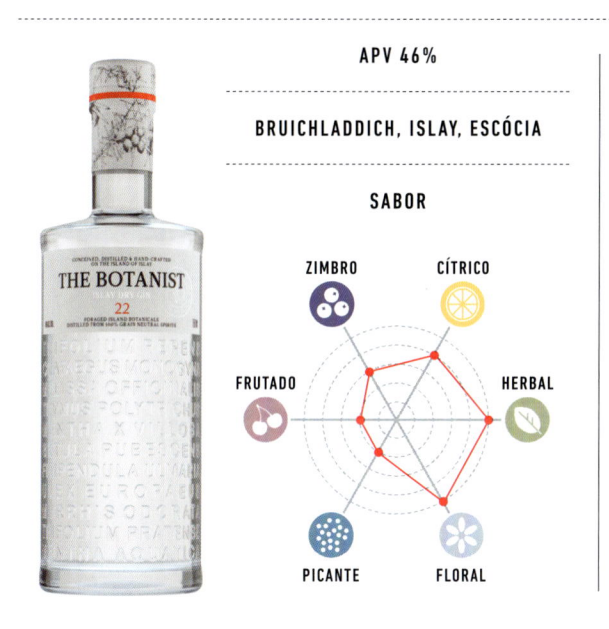

APV 46%

BRUICHLADDICH, ISLAY, ESCÓCIA

SABOR

ZIMBRO · CÍTRICO · HERBAL · FLORAL · PICANTE · FRUTADO

Este gin é feito de um modo "dolorosamente lento", talvez por causa de seus 31 botânicos potentes. Nove dos ingredientes vão direto para a caldeira, enquanto outros são infundidos a vapor: três tipos de hortelã, tojo, erva-coalheira, atanásia e cerefólio anisado… De todo jeito, o que quero dizer é: não se apresse durante a degustação. É estranhamente delicado para um gin com tantos ingredientes, mas é recompensador para quem o saboreia com calma.

No nariz, mel e ervas, com cítricos sutis e zimbro. No paladar, ulmária e erva-coalheira ganham destaque, evoluindo para uma sinfonia de ervas em que o samouco-do-brabante brilha sozinho. O final é marcado por camomila e zimbro suave, e em seguida mais notas cítricas leves e de ervas. Adorável.

XORIGUER MAHÓN

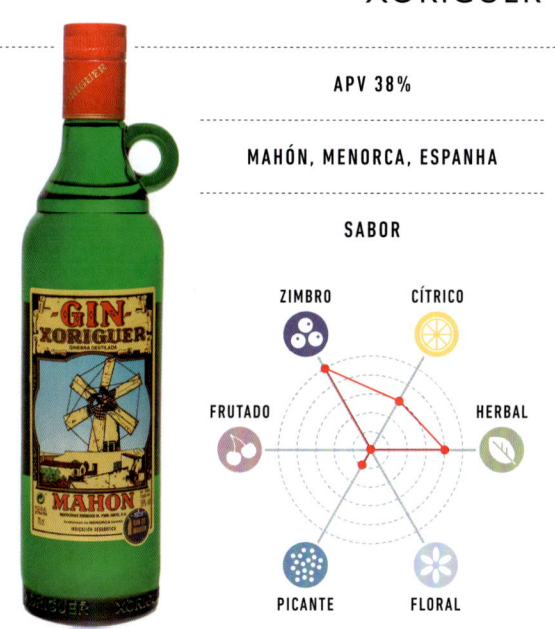

APV 38%

MAHÓN, MENORCA, ESPANHA

SABOR

ZIMBRO · CÍTRICO · HERBAL · FLORAL · PICANTE · FRUTADO

Este gin é um sucesso. O zimbro comanda o show, com várias ervas deliciosas e sabores levemente cítricos de fundo. Sabemos, a partir de registros que garantem o status de indicação geográfica protegida (IGP) da UE deste gin, que ele é feito em alambiques de cobre aquecidos a lenha e que utiliza bagas de zimbro-comum na caldeira.

A regulamentação proíbe uso de aromatizantes ou extratos, mas o site da destilaria afirma que "outros aromáticos" são adicionados por infusão de vapor, "mas são um segredo bem guardado", então, a menos que esses outros botânicos sejam, de fato, apenas mais zimbro, infelizmente eu não sei o que há nele — além de muito sabor excelente.

GINS FLORAIS

A palavra floral pode dar a ideia de um jardim inglês em junho. Alguns gins realmente capturam essa sensação, mas floral pode evocar outras imagens, do sul ensolarado da França aos fynbos sul-africanos.

GINS FLORAIS

Talvez a fonte mais comum de aromas florais no gin seja a raiz de orris. Além de ser usada como fixador por muitos gins, também confere aromas de violeta. Outros botânicos florais incluem camomila, flor de sabugueiro, hibisco, immortelle, jasmim, alfazema, mimosa, rosa e milefólio.

RAIZ DE ORRIS

MIMOSA

FLOR DE SABUGUEIRO

HIBISCO

ALFAZEMA

MIXERS	GUARNIÇÕES	COQUETÉIS	OUTROS GINS PARA PROVAR
LONG RAYS Premium Australian Pacific Tonic	**TORANJA**	**AVIATION** ver p. 123	**ADNAM'S COPPER HOUSE**
LUSCOMBE Light Tonic Water	**CAMOMILA**	**BEE'S KNEES** ver p. 124	**BLUECOAT ELDERFLOWER**
TOP NOTE Bitter Lemon Tonic Water	**ANIS-ESTRELADO**	**FRENCH 75** ver p. 133	**RIVER TEST LONDON DRY**

44°N

APV 44%

ROURE, FRANÇA

SABOR

ZIMBRO · CÍTRICO · FRUTADO · HERBAL · PICANTE · FLORAL

Tenho quase certeza de que não é possível destilar a luz do sol. No entanto, de alguma forma, os criadores do 44°N, da Comte de Grasse, alcançaram esse feito. Seu aroma é uma explosão perfumada da Côte d'Azur, um turbilhão de flores, gramas secas e frutas cítricas. É complexo e intenso. As notas florais dominam no paladar também, sustentadas por uma estrutura herbal e de pinho. O zimbro aparece discreto, fresco e de alguma forma banhado pelo sol.

O gin é produzido em uma destilaria de perfumes, que remonta a 1820, com técnicas de perfumistas: maceração ultrassônica, destilação a vácuo e extração supercrítica. Junto aos botânicos de sempre, é possível encontrar delícias litorâneas como cedro-de-espanha, mimosa, immortelle (erva-curry), rosa-de-cem-pétalas e salicórnias.

AVIATION

APV 42%

PORTLAND, EUA

SABOR

ZIMBRO · CÍTRICO · FRUTADO · HERBAL · PICANTE · FLORAL

Um dos pioneiros do New Western (ver p. 74) que suavizam o zimbro para que os outros botânicos brilhem, este gin oferece uma complexidade sutil, mas interessante. É bem agradável ao olfato, com especiarias cítricas e terrosas de início, seguidas por uma nota floral-amadeirada que evolui para um aroma levemente mentolado semelhante ao de gaultéria — que deve vir da salsaparrilha. Como seria de se esperar, não há muito zimbro aqui, apenas um toque, assim como no paladar.

Uma tônica dá vida a ele, realçando a laranja-amarga e a alfazema, mas é necessário apenas um toque leve. Vale a pena experimentar em seu coquetel homônimo (ver p. 123).

COTSWOLDS NO. 1 WILDFLOWER

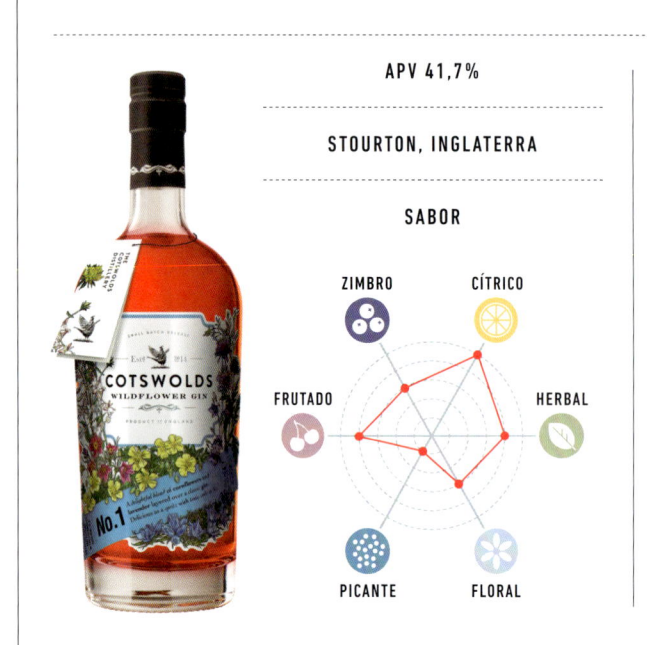

APV 41,7%

STOURTON, INGLATERRA

SABOR

ZIMBRO · CÍTRICO · HERBAL · FLORAL · PICANTE · FRUTADO

Ousado e original, mostra um lado diferente do sabor floral. Nada de jardins ingleses aqui — é mais como a junção de um prado de flores silvestres a um bosque cítrico banhado pelo sol. É feito de uma base de Cotswold Dry (ver p. 176) com centáurea, alfazema, laranja e ruibarbo. Os botânicos são processados separadamente antes de serem compostos juntos.

Há um aroma floral levemente escuro com laranja e zimbro flutuando. É suave e oleoso no paladar, um pouco potente, com notas frutadas de laranja caminhando para um final agridoce de laranja e de ruibarbo terroso com tons florais. Funciona com tônica, mas vale a pena experimentar com limonada também.

DOROTHY PARKER

APV 44%

NOVA YORK, EUA

SABOR

ZIMBRO · CÍTRICO · HERBAL · FLORAL · PICANTE · FRUTADO

Há muita coisa acontecendo neste gin. Ele oscila entre aromas terrosos, frutas com especiarias e notas florais exuberantes. O zimbro lidera no olfato, com cardamomo ao fundo. Em seguida, o hibisco surge suave, agradável e delicioso. Abaixo dele, canela e flor de sabugueiro se unem para criar uma borda de frutas com especiarias. No paladar, a sensação é semelhante, mas o zimbro se inclina um pouco mais para o pinho, assertivo.

O final é longo e complexo, com laranja temperada e um calor floral. Este gin me parece generoso. Não sei como descrever de outra forma. Além disso, pede para ser usado em um Negroni (ver p. 142).

EAST LONDON KEW GIN

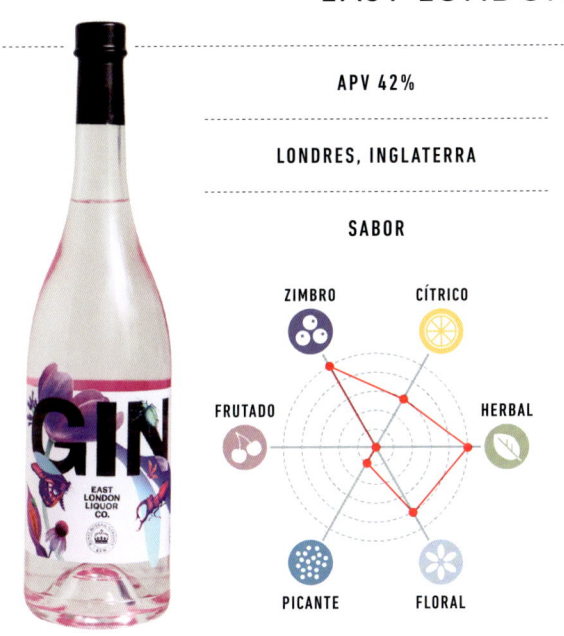

APV 42%

LONDRES, INGLATERRA

SABOR

ZIMBRO · CÍTRICO · FRUTADO · HERBAL · PICANTE · FLORAL

Concebido pela East London Liquor Co. para para simbolizar o laço de amizade entre East e West London, este gin leva abeto-de-douglas e alfazema colhidos à mão pelo botânico chefe do Royal Botanic Gardens, Kew. No total, são oito botânicos, sendo os outros seis: zimbro, coentro, laranja-doce, angélica, semente de funcho e alcaçuz.

O aroma começa herbáceo com especiarias de coentro, evoluindo para um cítrico de laranja-doce e alfazema floral. No paladar, o cítrico toma a dianteira, que se mostra suave apesar do teor alcoólico ligeiramente elevado. No geral, denota um equilíbrio agradável de notas herbais e florais cortadas por uma intensidade cítrica marcante.

G'VINE FLORAISON

APV 40%

MERPINS, FRANÇA

SABOR

ZIMBRO · CÍTRICO · FRUTADO · HERBAL · PICANTE · FLORAL

Este gin recebe o nome do breve período da primavera em que a videira floresce — uma videira ugni blanc, para ser mais preciso. Tanto as uvas quanto as flores são usadas neste gin, junto de gengibre, cubeba, noz-moscada, alcaçuz e alguns outros botânicos corriqueiros. A base alcoólica também é feita de uvas.

O gin é leve, herbal e floral no nariz, com notas cítricas de grama e um caráter de vinho branco. Fica um pouco mais encorpado no paladar, remetendo a óleos, depois se torna cremoso, com a uva reaparecendo. O final é bem delicado.

HENDRICK'S

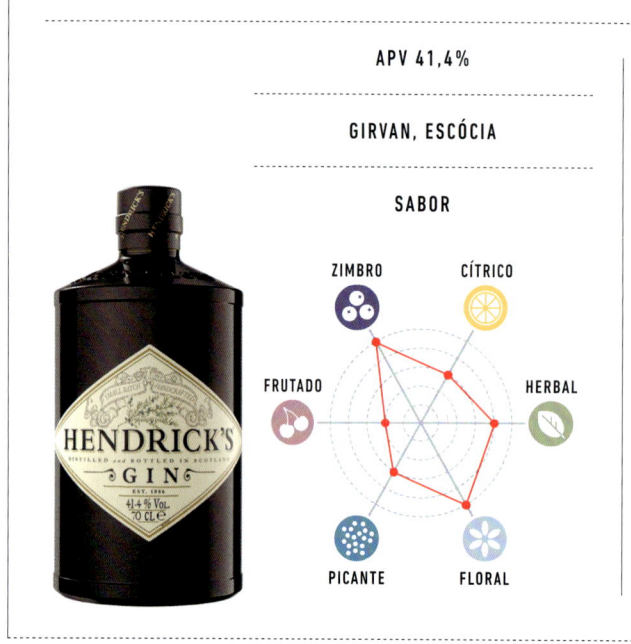

APV 41,4%

GIRVAN, ESCÓCIA

SABOR

ZIMBRO · CÍTRICO · HERBAL · FLORAL · PICANTE · FRUTADO

Muitas avaliações destacam o quanto este gin é floral e herbal. E, de fato, ele é ambas as coisas. Mas para mim, o zimbro ainda lidera, com a cubeba vindo logo atrás. Só depois senti rosas e camomila. No paladar, a ordem dos sabores se inverte: há um grande impacto de rosa, seguida pela névoa doce de milefólio e flor de sabugueiro e, por fim, especiarias e zimbro se avolumam.

O final é longo, com pepino pairando sobre um calor suave de álcool e uma complexidade persistente. Lançado em 1999 como uma inovação, segue bom até hoje, mesmo que seu perfil de sabor não pareça mais tão incomum.

INVERROCHE CLASSIC

APV 43%

STILL BAY, ÁFRICA DO SUL

SABOR

ZIMBRO · CÍTRICO · HERBAL · FLORAL · PICANTE · FRUTADO

Este gin nasceu dos fynbos sul-africanos que crescem nas colinas de calcário de Cabo Ocidental. Fynbos não se refere a uma única planta, mas a um bioma distinto composto por mais de 9,5 mil espécies, 70% delas não crescem em nenhum outro lugar no mundo.

Lorna Scott, fundadora da Inverroche, escolheu o cítrico buchu como principal componente do gin, que mistura zimbro e flores suaves no nariz. Além do buchu, há rosa e uma nota suave de erva-doce. O paladar é terroso e floral, com sabores amadeirados suavizando para um final picante e floral. São quinze botânicos no total, oito dos quais permanecem em segredo, todos infundidos a vapor em uma base alcoólica de cana-de-açúcar.

LBD

APV 43%

EDIMBURGO, ESCÓCIA

SABOR

ZIMBRO · CÍTRICO · HERBAL · FLORAL · PICANTE · FRUTADO

A Little Brown Dog Spirits, de Edimburgo, informa aos consumidores não apenas quais botânicos integram seu gin, mas também onde cada um cresceu e como contribui para o destilado. Eu gostaria que outras fizessem o mesmo.

O gin explode com uma miríade de sabores. As notas cítricas vêm da casca de limão-siciliano e da toranja através da infusão a vapor, mas também de folhas de azedinha e de faia que vão para a cesta com elas. O pólen de abelha confere uma nota doce e floral de mel ao paladar. A pastinaca contribui para a textura cremosa e adiciona um leve toque apimentado. A seiva de bétula introduz notas minerais e uma doçura suave e amadeirada. O sabor do ruibarbo é mais doce, mas também ácido. É uma bebida adorável.

MELIFERA

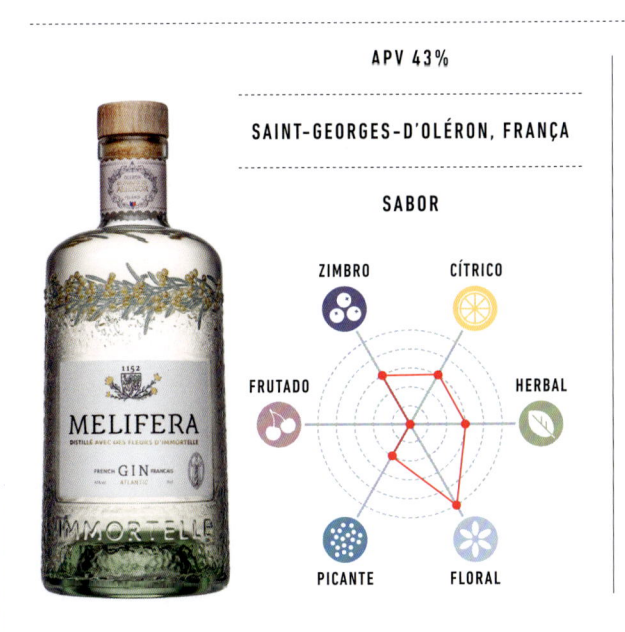

APV 43%

SAINT-GEORGES-D'OLÉRON, FRANÇA

SABOR

ZIMBRO · CÍTRICO · HERBAL · FLORAL · PICANTE · FRUTADO

Ο Melifera é destilado em Oléron, na costa sudoeste da França, para evocar "os aromas doces de uma caminhada de volta da praia". Ele me dá vontade de rolar pelas dunas da ilha durante todo o verão. É floral, quente, mineral e sutilmente cítrico, com zimbro aveludado e um sopro de litoral.

Flores de immortelle (erva-curry) se entrelaçam à genciana e ao aipo-dos-cavalos para dar um toque floral ao paladar, sob o qual aromas mais amadeirados evoluem para o cardamomo terroso e notas florais canfóricas. O final revela notas florais e cítricas, mas também aquele caráter fresco e costeiro (talvez de um dos dois botânicos secretos). É tão bom que até o copo vazio mantém um cheiro delicioso.

MONKEY 47 SCHWARZWALD DRY

APV 47%

LOSSBURG, ALEMANHA

SABOR

ZIMBRO · CÍTRICO · HERBAL · FLORAL · PICANTE · FRUTADO

Como podemos interpretar um gin como este? Com tantos elementos, identificar o aroma é como entrar no mesmo rio duas vezes: não é possível. Mas, em termos mais amplos, é uma grande e adorável explosão de notas frutadas, picantes e florais exuberantes.

Para mim, as primeiras impressões são de aromas de frutas cítricas e pimenta de perfil frutado e floral, seguindo para frutas vermelhas e ervas mentoladas e canfóricas. E você? Com 47 botânicos diferentes, é quase certo que encontrará uma combinação diferente. Na minha opinião é um pouco forte demais para a maioria dos coquetéis, mas ótimo quando suavizado com tônica, em um Dry Martini (ver p. 131) ou simplesmente puro com gelo.

PENRHOS DRY

APV 40,5%

KINGTON, INGLATERRA

SABOR

ZIMBRO · CÍTRICO · HERBAL · FLORAL · PICANTE · FRUTADO

Penrhos pode soar galês, mas não é: a destilaria fica em Herefordshire, terra das maçãs. Elas foram o que primeiro chamou minha atenção, mesmo sem estarem presentes no gin. Fui transportado para um bosque de zimbros e abetos jovens e macios no canto de um pomar primaveril, onde vi a luz do sol sob a grama úmida de orvalho.

Este gin explode com flores e frutas suaves, zimbro delicado e cítricos leves. No paladar, camadas de profundidade emergem com pimenta-rosa, especiarias quentes e cardamomo terroso, como o solo nas raízes das árvores cujas flores enchem o ar ao nosso redor. O final persistente traz pétalas de rosa e camomila, zimbro e laranja suave, depois hibisco. Simplesmente adorável.

SANTA ANA

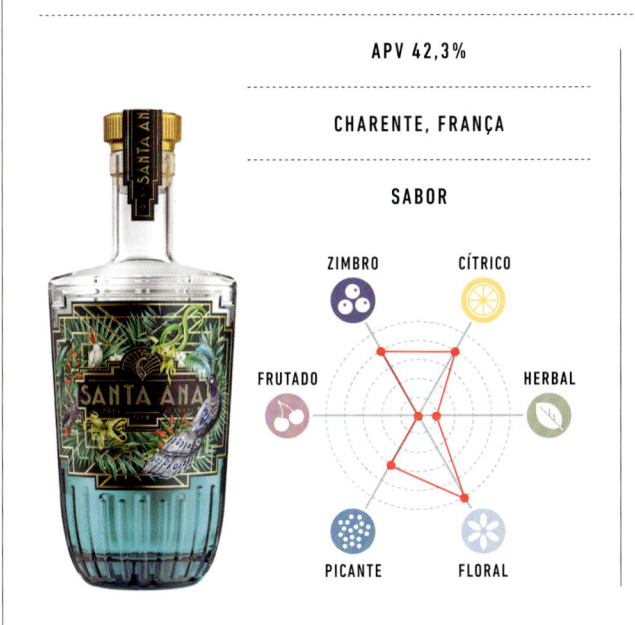

APV 42,3%

CHARENTE, FRANÇA

SABOR

ZIMBRO · CÍTRICO · FRUTADO · HERBAL · PICANTE · FLORAL

O Santa Ana contém alguns botânicos incomuns. Junto do zimbro tradicional, laranja-amarga, angélica, raiz de orris e funcho, ele incorpora ilangue-ilangue (também usado no perfume Chanel No. 5), galanga e dois tipos de cítricos tropicais, calamansi e dalandan. Eles se somam a um gin que é atípico no melhor sentido.

Ele se abre com sedutoras notas florais tropicais, que me fazem imaginar buganvílias em uma noite quente de verão, onde a escuridão carrega a promessa de delícias ocultas. O cítrico é leve e fresco. No final, especiarias suaves terrosas dão profundida ao zimbro como despedida.

SILENT POOL

APV 43%

ALBURY, INGLATERRA

SABOR

ZIMBRO · CÍTRICO · FRUTADO · HERBAL · PICANTE · FLORAL

Potente e complexo, esse é um daqueles gins que se encaixam em diferentes pertis de sabor, mas, para mim, as notas florais se destacam. O zimbro impulsiona sem dominar, enquanto uma base profunda de cássia terrosa e especiarias de cubeba é sobreposta com frutas e notas florais explodindo com camomila, alfazema e rosa.

Sua produção envolve duas macerações separadas, seguidas pela infusão a vapor de ainda mais botânicos. No total, são 24, incluindo dois tipos de zimbro (bósnio na panela, macedônio na cesta), peras secas, mel, folhas de limão makrut, tília e flor de sabugueiro. O resultado é bem redondo e nada menos que delicioso.

GINS FRUTADOS

Aqui, buscamos frutas de além do pomar cítrico. Primeiro, paramos em arbustos onde as frutas vermelhas crescem. Em seguida, seguimos para o pomar em busca de maçãs e marmelos. Há gins nesta categoria com abrunho e cinorródio, e até mesmo sabores tropicais da Amazônia.

BOTÂNICOS

Há forte presença de frutas vermelhas, o que não surpreende: mirtilo, amora, cassis, framboesa, tramazeira e morango. Procure maçã, marmelo, uva e até melão. Da América do Sul, você pode encontrar açaí, patauá (a fruta de uma palmeira) e túpiro.

MIRTILO

AMORA

FRAMBOESA

MAÇÃ

MARMELO

MIXERS	GUARNIÇÕES	COQUETÉIS	OUTROS GINS PARA PROVAR
FRANKLIN & SONS Elderflower and Cucumber	GENGIBRE	**CLOVER CLUB** ver p. 128	CAORUNN
SANPELLEGRINO Tonica Oakwood	ALFAZEMA	**GIN BASIL SMASH** ver p. 136	ELEPHANT SLOE
DOUBLE DUTCH Pomegranate and Basil	LIMÃO	**SOUTHSIDE RICKEY** ver p. 146	YORK GIN ROMAN FRUIT

BROCKMANS

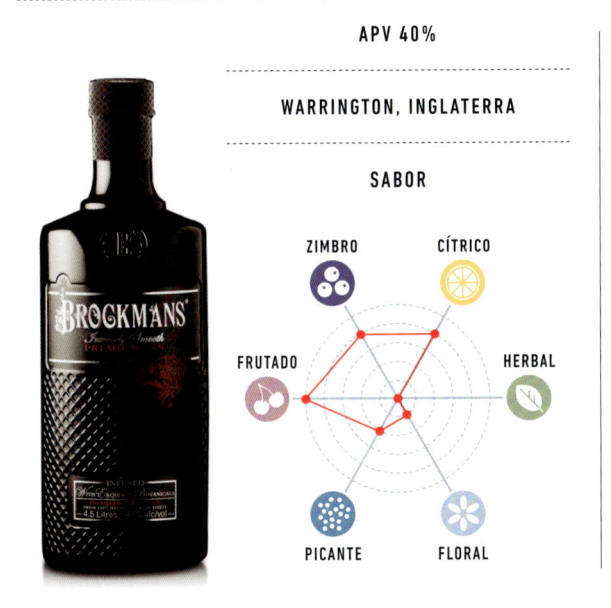

APV 40%

WARRINGTON, INGLATERRA

SABOR

Este gin se apresenta como um clássico com um toque especial, e estou inclinado a concordar. A seleção tradicional de botânicos é incrementada com mirtilo e amora, ambos na frente e no centro do olfato. Por baixo, o zimbro é realçado por cítricos. Ainda que o sabor inicial seja um pouco obscuro, ele logo é varrido por uma onda de frutas vermelhas suculentas, evoluindo para laranja e angélica sobre a doçura do alcaçuz.

Ao ouvir frutas vermelhas, você pode pensar em algo doce. Não é bem assim. O final é seco, marcado por um zimbro delicado, uma nota herbácea e frutas vermelhas persistentes. A secura evita que se torne enjoativo. É um gin com frutas vermelhas e não um gin com sabor de frutas vermelhas.

BROOKIE'S BYRON DRY

APV 46%

MCLEODS SHOOT, AUSTRÁLIA

SABOR

Este gin poderia facilmente figurar na seção de terrosos aromáticos, mas está aqui graças à uma nota de framboesa que adiciona um toque extra de complexidade que o eleva de bom para ótimo. Há 25 botânicos no total, 17 deles nativos da floresta subtropical de Byron Bay, na Austrália.

Os ingredientes notáveis incluem macadâmia, limão-caviar, erva-doce, murta-canela e hortelã-australiana. Há zimbro no nariz, seguido por especiarias terrosas e herbais. O paladar começa com cítricos e framboesa, passa por notas ousadas e picantes de gengibre e anis-murta, em um final apimentado e quente.

CANAÏMA

APV 47%

LA MIEL, VENEZUELA

SABOR

ZIMBRO · CÍTRICO · FRUTADO · HERBAL · PICANTE · FLORAL

Da casa do Diplomático Rum, este gin tem uma mistura agradável de notas tropicais e um leve toque que sugere a vegetação exuberante e úmida da Floresta Amazônica. Há também um pouco de zimbro e pimenta bastante ardentes que eu realmente gostei.

São dezenove botânicos no total, dez considerados exóticos pelos destiladores, incluindo caju, açaí, uva de palma, túpiro, patauá e cupuaçu. Cada um é macerado e destilado individualmente antes de ser misturado aos outros para criar o gin final. Uma parte dos lucros deste gin apoia o reflorestamento da Amazônia, bem como a preservação da cultura e herança dos povos indígenas.

CITADELLE JARDIN D'ÉTÉ

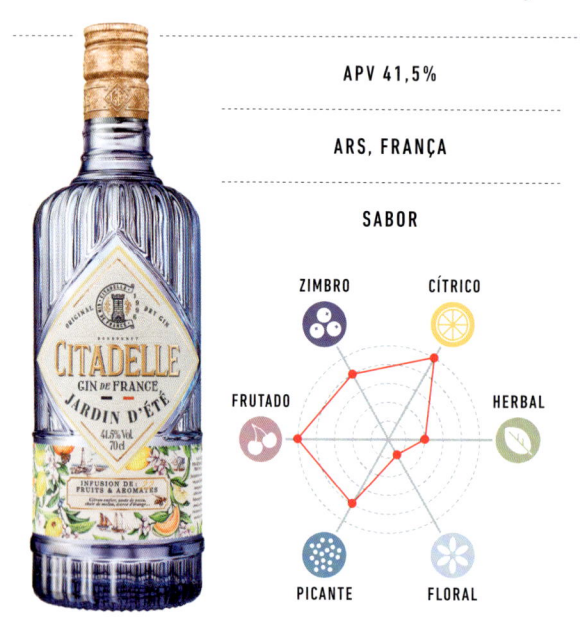

APV 41,5%

ARS, FRANÇA

SABOR

ZIMBRO · CÍTRICO · FRUTADO · HERBAL · PICANTE · FLORAL

Contei 22 botânicos neste gin, incluindo polpa de melão (incomum) e yuzu (um pouco menos), além de vários tipos de especiarias, como cubeba, cominho, canela, pimenta-de-sichuan, noz-moscada, cardamomo verde, funcho e anis-estrelado… Fiquei surpreso ao prová-lo puro e perceber que o gin retinha grande parte de seu sabor. Mas, quando diluído, toda aquela exuberante complexidade se revela — e é incrível.

Há notas frutadas, herbais e cítricas sustentadas por uma complexidade aromática terrosa. É como se lembrar de um jardim de verão em vez de visitá-lo em uma tarde ensolarada e curtir a vegetação exuberante. Faz um ótimo gin-tônica.

FOUR PILLARS BLOODY SHIRAZ

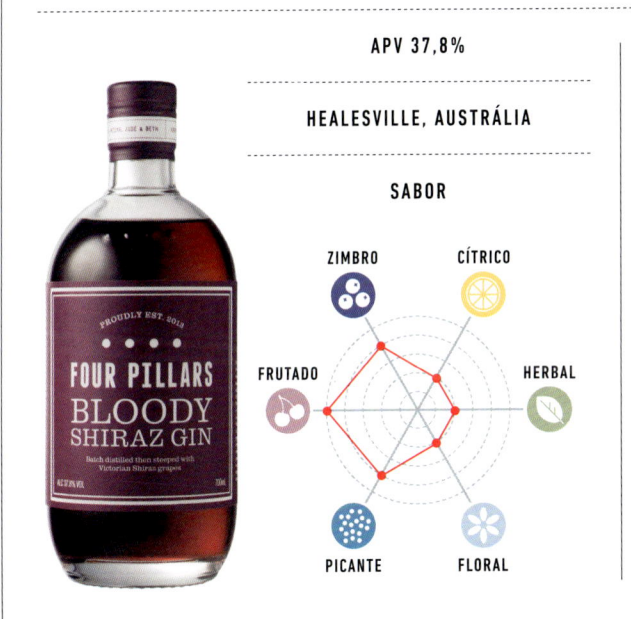

APV 37,8%

HEALESVILLE, AUSTRÁLIA

SABOR

Este gin é uma beleza! Trata-se do Four Pillars' Rare Dry, que é macerado por oito semanas em uvas Shiraz, daí a sua cor. As uvas conferem uma nota profunda e rica de frutas que lembra framboesa, mas mantém aquela característica típica de uva.

Pinho fresco e pimenta suave acompanham esse traço no olfato, e uma forte sensação de pimenta-da-tasmânia vem de algum lugar entre os dois. Seu paladar é espesso, meio seco, quase doce, com notas frutadas novamente em evidência. Há um interlúdio perfumado de murta-limão e cardamomo, e a pimenta-da-tasmânia retorna sobre anis-estrelado e alfazema. Ele segue uma linha semelhante ao sloe gin, mas é muito peculiar.

HAYMAN'S SLOE GIN

APV 26%

LONDRES, INGLATERRA

SABOR

Tecnicamente, esta bebida é um licor e não um gin. É feito a partir do Hayman's London Dry e macerado com abrunhos por até quatro meses após a destilação. O sabor resultante é fortemente marcado pela fruta, mas mantém um bom equilíbrio com o gin base, sem se tornar doce em excesso.

No olfato, a característica nota azeda de abrunho se destaca com uma profundidade de nozes e um toque cítrico. É um aroma sutil, mas rico. A textura é espessa, suave e doce. Os abrunhos voltam a dominar, mas há também uma sugestão de especiarias sutis.

HEPPLE SLOE & HAWTHORN GIN

APV 29,9%

HEPPLE, INGLATERRA

SABOR

ZIMBRO · CÍTRICO · HERBAL · FLORAL · PICANTE · FRUTADO

Os sloes gins podem às vezes se tornar pegajosos e xaroposos, mas não há esse risco aqui. Chris Garden, chefe destilador da Hepple Spirits, incluiu nele algumas bagas de espinheiro, que trazem um sabor similar ao de abrunho, mas com uma característica seca adicional que eleva este licor e evita que pareça muito doce.

Uma complexidade sutil se desenha no horizonte do perfil de sabor, com botânicos como sementes de funcho, abeto-de-douglas, samouco-do-brabante, cassis (baga e folha), cravo, pimenta-do-reino e louro. Este gin funciona muito bem com limão-amargo como mixer. E me disseram que adicionar um gole dele à sua Guinness deixa a cerveja deliciosamente festiva.

KNUT HANSEN DRY

APV 42%

HAMBURGO, ALEMANHA

SABOR

ZIMBRO · CÍTRICO · HERBAL · FLORAL · PICANTE · FRUTADO

Este gin foi lançado em 2017 por Kaspar Hagedorn e Martin Spieker. Eles começaram em uma bancada pequena na casa de Spieker, mas, em 2019, já tinham aberto a própria destilaria.

Ele possui um caráter deliciosamente leve e fresco, com notas de maçãs e toques herbais de manjericão e pepino. A lista completa de botânicos não foi revelada, mas, pelas notas florais e de baunilha suavemente semelhantes a feno, eu diria que também contém ulmária. O final é complexo e aconchegante, com zimbro, maçã e algumas notas florais amadeiradas. Este gin faz maravilhas em um Gin Basil Smash (ver p. 136).

LE GIN DE CHRISTIAN DROUIN

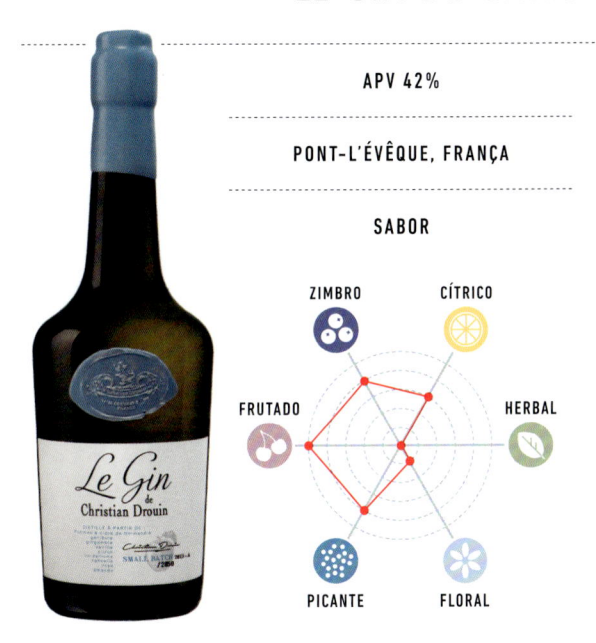

APV 42%

PONT-L'ÉVÊQUE, FRANÇA

SABOR

ZIMBRO
CÍTRICO
FRUTADO
HERBAL
PICANTE
FLORAL

Quando a maioria das pessoas ouve "gin frutado", seus pensamentos geralmente se voltam para frutas vermelhas, mas não precisa ser assim. Este gin explode com frutas de pomar e segue uma direção completamente diferente. Sua base alcoólica é aromatizada com sidra de maçã destilada, feita de mais de trinta variedades da fruta.

No nariz, espere zimbro misturado com maçã, especiarias, gengibre e baunilha tipo brioche. É como se uma padaria francesa tivesse tido um filho com uma loja de barris em um pomar. O paladar é seco e picante, com sherbert lemon, torta de maçã e aquela doçura da baunilha de novo. O final é marcado por uma nota persistente de casca de maçã, zimbro e especiarias. Um verdadeiro deleite.

MERMAID PINK GIN

APV 38%

RYDE, INGLATERRA

SABOR

ZIMBRO
CÍTRICO
FRUTADO
HERBAL
PICANTE
FLORAL

Se você tem medo de que o gin rosa seja doce e enjoativo, pense de novo. Este gin da Ilhã de Wight consegue exibir seu lado frutado sem ser muito açucarado. O morango é a estrela, mas não monopoliza os holofotes. Há espaço para a complexidade da base do Mermaid Dry Gin, na qual os destiladores deixam frutas cultivadas localmente em infusão por quatro dias antes de redestilá-las.

O sabor começa com morango e a picante pimenta-da-guiné, depois se suaviza em uma nota de alcaçuz mais enraizada. O importantíssimo zimbro aparece suave no final, mas marca sua presença, e há uma doçura persistente de morango perfumado. Fica ainda melhor com tônica.

PUERTO DE INDIAS STRAWBERRY

APV 37,5%

CARMONA, ESPANHA

SABOR

ZIMBRO
CÍTRICO
FRUTADO
HERBAL
PICANTE
FLORAL

Se você gosta de gins rosados, este é o cara, lotado de morango fresco e brilhante. O morango aparece praticamente sozinho no olfato. Talvez haja uma leve sugestão de zimbro e possivelmente limão.

No paladar, essa impressão se confirma e, de fato, o zimbro aparece com bastante força e se mistura bem de maneira surpreendente com o sabor de morango. O cítrico (talvez limão, talvez toranja) só eleva um pouco o final. É bem espesso e meio seco quando tomado puro, mas a maioria das pessoas vai apreciá-lo com um bom gole de tônica, que o acolhe muito bem.

RAMSBURY SINGLE ESTATE

APV 40%

RAMSBURY, INGLATERRA

SABOR

ZIMBRO
CÍTRICO
FRUTADO
HERBAL
PICANTE
FLORAL

Um gin elegante, equilibrado e complexo, que poderia se encaixar em vários grupos de sabores, mas está aqui porque o marmelo perfumado se destaca primeiro no aroma para mim. (É também o único botânico que não faz parte dos clássicos do gin.)

É limpo e leve no nariz, com zimbro suave, marmelo gramíneo e frutado, notas cítricas e uma base amadeirada delicada e almiscarada da angélica. No paladar, surge uma nota floral que evolui da doçura da raiz para cítricos contundentes e zimbro, sustentados em especiarias suaves. A Ramsbury produz sua própria base alcoólica e investe fortemente em tornar sua produção o mais sustentável possível.

TANQUERAY BLACKCURRANT ROYALE DISTILLED

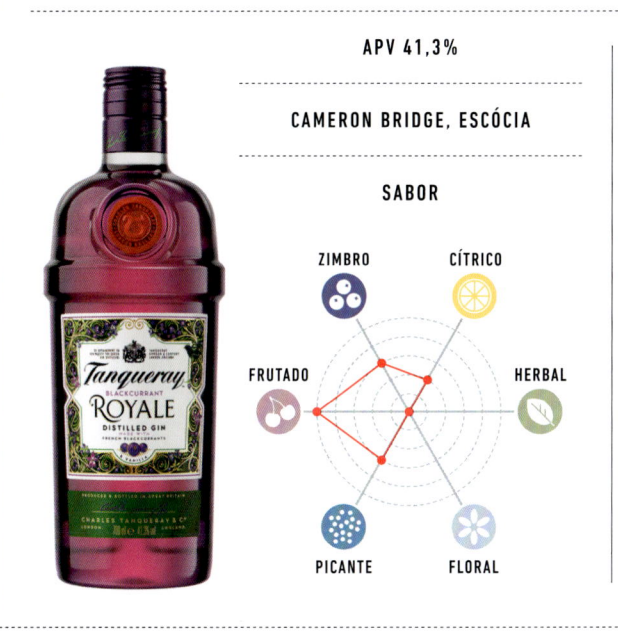

APV 41,3%

CAMERON BRIDGE, ESCÓCIA

SABOR

ZIMBRO · CÍTRICO · FRUTADO · HERBAL · PICANTE · FLORAL

Os doces preto-arroxeados são sempre os melhores, não são? Este gin traz o cassis para o jogo, mas sem cair na doçura excessiva. Ele flerta com o limite do muito doce, mas para um instante antes de cruzá-lo.

O que se destaca são frutas escuras de dar água na boca, apoiadas por uma baunilha leve e vibrante, em vez da versão doce e pegajosa de sorvete. O zimbro se mantém discreto, sem querer se envolver até chegar perto do final, momento em que surge para entender tamanha agitação. Definitivamente feito para ser misturado.

THE SOURCE

APV 47%

WĀNAKA, NOVA ZELÂNDIA

SABOR

ZIMBRO · CÍTRICO · FRUTADO · HERBAL · PICANTE · FLORAL

Gin em que a combinação de rosa-mosqueta e angélica é a estrela. Floral, almiscarado, ácido, amadeirado e perfumado, ele salta do corpo para o nariz e demora um momento para desaparecer da língua. No meio desse percurso, o zimbro dança com coentro e cítricos de laranja e limão-siciliano. No geral, é um equilíbrio agradável, com alguns momentos genuínos de complexidade.

Este gin não é filtrado a frio e pode desenvolver uma leve névoa quando diluído. Também foge do convencional porque nada vai para a caldeira. Todos os botânicos são infundidos a vapor, embora certamente não seja o único gin a usar essa abordagem: o Bombay Sapphire (ver p. 158) faz o mesmo.

GINS TERROSOS E AROMÁTICOS

Esses gins são realmente deliciosos, e o ponto aqui não é o calor.
Está mais para temperado do que para picante.

BOTÂNICOS

Do lado apimentado estão cubeba, pimenta-da-guiné, pimenta-rosa e pimenta-de-sichuan. A pimenta-da--tasmânia combina o calor com uma doçura frutada e pungente. Outros comumente usados são cardamomo, canela, cominho, gengibre, noz-moscada, anis-estrelado, cumaru, cúrcuma e baunilha.

CUBEBA

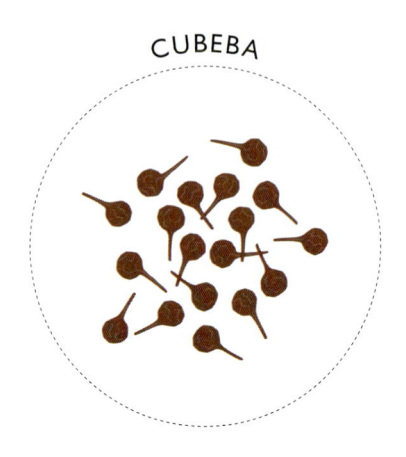

PIMENTA-DA-GUINÉ

PIMENTA-DA-TASMÂNIA

CARDAMOMO

ANIS-ESTRELADO

MIXERS	GUARNIÇÕES	COQUETÉIS	OUTROS GINS PARA PROVAR
FRANKLIN & SONS Grapefruit and Bergamot	**LOURO**	**MARTINEZ** ver p. 141	**AVAL DOR CORNISH DRY**
FENTIMANS Oriental Yuzu Tonic Water	**CALÊNDULA**	**SATAN'S WHISKERS** ver p. 145	**LUMBER'S BARTHOLOMEW NAVY STRENGTH**
DOUBLE DUTCH Cucumber & Watermelon	**LARANJA**	**WHITE NEGRONI** ver p. 149	**SCILLY SPIRIT ISLAND**

ACHROOUS

APV 41%

LEITH, ESCÓCIA

SABOR

ZIMBRO · CÍTRICO · FRUTADO · HERBAL · PICANTE · FLORAL

Gin moderno e intenso que mistura zimbro com algumas notas amadeiradas e picantes agradavelmente complexas. No nariz, é terroso e apimentado, com nuances moderadas de funcho verdejante e indícios de cítricos por cima. O paladar vem evoluindo com a doçura do alcaçuz até chegar às notas cítricas frescas da pimenta-de-sichuan, que adiciona uma leve pontada sem o impacto do ardor. O final é longo, marcado pelo calor da erva-doce.

É um gin para ser experimentado em um Negroni (ver p. 142), onde guiará o vermute e o Campari em uma dança harmoniosa. A tônica destaca os sabores aromáticos, enraizados e quentes de modo suave, como um abraço por dentro.

AUDEMUS PINK PEPPER

APV 44%

COGNAC, FRANÇA

SABOR

ZIMBRO · CÍTRICO · FRUTADO · HERBAL · PICANTE · FLORAL

Primeiro de tudo: este gin é delicioso. Segundo, e do mesmo modo importante: o zimbro contido nele é bem sutil, provavelmente sutil demais para alguns. Terceiro: ainda assim é delicioso. Dois de seus nove botânicos permanecem em segredo, mas os outros são pimenta-rosa, zimbro, cardamomo, canela, mel, baunilha e cumaru. A Audemus destila cada um deles separadamente em baixa temperatura em um destilador rotovap, e depois os mistura.

O resultado é terroso e atraente ao olfato, com predominância de pimenta-rosa e cumaru. Se você não conhece, o cumaru oferece um sabor que lembra uma mistura de baunilha, canela, marzipã, caramelo e mel com perfume escuro. Uma delícia.

BERTHA'S REVENGE IRISH MILK

APV 42%

CASTLELYONS, IRLANDA

SABOR

ZIMBRO
CÍTRICO
FRUTADO
HERBAL
PICANTE
FLORAL

Sua primeira pergunta deve ser: "O soro de leite faz diferença?". Bem, gentil leitor, faz, sim. Ele resulta em um gin sedoso, livre do cortante que muitos destilados à base de grãos podem ter. Este gin revela os sabores de seus botânicos ao longo do tempo. São dezoito no total, incluindo o zimbro e seus companheiros de sempre, além de cravo, cominho, sementes de aipo--dos-cavalos e flor de sabugueiro.

A impressão geral é de especiarias suaves, realçadas por cítricos. É um gin enraizado e quente, com alcaçuz, limão, cardamomo e pimenta. Experimente em um Gibson (ver p. 134) ou misture em um martíni (ver p. 130-131), mas seja como for, não o beba em uma golada só. Este gin recompensa a ingestão mais lenta.

BOBBY'S SCHIEDAM DRY

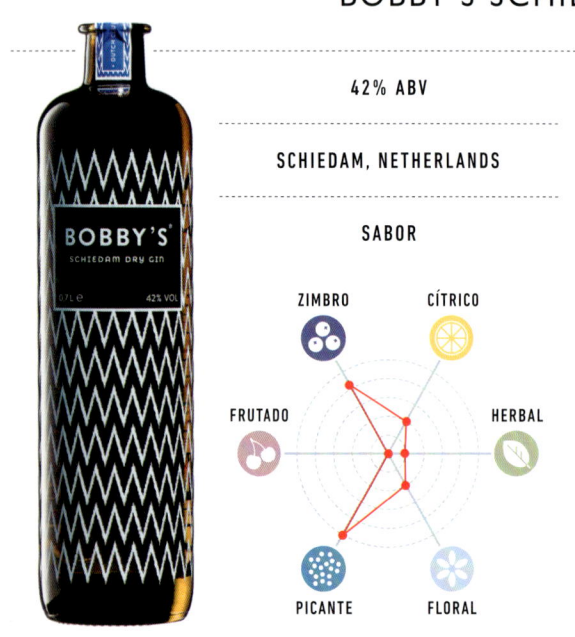

42% ABV

SCHIEDAM, NETHERLANDS

SABOR

ZIMBRO
CÍTRICO
FRUTADO
HERBAL
PICANTE
FLORAL

O "Bobby" aqui faz referência ao avô do destilador Sebastiaan van Bokkel, que se mudou para Schiedam, na Holanda, vindo da Indonésia em 1950, e passou a fazer gin usando as especiarias com as quais cresceu.

Este gin poderia ser o garoto-propaganda dos gins terrosos e aromáticos. Desde o início, cravo e cubeba se unem para impulsionar seu perfil de sabor, com outros botânicos orbitando em torno da dupla principal. O elenco de apoio inclui zimbro, coentro, funcho, capim-limão e rosa-mosqueta. O final, em particular, é maravilhoso. O zimbro abre caminho, junto com notas persistentes de especiarias apimentadas, que caem muito bem em um Negroni (ver p. 142) ou em um Corpse Reviver No. 2 (ver p. 129).

CITADELLE

APV 44%

ARS, FRANÇA

SABOR

ZIMBRO · CÍTRICO · HERBAL · FLORAL · PICANTE · FRUTADO

A Maison Ferrand é mais conhecida por seu Cognac, mas devemos agradecê-la por também produzir este gin. É bem delicado ao olfato, com notas florais frescas que se misturam a especiarias terrosas de pimenta. No paladar, o zimbro assume o comando antes de ceder a sabores complexos que vão de ervas a raízes e apimentados, para então voltamos ao zimbro e notas amadeiradas no final.

Há dezenove botânicos no total, entre eles funcho, anis-estrelado, violeta, cominho, pimenta-de-sichuan e sementes de girassol. Quando foi lançado em 1995, seu perfil de sabor era bastante incomum. Hoje, ele encontra-se entre o contemporâneo e o clássico.

CONKER SPIRIT NAVY STRENGTH

APV 57%

BOURNEMOUTH, INGLATERRA

SABOR

ZIMBRO · CÍTRICO · HERBAL · FLORAL · PICANTE · FRUTADO

Falando sério, amigos: este gin é deslumbrante. É delicioso e feito com maestria. O chefe destilador passa nove botânicos por seus alambiques de cobre: salicórnias, sabugueiro, zimbro, coentro, angélica, raiz de orris e cascas de cássia, de limão e de laranja-de-sevilha. O resultado é grandioso, oleoso e potente no paladar, mas suave e — aquele álcool Navy Strength que não queima nem arde.

O zimbro e o sabugueiro conduzem à laranja e especiarias quentes. Há uma bela profundidade de sabor e um final longo e complexo. Ele se destaca muito bem com tônica. Além disso, cinco libras de cada garrafa vendida são destinadas a apoiar a RNLI — uma instituição beneficente que opera botes salva-vidas e serviços de resgate ao longo da costa do Reino Unido.

FOUR PILLARS RARE DRY

APV 41,8%

HEALESVILLE, AUSTRÁLIA

SABOR

ZIMBRO
CÍTRICO
FRUTADO
HERBAL
PICANTE
FLORAL

Leve e acessível. Embora seja nitidamente moderno, também transmite uma sensação de algo clássico. Talvez seja o equilíbrio dos botânicos, que me lembra um London Dry clássico de uma dimensão alternativa.

O zimbro é suave e sutil, com a liderança assumida pela murta-limão e pela folha de pimenta-da-tasmânia. Há uma boa dose de cítricos, com o coentro e o cardamomo iluminando o meio do palato antes que o anis-estrelado e a alfazema apareçam e se juntem à pimenta-da-tasmânia no final. Para mim, precisa ser um pouco despertado, seja com uma mistura com água tônica ou em um coquetel. Um Red Snapper (ver p. 144) deve cumprir bem a função. Excelente.

GEOMETRIC

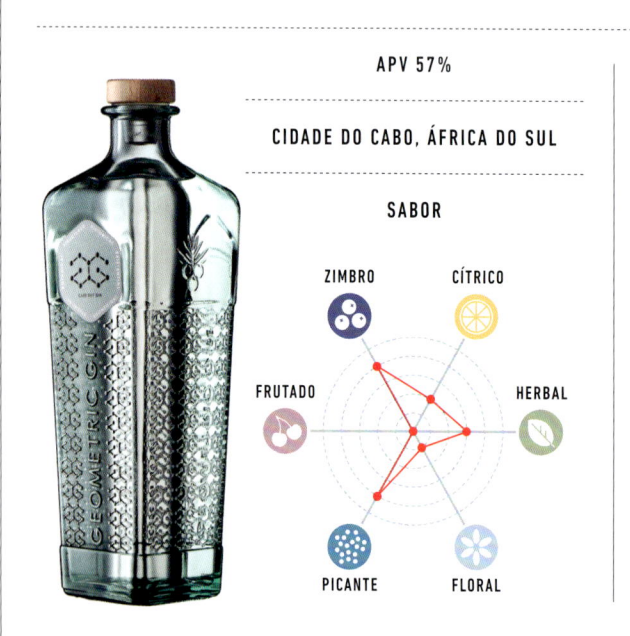

APV 57%

CIDADE DO CABO, ÁFRICA DO SUL

SABOR

ZIMBRO
CÍTRICO
FRUTADO
HERBAL
PICANTE
FLORAL

Um gin para se procurar. Os sabores dos fynbos sul-africanos se fundem com os botânicos tradicionais do gin para chegar a um gin elegante que brilha em um Dry Martini (ver p. 131). Seu aroma de cardamomo e cravo é suavemente temperado com um toque de ervas. No paladar, ele se aprofunda com sabores de folha de buchu (pense em um encontro de cassis, alecrim e hortelã-pimenta) e alecrim-selvagem-africano (alecrim-selvagem e pimenta). Zimbro e mais buchu permanecem no final.

O gin é o resultado de um processo de destilação complexo, que envolve uma mistura de um lote principal e três sublotes menores, alguns dos quais infundidos a vapor. Parece muito trabalho, mas, para um gin como este, definitivamente vale a pena.

HAPUSĀ HIMALAYAN DRY

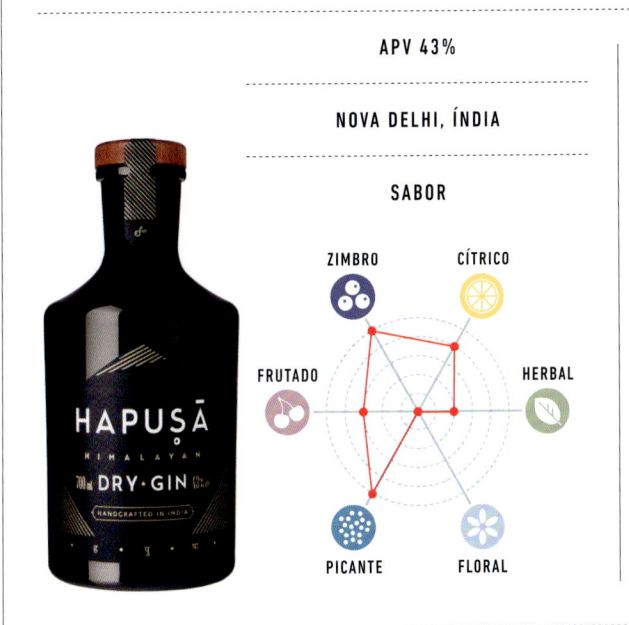

APV 43%

NOVA DELHI, ÍNDIA

SABOR

ZIMBRO CÍTRICO
FRUTADO HERBAL
PICANTE FLORAL

Simplesmente um triunfo. Terroso e picante, perfumado e com aromas de nozes, elevado pelo cítrico. O zimbro do Himalaia é terroso no olfato e conduz a uma combinação de manga terrosa e doce, com cardamomo e limão-cravo. Há um toque agradável de oleosidade no paladar, começando com zimbro, seguido de limão de novo e um leve calor da cúrcuma.

Tudo bom e ótimo, mas é no final que esse gin brilha de verdade. É o sonho dos aficionados por sabor, que fará você explorar o interior de suas bochechas em busca de sabores que reaparecem em combinações diferentes — gengibre e coentro, manga e gengibre, coentro e cúrcuma, limão e coentro. O que os destiladores poderiam fazer para aprimorá-lo? Nada, essa é a verdade.

LONDON TO LIMA

APV 42,8%

LIMA, PERU

SABOR

ZIMBRO CÍTRICO
FRUTADO HERBAL
PICANTE FLORAL

As estrelas do show aqui são pimenta-rosa, fisális-peruana e lima. Cada um rodopia em volta do outro, conferindo notas ácidas, frutadas e picantes cortadas pelo cítrico. O final é longo e caloroso, com um toque robusto e satisfatório de zimbro.

Esse gin anglo-peruano é feito a partir de um destilado à base de uva chamado pisco, típico do Peru. O pisco usado aqui é feito de uvas Quebranta, e seus sabores são a peça final do quebra-cabeça, criando uma bebida fabulosa que merece ser saboreada pura. Também é excelente em um gin-tônica se você pegar leve na tônica. O aroma reage bem e salta do copo.

NO. 3 LONDON DRY

APV 46%

LONDRES, INGLATERRA

SABOR

ZIMBRO
CÍTRICO
FRUTADO
HERBAL
PICANTE
FLORAL

Clássico, mas longe de ser austero, este gin revela o que pode ser feito com poucos ingredientes e uma mão certeira no alambique. Tem seis botânicos — zimbro, coentro, raiz de orris, toranja, laranja, cardamomo — que entregam uma tonelada de sabor.

Começa bem familiar no nariz, demonstrando só um toque de especiarias terrosas no perfil de aroma clássico de gin London Dry, deixando uma pista do que está por vir. Mas, no paladar, explode com zimbro, orris e cardamomo antes que o cítrico e o coentro surjam. É intenso e fresco e leva a um final terroso e seco, com notas de angélica e zimbro que nunca falham.

PERRY'S TOT NAVY STRENGTH

APV 57%

NOVA YORK, EUA

SABOR

ZIMBRO
CÍTRICO
FRUTADO
HERBAL
PICANTE
FLORAL

Este gin é um pouco demais sozinho. Mas depois de ser domado com água tônica, a história é outra: complexo e aromático no olfato, com zimbro, um pouco de mel e cítrico, junto com uma pitada de cardamomo. O final é excelente, com uma profundidade real de sabor que destaca a boa mistura de zimbro e erva-doce aromática.

Ainda assim, a água tônica não parece sua parceira natural. Este gin é melhor utilizado em um coquetel. Vai levar seu Negroni (ver p. 142) até uma nota onze, mas talvez funcione em algo mais delicado como um Clover Club (ver p. 128), caso você ajuste a medida um pouco mais.

PROCERA BLUE DOT

APV 44%

NAIRÓBI, QUÊNIA

SABOR

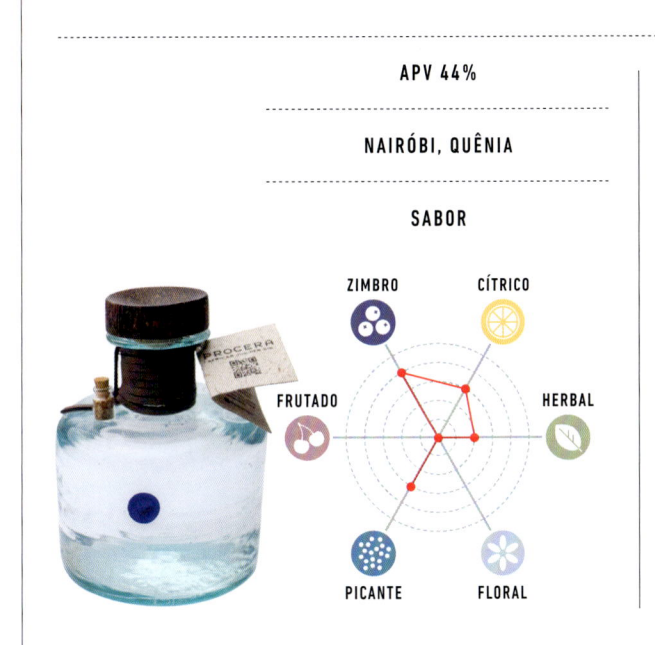

Este gin combina o zimbro com uma espécie local, *Juniperus procera* (zimbro-africano), que dá nome à bebida. Esse é o único zimbro nativo do hemisfério sul. Os destiladores usam suas bagas frescas e "nunca secas", o que confere ao gin um sabor brilhante e de nozes, que eles engarrafam em safras.

Minha amostra (safra de 2022) apresentou um aroma suave e equilibrado, com notas terrosas, zimbro, mel, cardamomo e um toque defumado de chá verde. O final foi suave e persistente, com notas de laranja e limão e um pouco de pimenta-rosa. É comercializado como um "gin para martíni e para bebericar" e vendido com uma guarnição especial de sal botânico que realmente eleva o nível do seu gin-tônica.

SANDY GRAY

APV 46%

SPREYTON, AUSTRÁLIA

SABOR

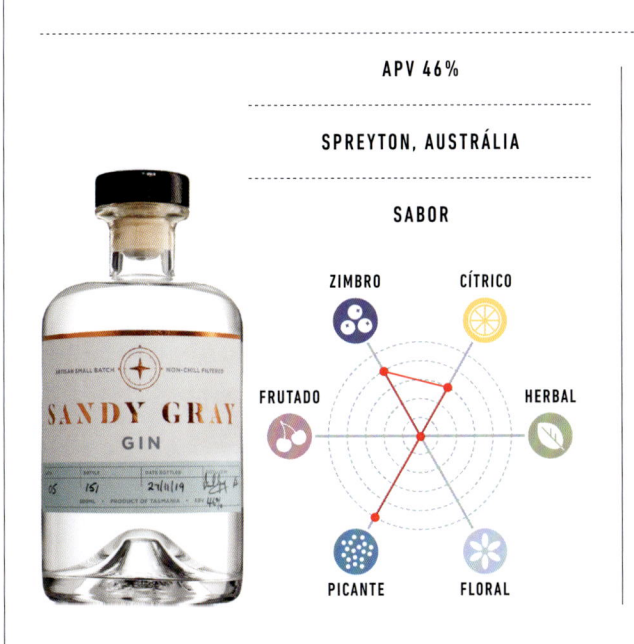

Este é um gin feito com muita habilidade. O destilador Bob Connor queria um teor alcoólico mais alto para sustentar o sabor dos botânicos, e ao usar uma base alcoólica de uva em vez de grãos, além de destilar com cuidado, ele conseguiu fazer isso sem a ardência de bebida alcoólica que outros destilados podem demonstrar com esse teor.

Não é filtrado a frio, então pode turvar (ver p. 62-63) quando diluído. O meu não turvou. Ele começa rico e quente no nariz, com aromas de zimbro e limão seguidos por especiarias de pimenta-da-tasmânia. No paladar, é suave, enraizado e quente, com um toque rico de cardamomo e cássia sublinhado por cítricos. O final é longo e complexo, e termina perfumado e apimentado com zimbro em destaque. Delicioso.

GINS MARÍTIMOS E UMAMI

Esta está rapidamente se tornando minha categoria favorita de gins. Esses gins saborosos apresentam um toque salino do mar; ou, em outra direção, um traço suculento de azeitonas verdes polpudas. Seja como for, é uma nova abordagem, refrescante e deliciosa, que vale a pena explorar.

BOTÂNICOS

Primeiro, as algas: carragena, botelho-bravo, dulse, alface-do-mar e kombu. Você também encontrará funcho-do-mar, azeitona, alcaparra e até mesmo parmesão. Os papéis secundários são desempenhados por funcho, samouco-do-brabante, hortelã-d'água e similares.

CARRAGENA

ALFACE-DO-MAR

FUNCHO-DO-MAR

AZEITONAS

ALCAPARRAS

MIXERS	GUARNIÇÕES	COQUETÉIS	OUTROS GINS PARA PROVAR
FEVER-TREE Refreshingly Light Cucumber Tonic Water	LARANJA	**DIRTY MARTINI** (ver p. 130)	**GRAY WHALE**
STRANGELOVE Coastal Tonic Water	CAPIM-LIMÃO	**GIBSON** (ver p. 134)	**GREENWICH MARINE LONDON DRY**
LONDON ESSENCE Pomelo and Pink Pepper Tonic Water	SÁLVIA	**RED SNAPPER** (ver p. 144)	**NEWFOUNDLAND SEAWEED**

AN DÚLAMÁN IRISH MARITIME

APV 43,2%

DONEGAL, IRLANDA

SABOR

ZIMBRO · CÍTRICO · HERBAL · FLORAL · PICANTE · FRUTADO

O alambique de cobre do destilador Sliabh Liag é chamado Meabh, que significa "portador de grande alegria" ou "aquele que intoxica". Pode haver nome mais apropriado? O Dúlamán traz uma alegria inebriante desde o início, um gin umami com um beijo costeiro e um toque picante.

Ele começa defumado, terroso, marítimo, salino e vegetal. O paladar é seco, mas também sedoso. Doçura e salinidade encontram tabaco e alcaçuz, enquanto o zimbro herbal flutua como a brisa de colinas distantes, ao mesmo tempo em que mergulhamos nas piscinas naturais abaixo. O final caloroso sussurra que esse gin pode acompanhar ostras ou chocolate amargo. Acho que um martíni (ver p. 130-131) pode ser uma boa pedida.

AUDEMUS UMAMI

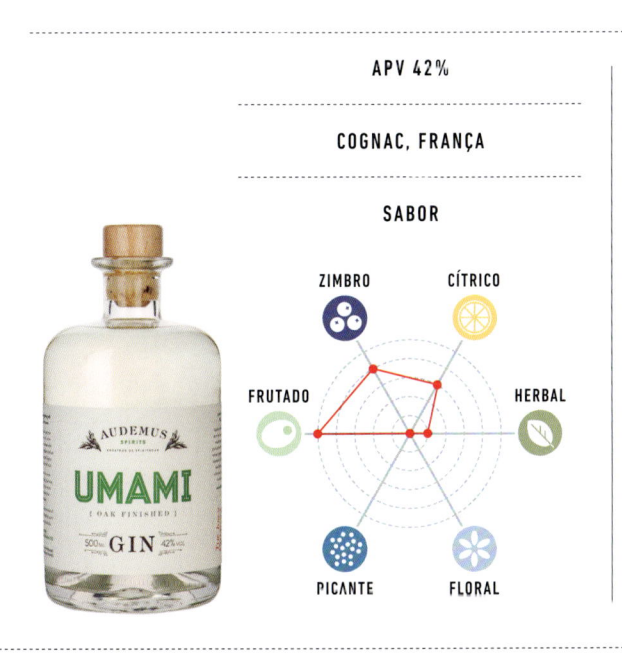

APV 42%

COGNAC, FRANÇA

SABOR

ZIMBRO · CÍTRICO · HERBAL · FLORAL · PICANTE · FRUTADO

Criado para o Experimental Cocktail Club, em Londres, que buscava um gin repleto de sabor para seus coquetéis, este gin contém destilados a vácuo de zimbro, alcaparra-siciliana, limão-siciliano, bergamota e queijo parmesão. Este último é infundido rapidamente para que o gin obtenha a profundidade umami de seus cristais salgados e crocantes sem carregar nenhuma das notas de queijo. A alcaparra fornece uma nota de destaque constante, enquanto o zimbro e os cítricos fluem por baixo.

O gin descansa por três a cinco meses em barris de conhaque, o que confere a ele um toque amadeirado que harmoniza perfeitamente com o zimbro no final, enquanto a alcaparra permanece. Experimente em um Red Snapper (ver p. 144).

BARRA ATLANTIC GIN

APV 46%

CASTLEBAY, ESCÓCIA

SABOR

ZIMBRO · CÍTRICO · FRUTADO · HERBAL · PICANTE · FLORAL

Minha nossa. Se este gin fosse uma partida de sinuca, você estaria em uma encrenca de verdade. Ele começa todo delicado no nariz e então, bum! Que gin! Robusto, explodindo de sabor e estranhamente emocionante de uma forma que não consigo explicar.

Ele apresenta dezessete botânicos, incluindo hortelã, flor de sabugueiro, camomila, urze, cubeba e pimenta-rosa. Mas a estrela é a alga carragena, que dá seu toque selvagem e marítimo. A destilaria (a mais ocidental da Escócia) utiliza vapor para capturar toda essa essência e transportá-la para o gin que você realmente deve procurar. Se for misturá-lo com tônica, vá com calma.

DÀ MHÌLE ORGANIC SEAWEED

APV 45%

LLANDYSUL, PAÍS DE GALES

SABOR

ZIMBRO · CÍTRICO · FRUTADO · HERBAL · PICANTE · FLORAL

Sentir o aroma deste gin é como segurar algas marinhas ainda molhadas e brilhantes com as próprias mãos. A salinidade iodada é suavizada pelas frutas cítricas e pimenta-do-reino, e por baixo surge o toque de pinheiro do zimbro. Simplesmente encantador. Os destiladores deixam o gin descansar em algas marinhas por três semanas após a destilação, o que explica sua delicada cor verde e seu sabor glorioso. Um pouco de rosa-funcho-cardamomo no meio do paladar eleva toda a experiência, transportando-nos a um reino de jardins à beira-mar e canteiros de flores, salpicados com odor marinho.

O alambique de cobre de Dà Mhìle é chamado Ceridwen em homenagem à deusa galesa do caldeirão, para quem todos nós devemos oferecer um brinde em agradecimento por esse destilado exuberantemente sedoso e meio seco.

DEWI SANT COASTAL

APV 40%

CARDIFF, PAÍS DE GALES

SABOR

ZIMBRO · CÍTRICO · HERBAL · FLORAL · PICANTE · FRUTADO

Um gin interessante. Os destiladores mantiveram os botânicos em segredo, mas sabemos que contém funcho, cítricos e "ervas aromáticas". Apostaria dinheiro que há grão-do-paraíso e algum tipo de alga marinha, possivelmente nori.

Seu aroma é uma mistura agradável de notas saborosas, cítricas e apimentadas. Com o tempo, funcho e doces de alcaçuz se entrelaçam para completá-lo. No paladar, esses ingredientes são apoiados por uma nota de base amadeirada de erva-doce e um calor apimentado crescente e perfumado. O elemento costeiro é suave, mas persistente, não se impõe, mas ainda assim é evocativo "Dewi Sant" (caso você esteja se perguntando, é galês para "São Davi", o santo padroeiro da nação).

GIN EVA LA MALLORQUINA OLIVE

APV 45%

LLUCMAJOR, ESPANHA

SABOR

ZIMBRO · CÍTRICO · HERBAL · FLORAL · PICANTE · FRUTADO

O clima no Vale Valldemossa, em Maiorca, é ideal para o cultivo de azeitonas. Este gin, feito nessa região, é uma explosão de sabores suculentos delas. Os destiladores maceram a base alcoólica de trigo em bagaço de azeitona por semanas antes da destilação, momento em que adicionam apenas zimbro e coentro. Sem brincadeira aqui!

No paladar, a azeitona ganha uma nota salina, suavizada por uma lavagem herbal de zimbro que a leva embora. Ele termina com pinho, coentro cítrico e um toque de azeitona retornando ao fundo. É um gin delicioso que prova que nem sempre precisamos de muitos botânicos, desde que tratemos bem os que temos.

ISLE OF HARRIS

APV 45%

TARBERT, ESCÓCIA

SABOR

ZIMBRO · CÍTRICO · HERBAL · FLORAL · PICANTE · FRUTADO

Este gin merece um lugar de destaque no armário onde você guarda as coisas realmente boas. Os destiladores maceram zimbro, cássia, coentro, angélica, laranja-amarga, cubeba, alcaçuz, orris e kombu juntos antes da destilação, mas removem as algas antes de aquecer o alambique. Isso deixa a nota costeira delicada e refrescante — sem o risco de atrair gaivotas no momento em que puxar a rolha.

O que você obtém é uma gloriosa jornada de frutas cítricas, especiarias suaves, uma doçura calorosa de raízes, notas costeiras saborosas de ervas e zimbro, antes que as frutas cítricas amargas ressurjam para finalizar. Fantástico com tônica, mas surpreendente puro ou em um martíni (ver p. 130-131).

LUSSA

APV 42%

ARDLUSSA, ESCÓCIA

SABOR

ZIMBRO · CÍTRICO · HERBAL · FLORAL · PICANTE · FRUTADO

Cerca de 250 pessoas moram em Jura, a oitava maior ilha da Escócia, mas uma das menos populosas. Lá, três mulheres destilam este gin a partir de quinze botânicos cultivados ou coletados na própria ilha, incluindo tomilho-limão, erva-cidreira, samouco-do-brabante e agulhas de pinheiro-de-casquinha.

Seu aroma se funde com esses elementos e com zimbro e notas de base de alface-do-mar e sabugueiro moído. No paladar, a flor de sabugueiro e a madressilva aparecem ao lado do limão, evoluindo para um final prolongado, onde o tomilho-limão e o zimbro reaparecem. As destiladoras afirmam que é provável que a destilaria delas seja uma das mais "inacessíveis". Se visitá-la não for uma opção, o melhor a fazer é adquirir uma garrafa.

MAINBRACE CORNISH DRY

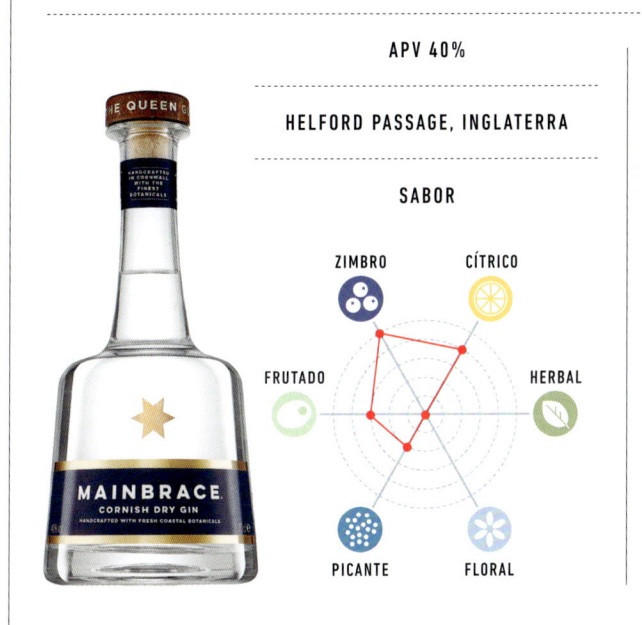

APV 40%

HELFORD PASSAGE, INGLATERRA

SABOR

ZIMBRO
CÍTRICO
HERBAL
FLORAL
PICANTE
FRUTADO

O nome Mainbrace remonta ao tempo em que marinheiros desfrutavam de uma dose extra de rum após com sucesso "splicing the mainbrace" — reparar um pedaço crucial do cordame durante a batalha. Essa prática se desenvolveu com o passar dos anos para envolver menos corda e mais bebida, legitimada com o brinde: "O rei, Deus o abençoe" ou "A rainha, Deus a abençoe".

A Mainbrace lançou este gin para marcar o Jubileu de Platina da rainha Elizabeth II, em 2022. Então, de certa forma, cada gole é uma homenagem à monarca. No paladar, há zimbro intenso, cítrico e coentro em primeiro plano, depois vêm notas salinas e umami de algas, dulse e espaguete-do-mar.

MANGUIN OLI'GIN

APV 41%

AVIGNON, FRANÇA

SABOR

ZIMBRO
CÍTRICO
HERBAL
FLORAL
PICANTE
FRUTADO

Assim que você abre esta garrafa, é azeitona para todo lado. Aquelas carnudas e trufadas que você devora nas férias, talvez em algum barzinho de esquina, e, antes que perceba, o prato já acabou e você está pedindo mais, a bebida até é esquecida por um momento…

Mas não se preocupe: o zimbro está aqui, assim como nosso velho amigo funcho. O gin é maravilhoso puro. Sugiro que o experimente dessa forma, depois em um martíni (ver p. 130-131). Mas, ao misturar com tônica, você será surpreendido. Ele suaviza e aprofunda a nota umami e deixa o funcho e a laranja brilharem. Decore com três tomates-cereja em um palito.

MANLY COASTAL CITRUS

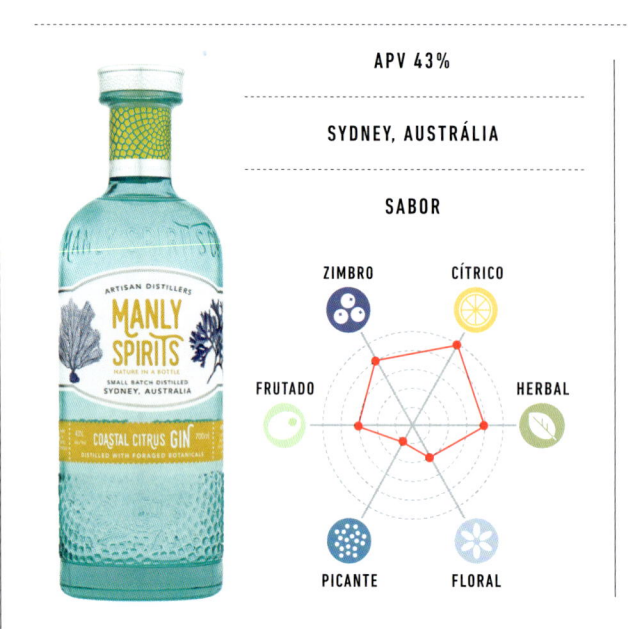

APV 43%

SYDNEY, AUSTRÁLIA

SABOR

Manly é um lugar em Sydney, Austrália. Preciso falar sobre este gin. Ele é fantástico. Há uma nota cítrica terrosa e herbal de início, que eu interpretei como sendo do limão-aspen, embora o murta-limão também deixe sua marcar, assim como o limão-meyer (menor, mais doce e menos ácido).

Em seguida, surge o delicado funcho-do-mar — herbal, salgado e salino — e o zimbro amarrando tudo. As folhas de coentro substituem as sementes tradicionais, que também se inclinam para o toque herbal e cítrico. A coisa toda decola se você adicionar um pouco de tônica, o que deixa a bebida mais profunda, mais rica, mais suave. Glorioso.

MERMAID

APV 43%

RYDE, INGLATERRA

SABOR

Alguns botânicos cuidadosamente selecionados dão a este gin camadas interessantes. A flor de sabugueiro acrescenta notas sutis e mais leves ao aroma. Lúpulos dos jardins botânicos próximos da cidade de Ventnor adicionam um toque terroso ao final. Mas, é o funcho-do-mar que põe este gin em outro nível, acima do comum. Sua nota salina e cítrica refrescante paira como uma brisa de ar marinho.

Grão-do-paraíso e alcaçuz mantêm o sabor mais terroso no meio do paladar, fornecendo um calor de raiz para equilibrar todos os outros elementos. Este gin funcionará bem em um Bee's Knees (ver p. 124), guarnecido com casca de limão-siciliano e um raminho de alfazema.

NO. 6 LAVER ATLANTIC SPIRIT

APV 42%

BIDEFORD, INGLATERRA

SABOR

ZIMBRO · CÍTRICO · HERBAL · FLORAL · PICANTE · FRUTADO

Curiosidade: este gin tem uma nota cítrica sem que haja um único cítrico nele. O sabor vem do coentro e do nori, uma alga marinha que também infunde esse caráter de brisa marinha suavemente iodada. É elaborado nos penhascos de Abbotsham, na costa acidentada de North Devon, e evoca a sensação de uma manhã ensolarada e agradável, nadando em piscinas naturais.

Sob tudo isso, porém, se encontra uma base de gin muito harmoniosa e bastante clássica. Há um bom equilíbrio de zimbro, angélica e orris, além de grão-do-paraíso e cubeba, que dão a ele uma nota de fundo enraizada e apimentada. Oferece um equilíbrio adorável que você provavelmente achará bem saboroso.

ROCK ROSE CITRUS COASTAL EDITION

APV 41,5%

DUNNET, ESCÓCIA

SABOR

ZIMBRO · CÍTRICO · HERBAL · FLORAL · PICANTE · FRUTADO

Um gin delicado. Ao olhar a lista de botânicos (dezenove no total), você poderia esperar o contrário, mas ele não é um pot-pourri impetuoso. Os mais interessantes são mirtilo, espinheiro, sorveira, verbena-limão e raiz-de-ouro — todos também presentes na Original Edition da destilaria. O toque costeiro são cortesia das algas e do sal de alcaçuz, que dão a este gin sua nuance oceânica delicada, porém inconfundível.

Basta um pouco de tônica para que este gin desperte. Experimente em um gin-tônica com uma fatia de toranja-rosa e, se você conseguir encontrar, algumas goji berries.

AÇÚCAR NA ÁGUA TÔNICA

A quantidade de açúcar varia muito nas águas tônicas. Escolha uma que não contenha muito para que o sabor do gin não seja ofuscado.

MARCA	PRODUTO	TIPO	AÇÚCAR (G/100 ML)
LUSCOMBE	Elderflower	Aromatizada	7,9
LUSCOMBE	Grapefruit	Aromatizada	7,9
SANPELLEGRINO	Tonica Citrus	Aromatizada	7,9
SANPELLEGRINO	Tonica Oakwood	Aromatizada	7,9
FENTIMANS	Pink Rhubarb	Aromatizada	7,8
FEVER-TREE	Aromatic	Aromatizada	7,8
FEVER-TREE	Elderflower	Aromatizada	7,8
LUSCOMBE	Cucumber	Aromatizada	7,8
FENTIMANS	Valencian Orange	Aromatizada	7,7
FEVER-TREE	Lemon	Aromatizada	7,6
FEVER-TREE	Mediterranean	Aromatizada	7,4
STRANGELOVE	Coastal	Aromatizada	6
DOUBLE DUTCH	Cranberry and Ginger	Aromatizada	4,9
FENTIMANS	Oriental Yuzu	Aromatizada	4,9
FRANKLIN & SONS	Elderflower and Cucumber	Aromatizada	4,9
FRANKLIN & SONS	Rosemary and Black Olive	Aromatizada	4,9
FRANKLIN & SONS	Pink Grapefruit and Bergamot	Aromatizada	4,9
FRANKLIN & SONS	Rhubarb and Hibiscus	Aromatizada	4,9
STRANGELOVE	Dirty	Aromatizada	4,9
TOP NOTE	Bitter Lemon	Aromatizada	4,8
DOUBLE DUTCH	Cucumber and Watermelon	Aromatizada	4,7
DOUBLE DUTCH	Pomegranate and Basil	Aromatizada	4,6
LONDON ESSENCE	Pomelo and Pink Pepper	Aromatizada	4,5
DOUBLE DUTCH	Pink Grapefruit	Aromatizada	4,3
LONDON ESSENCE	Bitter Orange and Elderflower	Aromatizada	4,3

MARCA	PRODUTO	TIPO	AÇÚCAR (G/100ML)
LONDON ESSENCE	Grapefruit and Rosemary	Aromatizada	4,2
LONG RAYS	Premium Australian Citrus	Aromatizada	4
LONG RAYS	Premium Australian Pacific	Aromatizada	3,8
Q MIXERS	Spectacular	Indiana	11
CAPI	Tonic	Indiana	8,7
SCHWEPPES	Indian	Indiana	8,6
LUSCOMBE	Devon	Indiana	7,9
FENTIMANS	Connoisseurs	Indiana	7,7
BERMONDSEY MIXER CO.	Bermondsey	Indiana	7,6
DOUBLE DUTCH	Indian	Indiana	7,5
FEVER-TREE	Premium Indian	Indiana	7,1
STRANGELOVE	Distiller's	Indiana	7
STRANGELOVE	Tonic No. 8 Indian	Indiana	7
TOP NOTE	Classic Indian	Indiana	6,6
FENTIMANS	Premium Indian	Indiana	4,9
LIXIR	Classic Indian	Indiana	4,9
TOP NOTE	Indian	Indiana	4,8
LONDON ESSENCE	Original Indian	Indiana	4,3
LONG RAYS	Premium Australian	Indiana	3
CAPI	Dry	Light	6,2
FRANKLIN & SONS	Natural Light	Light	4,9
FEVER-TREE	Refreshingly Light Cucumber	Light	4,8
DOUBLE DUTCH	Skinny	Light	4,7
SCHWEPPES	Signature Light	Light	4,6
FEVER-TREE	Refreshingly Light Mediterranean	Light	4,2
FEVER-TREE	Refreshingly Light	Light	3,8
LUSCOMBE	Light	Light	3,6
SANPELLEGRINO	Tastefully Light	Light	3,5
FENTIMANS	Naturally Light	Light	3,4
STRANGELOVE	Light	Light	2,9

GLOSSÁRIO

Acetato de linalila
Composto orgânico encontrado em muitas flores e especiarias. É um dos principais componentes da bergamota e da alfazema.

Aldeído
Composto orgânico formado quando o oxigênio reage com um álcool, como etanol ou metanol.

Alfa-pineno
Ver **Pineno**.

Anetol
Composto orgânico responsável pelo aroma e o sabor de anis. Também está presente no funcho, no anis-estrelado e no alcaçuz. O anetol é treze vezes mais doce do que a sacarose. É altamente solúvel em etanol, mas só um pouco na água, e por isso causa turvamento (**louching**) quando presente em alguns destilados.

Beta-pineno
Ver **Pineno**.

Carga
Mistura de álcool, água e qualquer aromatizante colocada em um alambique antes da destilação.

Cabeça
A fração que passa pelo alambique depois do **foreshot** e antes do **coração**. A cabeça é cheia de aromas de solventes indesejáveis e não vai ser usada no destilado final. Ainda assim, contém etanol útil, e pode ser misturada na **carga** para a próxima destilação (principalmente em uísque Scotch) ou vendida para ser

transformada em fluido de isqueiro, higienizador de mãos e outras coisas.

Cauda
A fração final a passar pelo alambique. Ela tem uma concentração menor de etanol do que o coração e pode ter sabores vegetais, de plástico, amargos ou de borracha, dependendo do que está sendo destilado. Assim como o coração, pode ser redestilada ou vendida para reaproveitamento.

Coração
A parte boa. Tecnicamente, a fração de destilação que contém a maior concentração de etanol e os melhores sabores. É a parte que os destiladores querem e a que é engarrafada e vendida aos clientes.

Esgotamento
Processo de separar todas as frações voláteis de algumas das frações aquosas e não voláteis.

Flash infusion
Também conhecida como infusão rápida, essa técnica envolve juntar um ingrediente aromatizante com álcool sob pressão por um período curto, usando óxido nitroso como solvente.

Foreshot
A primeira fração a passar pelo alambique durante a destilação. É muito venenosa por causa do metanol, pois ele tem um ponto de ebulição mais baixo do que o etanol.

Glicirrizina
Substância presente na raiz de alcaçuz

que é de 30 a 50 vezes mais doce do que a sacarose.

Grãos maltados
Grãos como cevada, trigo ou milho que foram secos no meio da germinação. A maltagem torna o amido dos grãos disponível para fermentação.

Isômeros
Compostos com os mesmos números e tipos de átomos, mas estruturas moleculares diferentes.

Limoneno
Um monoterpeno que é o principal componente dos óleos de cascas cítricas. Um de seus **isômeros** é responsável pelo aroma das laranjas.

Louching
Quando um líquido alcoólico claro fica turvo após a diluição. Também comumente chamado de efeito ouzo.

Monoterpeno/monoterpenoides
Um **terpeno** que tem 10 átomos de carbono.

Mosto
Um líquido fermentado e alcoólico que está pronto para ser destilado pela primeira vez.

New-make
Bebida que foi destilada, mas não diluída, aromatizada, amadurecida ou alterada de outra forma.

Piperina
Alcaloide responsável pela pungência da pimenta-do-reino. Ativa os

receptores da língua que são sensíveis ao calor e à acidez.

Pineno

Monoterpeno presente no óleo de zimbro, na terebintina e em outros extratos naturais. Um de seus **isômeros**, o alfa-pineno, é o **terpenoide** natural mais comum e é produzido por pinheiros, sálvia, cannabis e muitas outras plantas. O outro isômero, beta-pineno, está presente no lúpulo e em muitas outras plantas.

Ponto azeotrópico

Ponto em que uma mistura de líquidos sendo destilada, como água e etanol, chega a um ponto de ebulição constante — o que significa que não é possível mais separação. A mistura de vapor e líquido tem a mesma composição, independentemente de quanto mais **refluxo** aconteça.

Retificação

A separação das frações voláteis e a produção de um destilado de alta concentração.

Refluxo

A interação entre vapores em líquidos dentro do alambique, por meio do qual as frações menos voláteis nos vapores se condensam de volta em líquido e retornam às porções inferiores do alambique, enquanto as frações mais voláteis permanecem vaporizadas e passam mais para cima no alambique.

Rotovap

Abreviação de "evaporador rotativo", um dispositivo inventado inicialmente para laboratórios químicos que desde então passou a ter uso na destilação e na gastronomia molecular. Permite que os destiladores processem botânicos em baixa pressão, e,

portanto, em baixas temperaturas, preservando mais dos aromas e sabores delicados dos botânicos.

Sabineno

Um **monoterpeno** encontrado em muitas plantas. Contribui para os sabores picantes da pimenta-do-reino.

Terpeno/terpenoide

Um hidrocarboneto natural produzido por plantas, particularmente coníferas.

Vinhaça

O líquido que resta em um alambique após uma destilação ter sido concluída, mais quaisquer botânicos que estavam presentes no alambique.

ÍNDICE

Os números de páginas em **negrito** se referem a verbetes principais.

SOBRE O AUTOR

Anthony Gladman é um escritor londrino especializado em bebidas. Ele sempre foi fascinado por sabores, e hoje ele escreve sobre o tema como seu meio de vida. Em 2022, recebeu o prêmio Guild of Food Writers Drinks Writing Award, principalmente porque os juízes se divertiram lendo seu trabalho quase tanto quanto ele se divertiu escrevendo. Mais recentemente, Anthony também ganhou inúmeros prêmios da British Guild of Beer Writers, por seus artigos sobre sustentabilidade na fabricação de cerveja. Sua escrita é divertida, precisa, rica em humor e repleta de informações bem fundamentadas. Você pode encontrar seu trabalho em revistas comerciais e publicações em geral em ambos os lados do Atlântico e on-line em anthonygladman.com.

AGRADECIMENTOS DO AUTOR

Este livro não teria sido possível sem o apoio da minha agente, Elly James, e a visão de Cara Armstrong, da DK, por encomendá-lo. Sou imensamente grato a Izzy Holton por conduzir o processo editorial com tanta delizadeza; a Dawn Titmus pela edição hábil e perspicaz; a Vanessa Hamilton pelo design e ilustrações; e a Marta Bescos por contatar as destilarias e coletar todas as imagens. Agradeço também a todos na DK que ajudaram a dar vida a este livro.

Selecionar gins para degustar para este livro e obtê-los não foi tarefa fácil. Agradeço muito a todas as destilarias que me enviaram seus gins para avaliar — e a Anita Ujszaszi e Alison Taffs por me ajudarem a encontrar gins específicos quando meus esforços não foram suficientes.

Sempre que pude, contei com aqueles que sabem mais do que eu. É uma estratégia sólida e eu a recomendo enfaticamente. Muito obrigado a David T. Smith por compartilhar seu vasto conhecimento, em especial sobre gins de outras regiões; a Susan Boyle por seus *insights* sobre gins irlandeses; a Christine Lambert por me apresentar alguns gins franceses excelentes; e a Charlie Thomas do Jensen's por seus conselhos excelentes sobre coquetéis. Devo a Chris Garden do Hepple um ou dois martínis por responder a todas as minhas perguntas sobre as minúcias técnicas da destilação com tanta disposição.

Também tenho uma dívida de gratidão com todos aqueles sem os quais eu não estaria em posição de escrever este livro. A primeira de todas é Hannah Lanfear, do The Mixing Class, por encher minha cabeça com bebidas destiladas, ser interessada/corajosa/tola o suficiente para provar destilados neutros comigo e sempre estar disposta a discutir sabores. Obrigado também a John McCarthy, da Adnams; a Nik Fordham, da Ramsbury; a Ian McCulloch, da Silent Pool; a Fairfax Hall e Sam Galsworthy, da Sipsmith; e a Charles Maxwell, da Thames Distillers. Todos foram generosos com seu tempo, conhecimento e contatos ao longo dos últimos anos.

Por fim, obrigado à minha família por aguentar uma casa cheia de gin por meses a fio. Prometo que vou me livrar deles em breve. Só preciso degustar mais alguns primeiro.

AGRADECIMENTOS DA EDITORA

A DK gostaria de agradecer às destilarias de gin pela gentil permissão para reproduzir imagens de seus produtos, a Marta Bescos e Niranjan Sathyanarayanan pela pesquisa de imagens, a Niyran Gill pela ilustração da capa, a John Friend pela revisão e a Vanessa Bird pelo índice.

Áreas afetadas p. 20: dados de www.forestresearch.gov.uk/tools-and-resources/fthr/pest-and-disease-resources/phytophthora-austrocedri-disease-of-juniper-and-cypress/ Open Government Licence v3.0, www.nationalarchives.gov.uk/doc/open-government-licence/version/3/

GLOBOLIVROS

Editor de Projetos Izzy Holton
Designer Sênior Glenda Fisher
Editor de Produção David Almond
Controle de Produção Sênior Luca Bazzoli
Designer de Capa Eloise Grohs
Coordenador de Capa Abi Gain
Diretor de Arte Maxine Pedliham
Diretor Editorial Cara Armstrong
Diretor de Publicação Katie Cowan
Editorial Dawn Titmus
Design e Ilustração Vanessa Hamilton

Publicado originalmente na Grã-Bretanha em 2023 por
Dorling Kindersley Limited
DK, 20 Vauxhall Bridge Road, London, SW1V 2SA.

A representante autorizada na AEE é a
Dorling Kindersley Verlag GmbH. Arnulfstr. 124,
80636 Munique, Alemanha

1ª edição, 2025

www.dk.com
www.globolivros.com.br

Editor Responsável Guilherme Samora
Editor-Assistente Renan Castro
Tradução Regiane Winarski
Consultoria Técnica João Marcos dos Santos
Preparação de Texto Juliana Oliveira
Diagramação Bianca Teodoro
Revisão Vanessa Sawada

CIP-BRASIL. CATALOGAÇÃO NA PUBLICAÇÃO
SINDICATO NACIONAL DOS EDITORES DE LIVROS, RJ

G451s

Gladman, Anthony
  Sabores do gin : uma abordagem ao mundo do gin focada no sabor / Anthony Gladman ; tradução Regiane Winarski. - 1. ed. - Rio de Janeiro : Globo, 2025.
  224 p.

  Tradução de: Gin a tasting course: a flavor-focused approach to the world of gin
  ISBN 978-65-5987-251-0

  1. Bebidas destiladas. 2. Bebidas alcoólicas. 3. Coquetéis. I. Winarski, Regiane. II. Título.

25-98442.0   CDD: 641.2
                              CDU: 663.51

Carla Rosa Martins Gonçalves - Bibliotecária - CRB-7/4782

30/05/2025   02/06/2025

Impressão e acabamento: IPSIS
São Paulo, junho de 2025.